プリント形式のリアル過去問で本番の臨場感！

東京都

渋谷教育学園渋谷中学校

第2回

2025年春受験用

解答集

本書は，実物をなるべくそのままに，プリント形式で年度ごとに収録しています。
問題用紙を教科別に分けて使うことができるので，本番さながらの演習ができます。

■　収録内容

・解答集（この冊子です）

書籍ＩＤ番号，この問題集の使い方，最新年度実物データ，リアル過去問の活用，
解答例と解説，ご使用にあたってのお願い・ご注意，お問い合わせ

・2024（令和６）年度　～　2021（令和３）年度　学力検査問題

JN132558

○は収録あり	年度	'24	'23	'22	'21		
■ 問題（第2回）		○	○	○	○		
■ 解答用紙		○	○	○	○		
■ 配点							

全教科に解説
があります

◎第1回は別冊で販売中
注）問題文等非掲載：2021年度社会の1

資料の非掲載につきまして

著作権上の都合により，本書に収録している過去入試問題の資料の一部を掲載しておりません。ご不便をおかけし，誠に申し訳ございません。

教英出版

■　書籍ＩＤ番号

入試に役立つダウンロード付録や学校情報などを随時更新して掲載しています。
教英出版ウェブサイトの「ご購入者様のページ」画面で，書籍ＩＤ番号を入力してご利用ください。

書籍ＩＤ番号　123413

（有効期限：2025年9月30日まで）

【入試に役立つダウンロード付録】
「要点のまとめ(国語／算数)」
「課題作文演習」ほか

■　この問題集の使い方

年度ごとにプリント形式で収録しています。針を外して教科ごとに分けて使用します。①片側，②中央のどちらかでとじてありますので，下図を参考に，問題用紙と解答用紙に分けて準備をしましょう（解答用紙がない場合もあります）。

針を外すときは，けがをしないように十分注意してください。また，針を外すと紛失しやすくなりますので気をつけましょう。

① 片側でとじてあるもの

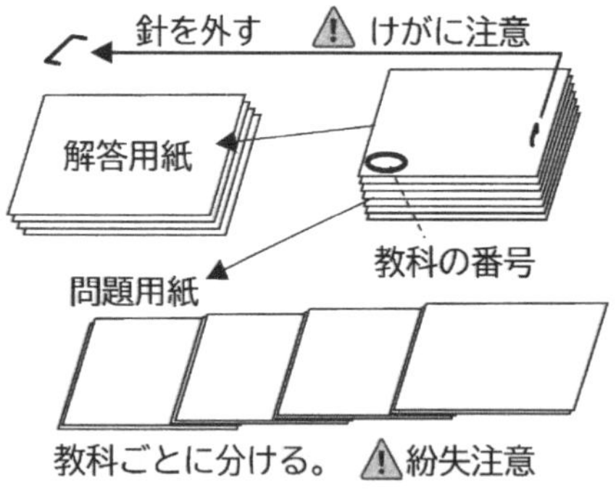

② 中央でとじてあるもの

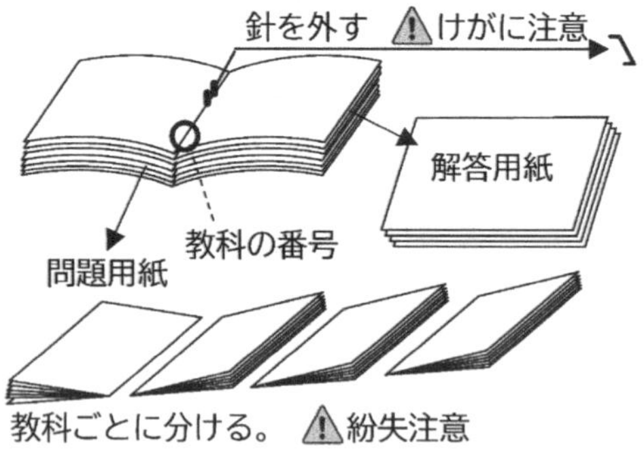

※教科数が上図と異なる場合があります。
解答用紙がない場合や，問題と一体になっている場合があります。
教科の番号は，教科ごとに分けるときの参考にしてください。

■　最新年度 実物データ

実物をなるべくそのままに編集していますが，収録の都合上，実際の試験問題とは異なる場合があります。実物のサイズ，様式は右表で確認してください。

問題用紙	Ａ４冊子(二つ折り) 国：Ｂ５冊子(二つ折り)
解答用紙	Ｂ４片面プリント 算：Ａ３片面プリント

リアル過去問の活用

～リアル過去問なら入試本番で力を発揮することができる～

本番を体験しよう！

問題用紙の形式（縦向き / 横向き），問題の配置や余白など，実物に近い紙面構成なので本番の臨場感が味わえます。まずはパラパラとめくって眺めてみてください。「これが志望校の入試問題なんだ！」と思えば入試に向けて気持ちが高まることでしょう。

入試を知ろう！

同じ教科の過去数年分の問題紙面を並べて，見比べてみましょう。

①　問題の量

毎年同じ大問数か，年によって違うのか，また全体の問題量はどのくらいか知っておきましょう。どのくらいのスピードで解けば時間内に終わるのか，大問ひとつにかけられる時間を計算してみましょう。

②　出題分野

よく出題されている分野とそうでない分野を見つけましょう。同じような問題が過去にも出題されていることに気がつくはずです。

③　出題順序

得意な分野が毎年同じ大問番号で出題されていると分かれば，本番で取りこぼさないように先回りして解答することができるでしょう。

④　解答方法

記述式か選択式か（マークシートか），見ておきましょう。記述式なら，単位まで書く必要があるかどうか，文字数はどのくらいかなど，細かいところまでチェックしておきましょう。計算過程を書く必要があるかどうかも重要です。

⑤　問題の難易度

必ず正解したい基本問題，条件や指示の読み間違いといったケアレスミスに気をつけたい問題，後回しにしたほうがいい問題などをチェックしておきましょう。

問題を解こう！

志望校の入試傾向をつかんだら，問題を何度も解いていきましょう。ほかにも問題文の独特な言いまわしや，その学校独自の答え方を発見できることもあるでしょう。オリンピックや環境問題など，話題になった出来事を毎年出題する学校だと分かれば，日頃のニュースの見かたも変わってきます。

こうして志望校の入試傾向を知り対策を立てることこそが，過去問を解く最大の理由なのです。

実力を知ろう！

過去問を解くにあたって，得点はそれほど重要ではありません。大切なのは，志望校の過去問演習を通して，苦手な教科，苦手な分野を知ることです。苦手な教科，分野が分かったら，教科書や参考書に戻って重点的に学習する時間をつくりましょう。今の自分の実力を知れば，入試本番までの勉強の道すじが見えてきます。

試験に慣れよう！

入試では時間配分も重要です。本番で時間が足りなくなってあわてないように，リアル過去問で実戦演習をして，時間配分や出題パターンに慣れておきましょう。教科ごとに気持ちを切り替える練習もしておきましょう。

心を整えよう！

入試は誰でも緊張するものです。入試前日になったら，演習をやり尽くしたリアル過去問の表紙を眺めてみましょう。問題の内容を見る必要はもうありません。どんな形式だったかな？受験番号や氏名はどこに書くのかな？…ほんの少し見ておくだけでも，志望校の入試に向けて心の準備が整うことでしょう。

そして入試本番では，見慣れた問題紙面が緊張した心を落ち着かせてくれるはずです。

※まれに入試形式を変更する学校もありますが，条件はほかの受験生も同じです。心を整えてあせらずに問題に取りかかりましょう。

2024 解答例 令和6年度 渋谷教育学園渋谷中学校【第2回】

《国　語》

一　問一．①ぞうさ　②生意気　③痛切　④朗　　問二．エ　　問三．ア　　問四．オ　　問五．ウ

問六．自分の苦しさを見ぬいた孔子を前に、小策を弄して表面をとりつくろう気持ちが消えて、心の中を素直にさらけ出して教えを乞いたいと思ったということ。　　問七．ウ　　問八．オ　　問九．イ

二　問一．①専門　②従来　③要領　④窓　　問二．ウ　　問三．エ　　問四．利用に先立ってなされた感謝を不適切なままで終わらせないために、感謝されるに値するきれいな使い方をしようと思うというもの。

問五．イ　　問六．話し手が一方的に聞き手を無知な存在という枠に当てはめるだけでなく、聞き手自身も自分が無知だという想定で会話に参加するようになるというもの。　　問七．エ

《算　数》

1　(1)314　　(2)A．15.5　B．3.5　　(3)43　　(4)第1問…A　第2問…A　第3問…B　第4問…A　第5問…B

(5)690　　※(6)88

2　(1)10時$\frac{120}{13}$分　　(2)10時$\frac{240}{11}$分　　(3)$\frac{1800}{649}$

3　(1)5　　(2)最も大きい…11　最も小さい…5　　(3)B，D，F，H

4　(1)31.14　　※(2)138.285　　※(3)131.85

※の式・考え方は解説を参照してください。

《理　科》

1　問1．イ　　問2．a．キ　g．ア　　問3．太陽が低い位置にあると，水滴から出てくる光が地上に向かって進むから。　　問4．(1)イ　(2)下図　　問5．主虹と色の順番が逆になります

2　問1．(1)ウ　(2)光合成が行われないため，形成層による幹の成長はなくなる。　　問2．イ

問3．1年を通して周りの環境があまり変わらず，細胞の外側と中身のバランスがあまり変わらないから。

問4．(1)cm　(2)イ，エ　(3)2.6　　問5．(1)イ　(2)ウ　(3)ウ　　問6．(1)ア　(2)下グラフ　(3)はじめは成長の速さが次第に速くなっていくが，体が大きくなると成長の速さがおそくなっていく。

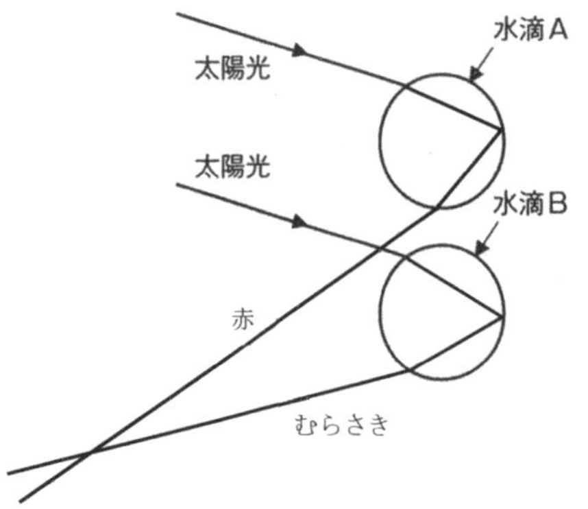

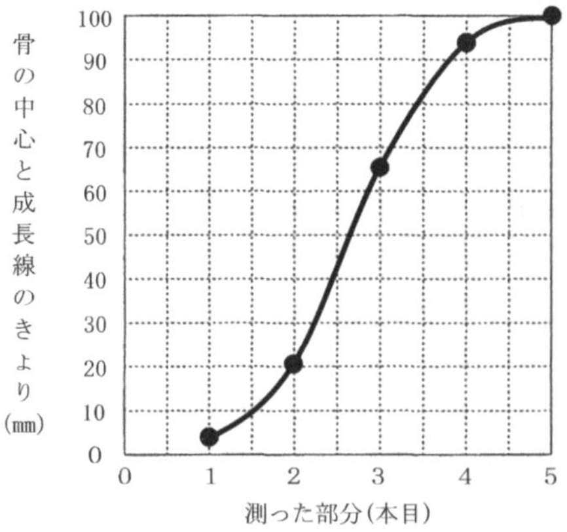

《社　会》

1　問1．⑴イ　⑵ウ→ア→イ→エ　問2．ア　問3．1．中国　2．日本　問4．エ　問5．⑴A．エ　B．イ　⑵インドネシア　問6．在日米軍基地が沖縄に集中したまま，多く残っているから。

2　問1．⑴A．ア　B．ウ　C．イ　⑵温暖な気候で水はけがよくやせたシラスが栽培に向いていたから。
問2．⑴①あ．うちわ　郷土富士…d　②い．(小樽)運河　郷土富士…a　③う．善光寺　郷土富士…b
⑵(a)イ　(b)エ　(c)ア　(d)ウ　⑶(a)ウ　(d)イ
問3．⑴①郷土富士…タコマ　出来事…真珠湾攻撃〔別解〕太平洋戦争　②郷土富士…リベイラ　分布図…イ
⑵ヨハネスブルクのある南アフリカ共和国はＩＣＣの締約国であり，逮捕状が出されているプーチン大統領が入国した場合，逮捕及び引き渡しに協力しなければならないから。　⑶地震　⑷ゼレンスキー

《2024 第２回 国語 解説》

一

問二 エの「顔回《がんかい》に比べて、自分は仕官が遅《おく》れてしまうのではないかという焦《あせ》り」は、――線(1)の直後の「顔回など～どうせ忙《いそが》しい政治家などになれない～仕方があるまい。だが、われわれと顔回とを同一視して～云《い》われるのは、少々心得がたい」と合わない。

問三 ――線(2)の前の「軽々と抱《だ》き上げられて、ぽんとやさしく頭をうたれたような気がする」からは、冉求《ぜんきゅう》が孔子《こうし》に子ども扱《あつか》いされたように感じていることが読みとれる。波線部の「淋《さび》しさ」は、直前にある「彼《かれ》の腹の中の鼬《いたち》～小策《しょうさく》を弄《ろう》さした」あとに感じるむなしさである。「鼬」は、これより前の部分で冉求が「自分の腹の底に、卑怯《ひきょう》な、小ざかしい鼬のような動物が巣喰《すく》っていて」「とかく小策を弄したり、言いわけをしたりすることが多かった～負惜《まけお》しみや、ずるさから出る、表面だけの謙遜《けんそん》である」と自覚している、理屈《りくつ》っぽく表面だけをかざりがちな性質を表している。よって、アが適する。

問四 以前の冉求は、孔子の教えを「空想に過ぎないのではないか」と思い、「個性を無視して～何の道だ」と不平を抱《いだ》いていた。しかし、「孔子があまりによく門人たちの心を知っている～一人々々《ひとりひとり》の病気をよく知りぬいていて～急所を押《お》さえてしまう」ということがわかったのである。ここでの「一人々々の病気」とは、弟子たちそれぞれの悪いくせや行いのこと。また、孔子の説く「道」について、冉求が「生きた日々の事象を取りさばいて行く力なのだ～美しい空想ではない。十分な客観性をもった～実生活上の真理なのだ～それを攫《つか》むことこそ、真の学問なのだ」と理解したことが語られている。ここから、仕官にこだわっていた冉求が、自分が求めるべきものについて考え直し始めたことが読みとれる。よって、オが適する。

問五 ――線(4)の直前の「そして自分は、と彼は自ら省みて」は、孔子の説く道を実践《じっせん》できているかどうかで他の弟子たちを評価するのと同じ視点で、冉求が自分自身を反省したことを表している。そして「自分の腹の底に、卑怯な、小ざかしい鼬のような動物が巣喰って」いることを自覚し(問三参照)、「駄目《だめ》だ。俺《おれ》は孔子の道とは、もともと縁《えん》のない人間だったのだ」と考えるようになったのである。よって、ウが適する。

問六 冉求は「心の中を何もかもさらけ出して、孔子の教えを乞《こ》うつもりだった」のに「例の腹の中の鼬(問三参照)」によって、本心とは異なる表面的なことを言ってしまった。この冉求の弱点を孔子は見ぬいたのである。そして「苦しいかね」と、冉求の気持ちに寄りそうように言った。この孔子の言葉によって冉求の「鼬」は「急に頭をひっこめた」、つまり、表面をかざろうとする思いが消えて、素直な気持ちになれたのである。

問七 ――線(6)のあとで孔子が「お前は～自分の欠点を並べたてて～気休めにするつもりなのか～弁解《いいわけ》がましく云っているが～努力して見た上でなければわかるものではない～まだ試しても見ない自分の力を否定するほどの悪はない」、「お前は～わしに弁解をすると共に、お前自身に弁解をしている～一番の欠点じゃ」と言っていることに、ウが適する。

問八 冉求には、「私には～素質がない～本来駄目に出来ている～偽《いつわ》り者です」などと自分を否定し、弁解をして自分をごまかすようなところがあった。しかし、孔子から「自分で自分の力を限るようなことを云うのは、自分の恥《はじ》になっても、弁護にはならない」「道が遠いことなんかあるものか。道が遠いといってへこむのは、まだ思いようが足りないからじゃ」と言われ、今後は「心に無用の飾《かざ》り」をつけるのをやめて、「素朴《そぼく》な心」で真剣《しんけん》に道を求め、力の限り苦しい努力にいどもうと心に決めたのである。この内容に、オが適する。

問九 イで取り上げている「孔子の心のどこかに、一つの精妙《せいみょう》な機械が据《す》えつけてあって」は、「道はただ一つだ」というぶれることのない真理を持ち、そこから弟子の個性に応じて適切な助言をするという孔子の様子をたとえた部分である。「正確であることをよしとするこだわり～非情な側面」を表すものではない。

二 **問二**　メモの「言語行為《こうい》を行うために満たさなければいけない条件」①～④は、本文の第四段落の「例えば私が担当の編集さんに～しかも[1]のでなければならない」をまとめたものである。本文の[1]のあとから始まる「締《し》め切りに関して編集さんには決定権がない場合～そのようなものであってはならないはずだ」の部分で、①～④の条件について、もし条件を満たさなかったらという仮定をもとに具体的に説明している。この中の「本心では締め切りを延ばしてほしくないにもかかわらず～頼《たの》んで反応を窺《うかが》うなどしていたら」が、[1]に照応する記述である。よって、「締め切りを延ばすように計らってほしい」とあるウが適する。

問三　――線⑵をふくむ段落を読みとる。「感謝はすでになされた行為に関するものでなければならない」のに、トイレの「きれいにご利用いただきありがとうございます」という張り紙の例では、「たいていの場合～感謝されるべき当の行為をまだおこなってはいないはずだ」から、張り紙の感謝は「不適切」「コミュニケーションのありかたに反する」ということになる。それなのに、そのような張り紙が「あちこちに見られる」のは「奇妙《きみょう》にも思える」と言っている。この内容に、エが適する。

問四　「調整《アコモデーション》のメカニズム」とは、――線⑶をふくむ段落の前半部分で説明されているように、「条件を満たさない言語行為があけっぴろげになされたとき～その言語行為を適切なものとすべく条件を事後的に満たすことが目指される」というもの。トイレの例についていえば、利用者は利用する前に「きれいにご利用いただきありがとうございます」と感謝されるので、「コミュニケーションのありかたに反する」「不適切」なものであるが、「このままでは不適切となるその感謝を適切なものにすべく、利用者は感謝に値《あたい》する利用法を目指すよう促《うなが》される」という「調整《アコモデーション》」がはたらく。これによって、利用者はトイレをきれいに利用しようと思うのである。

問五　「この分析《ぶんせき》」は、――線⑷の前で述べた「女性が何かを主張しても、しばしばその発言は主張ではなく、一種の質問であると見なされ、マンスプレイニングはこの誤認《ごにん》のもとで女性の発言への反応として生じるのだ、と分析されている」というもの。つまり、女性の発言を前提としているのである。美術館の例では、――線⑷の直後の一文にあるとおり「女性のほうはそもそも取り立てて発言をしていない」ので、「うまく扱えない」と述べている。よって、イが適する。

問六　「マンスプレイニング」は、「ときに有害な仕方で、相手をコントロールするもの」ともなる「言語行為の調整《アコモデーション》」の一例として取り上げられている（――線⑶の直後の段落を参照）。「マンスプレイニングの害」は、――線⑸の直後に述べられているとおり、「単に不愉快《ふゆかい》なのではない～それが向けられる人物が無知な存在であると想定するよう会話参加者たちに促す」こと。ここでの「会話参加者たち」には、マンスプレイニングをされる人自身がふくまれるのである。「その人物が実際に無知であるかどうかとは関係なく」「『無知な者』の位置に押《お》し込《こ》められる」、つまり、マンスプレイニングをされる人が、相手の言語行為が不適切にならないように、自分が無知だという設定で対応してしまうということ。これが「言語行為の調整《アコモデーション》」、つまり「条件を満たさない言語行為があけっぴろげになされたとき～その言語行為を適切なものとすべく条件を事後的に満たすことが目指される」にあたるのである。

問七　エの「マンスプレイニングは言語行為とは言えない」が誤り。――線⑶の直後の段落で、「マンスプレイニング」は、「ときに有害な仕方で、相手をコントロールするもの」ともなる「言語行為の調整《アコモデーション》」の一例として取り上げられている。

《2024　第２回　算数　解説》

1　(1)　与式＝90×90×3.14－(80×80×3.14＋40×40×3.14)＝8100×3.14－(6400＋1600)×3.14＝(8100－8000)×3.14＝100×3.14＝**314**

(2)　**【解き方】右のようなてんびん図をかいて考える。**

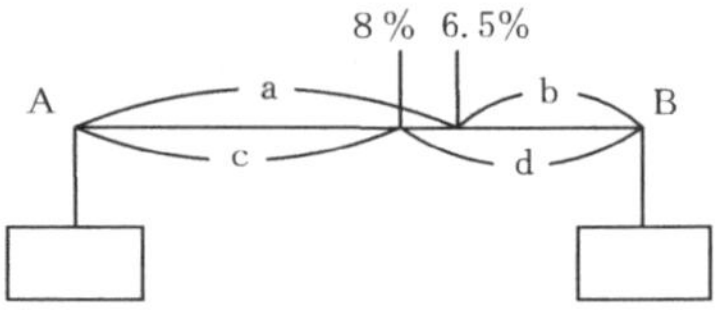

ＡとＢを１：３で混ぜると6.5％の食塩水になるから，ａ：ｂ＝３：１

ＡとＢを３：５で混ぜると８％の食塩水になるから，ｃ：ｄ＝５：３

したがって，Ａの方がＢより濃く，その差を⑧とすると，

ａ＝⑧×$\frac{3}{3+1}$＝⑥，ｃ＝⑧×$\frac{5}{5+3}$＝⑤となる。

よって，⑥－⑤＝①が８－6.5＝1.5(％)にあたるから，

Ａの濃さは，８＋1.5×$\frac{⑤}{①}$＝**15.5(％)**，Ｂの濃さは，15.5－1.5×$\frac{⑧}{①}$＝**3.5(％)**である。

(3)　**【解き方】右図のように記号をおく。三角形ＡＢＥは二等辺三角形だから，角ＡＢＥ＝(180°－52°)÷２＝64°なので，角ＡＢＣ＝64°＋74°＝138°である。したがって，三角形ＡＢＣと三角形ＡＥＤは合同である。**

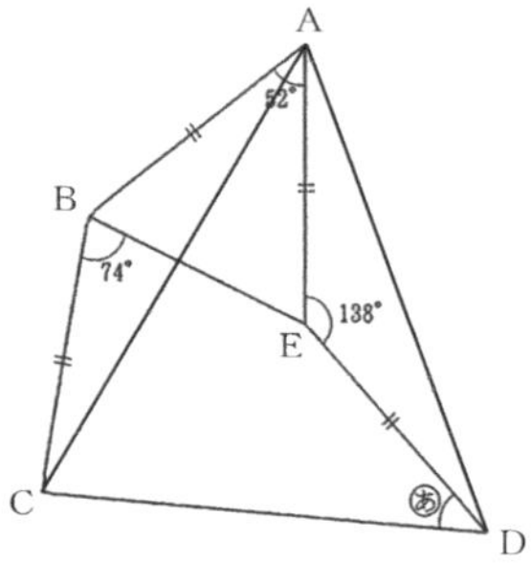

三角形ＡＣＤはＡＣ＝ＡＤの二等辺三角形で，

角ＣＡＤ＝角ＣＡＥ＋角ＥＡＤ＝角ＣＡＥ＋角ＢＡＣ＝52°だから，

角ＡＤＣ＝(180°－52°)÷２＝64°

角ＡＤＥ＝(180°－138°)÷２＝21°だから，あ＝64°－21°＝**43°**

(4)　**【解き方】ウとエは１問ずつしか正解していないので，ウとエの解答を比べる。**

ウとエの解答の違いは，第１，３問だけだから，第２，４，５問はすべてはずれたとわかる。したがって，第２，４，５問の正解はそれぞれＡ，Ａ，Ｂである。このことから，イの正解は第２，４問と確定するので，イの解答から残りの問題の正解もすべてわかる。整理すると，第１問から順に正解は，**Ａ，Ａ，Ｂ，Ａ，Ｂ**である。

(5)　**【解き方】渋男さんが引き返した地点をＰ，忘れ物を受け取った地点をＱとすると，Ｐ→Ｑ→Ｐの移動に３分かかったのだから，Ｐ→Ｑの移動に$\frac{3}{2}$分かかったことになる。**

Ｐ→Ｑの道のりは，60×$\frac{3}{2}$＝90(m)である。教子さんは家からＱまで，１＋$\frac{3}{2}$＝$\frac{5}{2}$(分)かかったから，家からＱまでの道のりは，240×$\frac{5}{2}$＝600(m)である。よって，求める道のりは，600＋90＝**690(m)**

(6)　**【解き方】数字ごとの伸びている指の本数は右図のようになる。したがって，右手を０から９にするまでに，伸びている指の本数の合計は，０＋１＋２＋３＋４＋５＋１＋２＋３＋４＝25(本)になる。**

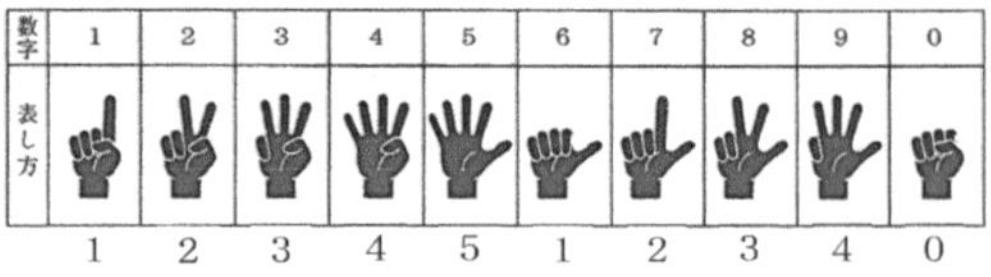

０から99を表すまでに，右手は０から９まで表すことを10回行い，左手は１から９までの数字を10回ずつ表す。したがって，伸びている指の本数の合計は，25×10＋25×10＝500(本)になる。

90から99を表すまでの伸びている指の本数の合計は，25×10＋４×10＝65(本)だから，１から89までで，500－65＝435(本)になる。89は３＋４＝７(本)だから，１から88までで435－７＝428(本)である。

よって，求める数は**88**である。

2　(1)　**【解き方】短針は１時間で360°÷12＝30°進むから，１分間で30°÷60＝$\frac{1}{2}$°進む。長針は１分間に360°÷60＝６°進む。したがって，短針と長針が同じ時間に進む角度の比は，$\frac{1}{2}$：６＝１：12である。**

10 時ちょうどのときから求める時刻までの間に，短針が進んだ角度を㋐，長針が進んだ角度を㋑とすると，右図のようになる。㋐＝①，㋑＝⑫とする。

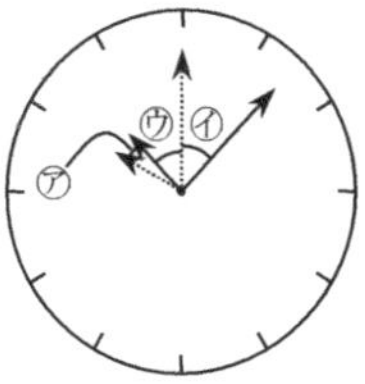

㋒＝㋑＝⑫だから，㋐＋㋒＝①＋⑫＝⑬であり，これが，$360° \times \frac{2}{12} = 60°$ にあたる。

したがって，長針が進んだ角度は，$60° \times \frac{⑫}{⑬} = \frac{720}{13}°$ だから，このときは 10 時ちょうどから，$\frac{720}{13}° \div 6° = \frac{120}{13}$(分後)である。よって，求める時刻は **10 時 $\frac{120}{13}$ 分**である。

(2)　**【解き方】10 時から 11 時の間で，長針と短針が作る角が 180° になる時刻を求めればよい。1 分間に，長針は短針より $6° - \frac{1}{2}° = \frac{11}{2}°$ 多く進む。**

10 時ちょうどのとき，短針が長針の 360° －60° ＝300° 先にあると考える。長針が短針よりも 300° －180° ＝120° 多く進んだ時刻を求めればよいので，$120° \div \frac{11}{2}° = \frac{240}{11}$ より，求める時刻は **10 時 $\frac{240}{11}$ 分**である。

(3)　**【解き方】秒針は 1 分ごとに 360° 進むから，1 分ごとに長針よりも 360° － 6° ＝354° 多く進む。**

10 時 $\frac{240}{11}$ 分の時点で，長針は 12 の位置から，$6° \times \frac{240}{11} = \frac{1440}{11}° = 130\frac{10}{11}°$ 進んでいて，秒針は 12 の位置から，$360° \times \frac{9}{11} = \frac{3240}{11}° = 294\frac{6}{11}°$ 進んでいる。このとき，秒針が長針の，$294\frac{6}{11}° - 130\frac{10}{11}° = 163\frac{7}{11}°$ 先にいる。秒針が長針よりも，さらに $180° - 163\frac{7}{11}° = 16\frac{4}{11}° = \frac{180}{11}°$ 多く進んだ時刻を求める。

その時刻は，(2)の時刻からさらに，$\frac{180}{11}° \div 354° = \frac{30}{649}$(分後)，つまり，$\frac{30}{649} \times 60 = \frac{1800}{649}$(秒後)である。

3　(1)　Bを引くと①～⑥のすべての球を動かすので，箱と球の整数が同じになることはない。点数を最小にするためには，すべての箱において箱と球の整数の差が最小の 1 になればよく，そのような置き方は可能である。

よって，求める点数は，1 × 5 ＝ **5** (点)

(2)　**【解き方】Cを引くと，①，③，⑤，⑥の球を動かす。箱 2 と箱 4 では整数の差が生じない。**

点数を大きくするためには，箱 1 に⑤か⑥を入れ，箱 5 に①を入れることを考える。そうすると，点数が最大になる入れ方として，右の図Ⅰや図Ⅱの入れ方が見つかる。よって，最大の点数は **11** 点である。

表Ⅰ

場所	1	3	5	皿
球	⑤	⑥	①	③
差	4	3	4	

表Ⅱ

場所	1	3	5	皿
球	⑥	⑤	①	③
差	5	2	4	

点数を最小にするためには，⑥を箱 5 に入れて，箱 1，3 は整数の差が 2 になればよい(例えば，図Ⅲ)。よって，最小の点数は **5** 点である。

表Ⅲ

場所	1	3	5	皿
球	③	⑤	⑥	①
差	2	2	1	

(3)　**【解き方】各箱の整数の差が偶数になるか奇数になるかと，差が生じる箱が何個あるかの偶奇を考える。**

(2)のようにCを引くと，⑥を入れた箱では整数の差が奇数になり，他の 2 つの箱では差が偶数になる。奇数が 1 つ，偶数が 2 つだから，和は必ず奇数になるので，Cを引くと点数が偶数になることはない。

Dを引くと，②，④，⑥を動かす。差が生じる 2 つの箱はどちらも差が偶数になるから，和は必ず偶数になるので，Dを引くと点数が偶数になる。

Eを引くと，①，③，⑥を動かす。⑥を入れた箱では整数の差が奇数になり，他の 1 つの箱では差が偶数になる。奇数が 1 つ，偶数が 1 つだから，和は必ず奇数になるので，Eを引くと点数が偶数になることはない。

Fを引くと，①，②，④，⑥を動かす。表Ⅳのように入れれば，点数が偶数になる。

表Ⅳ

場所	1	2	4	皿
球	⑥	④	①	②
差	奇	偶	奇	

Gを引くと，①，⑤，⑥を動かす。Eを引いたときと同様に和は必ず奇数になるので，Gを引くと点数が偶数になることはない。

表Ⅴ

場所	2	3	5	皿
球	⑥	⑤	③	②
差	偶	偶	偶	

Hを引くと，②，③，⑤，⑥を動かす。表Ⅴのように入れれば，点数が偶数になる。

Bを引くと，すべての球を動かす。表Ⅵのように入れれば，点数が偶数になる。

表Ⅵ

場所	1	2	3	4	5	皿
球	③	④	⑤	⑥	①	②
差	偶	偶	偶	偶	偶	

よって，点数が偶数になる場合があるのは，**B，D，F，H**を引いたときである。

4 (1) **【解き方】Aの表面積から，正三角形㋐以外の面積を引けばよい。**

Aの表面積のうち，1辺6㎝の正方形の面の面積の合計は，(6×6)×3＝108(㎠)

Aの表面積のうち，1辺6㎝の正方形を2等分した面の面積の合計は，(6×6÷2)×3＝54(㎠)

よって，正三角形㋐の面積は，193.14－108－54＝**31.14**(㎠)

(2) **【解き方】表面積を求める立体は右の図Ⅰの立体である。直方体BCDM‐EFGHの表面積を求めてから，三角すいBIJEを切り取ったときに減る表面積と増える表面積を求める。**

図Ⅰ

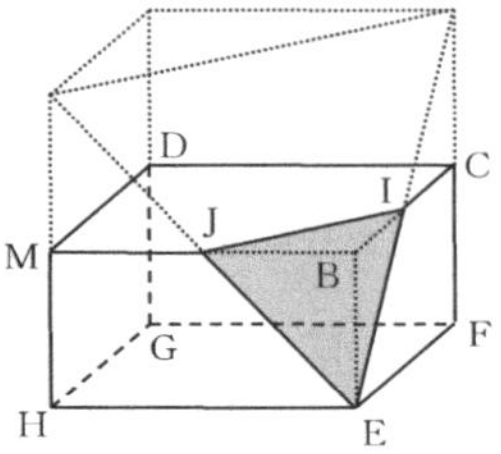

直方体BCDM‐EFGHの表面積は，(6×6)×2＋(6×4)×3＝144(㎠)

三角すいBIJEを切り取ったときに減る表面積は，三角形BIJの面積の3倍だから，(3×3÷2)×3＝13.5(㎠)

増える表面積は，色をつけた面の面積である。正三角形㋐は，図Ⅱのように合同な4個の正三角形に分けることができ，図Ⅰの色つきの面はこの正三角形1個にあたるから，その面積は，31.14÷4＝7.785(㎠)

図Ⅱ

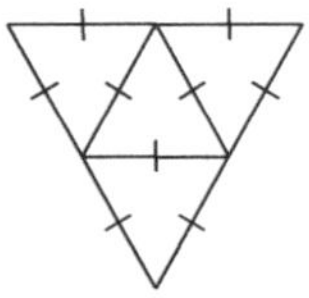

よって，求める表面積は，144－13.5＋7.785＝**138.285**(㎠)

(3) **【解き方】表面積を求める立体は，右の図Ⅲの立体である。切断面はもとの直方体の各辺の真ん中の点を通り，切り口は正六角形となる。**

図Ⅲ

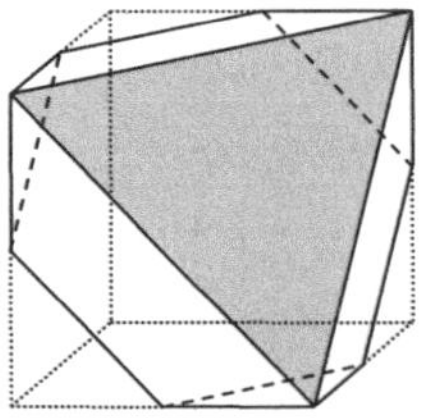

表面積を求める立体の面のうち，正三角形㋐と正六角形以外の面は，3個の合同な台形と3個の合同な直角三角形である。この台形と直角三角形を合わせると，もとの直方体の面を2等分してできる直角三角形になるから，下線部の面の面積の合計は，(6×6÷2)×3＝54(㎠)

正六角形の面の1辺の長さは，正三角形㋐の1辺の長さの$\frac{1}{2}$である。正六角形の面は図Ⅳのように合同な6個の正三角形に分けることができ，小さい正三角形は(2)の図Ⅱの小さい正三角形と合同である。したがって，正三角形㋐と正六角形の面の面積の合計は，正三角形㋐の面積の，$\frac{4+6}{4}=\frac{5}{2}$(倍)だから，$31.14\times\frac{5}{2}=77.85$(㎠)

図Ⅳ

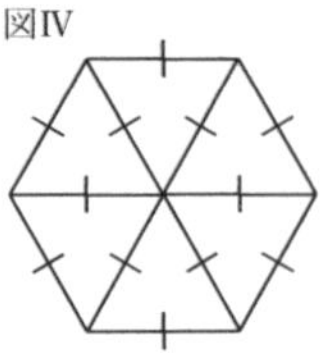

よって，求める表面積は，54＋77.85＝**131.85**(㎠)

《2024　第２回　理科　解説》

1　**問１**　虹《にじ》は水滴《すいてき》に光が反射することで見えるので，太陽がある方向と反対方向に見える。夕方の太陽は西の空にあるので，夕方の虹は東の空に見える。同様の理由で，朝の虹は西の空に見える。

問２　図１で，ａは水滴の内側の一番下で反射した光，ｇは水滴の内側の一番上で反射した光であることがわかる。図ｉのように，図２の太陽光が図１の太陽光と同じ向きになるように回転させ，水滴の内側で反射する高さを調べると，一番下で反射するのはむらさき，一番上で反射するのは赤であることがわかる。

図ｉ

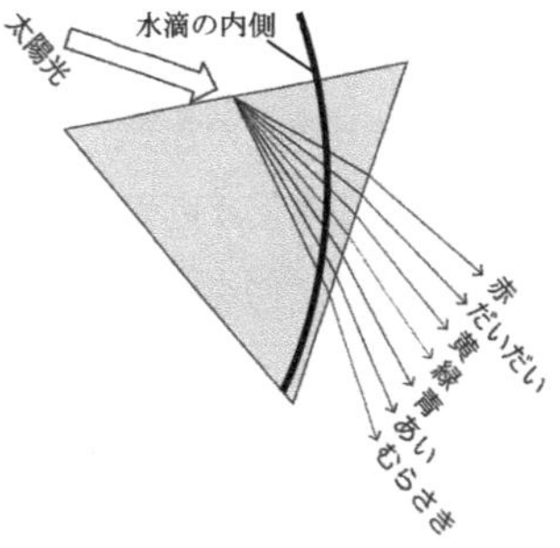

問３　太陽が高い位置にあると，水滴に入った光は水滴の下の方で反射して上の方に向かって進むため，水滴から出てくる光は地上に届かず，虹を見ることができない。図１を時計回りに回転させて，太陽光のかたむきを垂直に近づける(太陽の位置が高くなる)と，水滴から出てくる光が上に向かって進んでいくことがわかる。

問４　リカ子さんの発言に「水滴から出てくるときと虹として見えるときの色の順番が逆」とある。問２より，水滴から出てくるときの順番は，上からむらさき，あい，青，緑，黄，だいだい，赤であり，虹の見え方はこれと逆だから，高いところからは赤，低いところからはむらさきの光が届いていると考えられる。図１で，水滴から出てくる光と地面との間の角に着目し，その角度が最も大きいｇ(赤)が最も高い位置にある水滴から届き，最も小さいａ(むらさき)が最も低い位置にある水滴から届くと考えればよい。⑵の解答例の図では，赤とむらさきの光の直線が交わるところで虹が見える。

問５　図４の水滴内の光を赤とむらさきの２色とすると，水滴に入ったときにより大きく曲がっている黒色の光がむらさきであり，灰色の光が赤である。水滴から出てくるそれぞれの光について，問４解説と同様に考えると，地面との角度が大きい黒色の光(むらさき)の方が灰色の光(赤)よりも高い位置にある水滴から届くから，副虹は一番上がむらさき，一番下が赤になると考えられる。

2　**問１⑴**　植物に光が当たると，水と二酸化炭素を材料にして，でんぷんと酸素をつくり出すはたらき(光合成)が行われる。　ア×…空気中の水分の量(湿度《しつど》)は，光合成にそれほど大きな影響《えいきょう》を与《あた》えない。　イ，エ×…春から夏にかけての時期と，夏から秋にかけての時期をそれぞれ平均すると，気温や日照時間に大きな差はない。
ウ○…冬になると光合成がほとんど行われなくなり，二酸化炭素濃度《のうど》が高くなる。春になって光合成が本格的に始まるときには十分に二酸化炭素があり，夏までにかけて光合成が盛んに行われることで，夏から秋にかけての時期では二酸化炭素濃度が低くなる。　⑵　サクラは落葉樹で，冬になると葉をすべて落とす。このため，冬には光合成を行うことができない。

問２　色がついているのは図２の外側であり，外側が厚くなると濃《こ》い線のように見える。

問３　日本ではっきりとした年輪が見られるようになるのは，季節によって光合成量が異なることで，細胞の外側と中身のバランスが変わるためである。これに対し，１年を通して周りの環境《かんきょう》があまり変わらない熱帯の地域では，１年を通して光合成量があまり変わらない。

問４⑵　海水面が最も高くなっているイは満潮だと考えられるので，イのおよそ６＋６＝12(時間後)のエも満潮である。　⑶　高さの変化が1.25倍大きいということは，満潮時には基準面より最大で198×1.25＝247.5(㎝)高くなり，干潮時には基準面より最大で８×1.25＝10(㎝)低くなるから，１日における海水面の高さの変化は最大で247.5＋10＝257.5(㎝)→2.575ｍ→2.6ｍである。

問5⑴　「あ」と「い」は現在の海水面より高い位置にあるから満潮時，「う」と「え」は現在の海水面より低い位置にあるから干潮時の海水面の高さである。大潮の日は，海水面の高さの変化がいつもより大きいということだから，満潮時は最も高い「あ」の高さ，干潮時は最も低い「え」の高さになる。　⑵　大潮の日には海水面が「え」まで下がるので，水面より高い場所にいる時間が長くなる。アサリはえら呼吸をするから，水面より高い場所は環境が悪いと考えられる。よって，水面より高い場所にいる時間が長くなると，貝殻《かいがら》の成長がゆっくりになり，成長線ができる。　⑶　大潮は半月に１回起こるので，大潮のたびに成長線が１つできるとすれば，必要な時間は１年より短く，年輪にはならない。

問6⑴　ア○…成長線ができたのが現在の冬に相当する時期だとしても，この恐竜《きょうりゅう》が生きていた当時，そのような時期が１年の周期でやってきたかどうか分からないので，１年に１本できたと考えることはできない。

⑶　⑵のグラフで，かたむきが大きくなっている期間ほど同じ時間で大きく成長したということだから，成長の速さが速かったと考えられる。

《2024　第２回　社会　解説》

1　**問1**⑴　設問文中に「753 年(＝奈良時代中頃)」「漂着した」とあることから，鑑真と判断する。聖武天皇の依頼を受けて来日をめざした鑑真は，何度も航海に失敗し，その途中で失明したが，６度目の航海で来日に成功し，正式な仏教の戒律を伝えた。小野妹子は，飛鳥時代に遣隋使として隋に派遣された。坂上田村麻呂は，平安時代初頭に征夷大将軍に任じられ，蝦夷と戦った。空海は，平安時代初頭に唐に留学し，帰国後に真言宗を開いて高野山に金剛峯寺を建てた。

⑵　ウ(生類憐みの令　1685 年)→ア(『南島志』　1719 年)→イ(目安箱　1721 年)→エ(天明のききん　1782 年)
年号がわからなくても，生類憐みの令は第５代将軍綱吉が定めたこと，新井白石は第６代将軍家宣・第７代将軍家継に仕えたこと，評定所の箱(＝目安箱)の設置は，第８代将軍吉宗が享保の改革で行ったこと，天明のききんは，第 10 代将軍家治に仕えた老中田沼意次の時代に起こったことから判断できる。

問2　３世紀頃は弥生時代末にあたり，渡来人によって文字(漢字)が伝えられ，漢字を使って記録をするようになったのは，古墳時代以降である。

問3　下線部③の直前に「当時から琉球は，日本本土や諸外国と交流していた」とあり，【メモ】に「九州地方の特徴を備えた土器が見つかっている」とあることから，日本に伝わったものが琉球にもたらされた可能性があると考えられる。【メモ】に「今のところ日本での明刀銭の出土例はない」とあるが，これは明刀銭が日本に伝わらなかった裏付けにはならない。

問4　1282 年頃は鎌倉時代であるから，鎌倉幕府の仕組みを示したエを選ぶ。アは建武の新政，イは室町幕府，ウは江戸幕府。

問5⑴　明は 1368～1644 年まで存在した中国の王朝である。渤海は８～10 世紀，宋は 10～13 世紀に存在したから，時代が合わないため，不適である。高麗と明が同時に存在したのは，1392 年の朝鮮建国までの 24 年間であるが，明と高麗は海を隔てず隣接しており，１年に複数回の朝貢を行っていたことから，最も回数が多いＡを高麗と判断する。日本では，足利義満が 1401 年に第１回遣明船を派遣し，幕府の衰退とともに守護大名に貿易の実権が移りながらも 16 世紀中頃まで続いた。ただし，派遣が中断した時期もあり，数年～十数年の間隔で朝貢が行われていたことから総回数自体は少ないため，Ｂが日本である。

⑵　「世界最大のイスラーム国家」よりインドネシアである。インドネシアの首都はジャカルタからヌサンタラへ

の移転が計画されている。

問6　日米安全保障条約に基づき，日本の各地に在日米軍基地が置かれているが，特に，本土より長く 1972 年までアメリカの統治下にあった沖縄には，在日米軍基地の 70%が集中している。

2　**問1(1)**　「薩摩」は，鹿児島県の西側の旧国名である。Aは畜産が盛んな鹿児島県・宮崎県・岩手県が上位にくることからブロイラーであり，焼き鳥のアである。Bは圧倒的に北海道が多く，鹿児島県・長崎県と続くことからばれいしょ(ジャガイモ)であり，フライドポテトのウである。Cはかんしょ(サツマイモ)を使った大学芋のイである。

問2(1)　①「丸亀」より，香川県にあるdを選ぶ。丸亀うちわは香川県の伝統工芸品である。飯野山は讃岐富士と呼ばれる。②「この地に元々住んでいた人々(＝アイヌ民族)」より，北海道にあるaを選ぶ。後方羊蹄《シリベシ》山(羊蹄《ようてい》山)は蝦夷富士と呼ばれる。羊蹄山は渡島半島の付け根にあり，北に小樽港がある。③「七年に一度の御開帳で有名(＝善光寺)」より，長野県にあるbを選ぶ。黒姫山は信濃富士と呼ばれる。

(2)　cは鳥取県にある大山《だいせん》であり，伯耆《ほうき》富士と呼ばれる。各項目の割合からも判断できるが，ア～エの面積を求めて比べるとわかりやすい。(面積)＝(人口)÷(人口密度)である。アは 550000÷156≒3526(㎢)，イは 5150000÷62≒83065(㎢)，ウは 950000÷507≒1874(㎢)，エは 2020000÷149≒13557(㎢)である。面積は，北海道＞長野県＞鳥取県＞香川県の順に大きいから，アは鳥取県，イは北海道，ウは香川県，エは長野県である。

(3)　札幌市は梅雨がない北海道の気候に属するから，5～6月頃の降水量が少ないウである。降水量が少ないイとエは，どちらも1年を通して降水量が少ない，瀬戸内の気候の高松市か，内陸の気候の長野市のどちらかである。四国地方に位置する高松市の方がより台風の影響を受けやすく，7～10 月頃の降水量が多いと考えられるから，イを高松市と判断する。

問3(1)　①タコマ富士はアメリカにあるレーニア山である。日本軍がハワイの真珠湾を奇襲攻撃し，太平洋戦争が始まった。この攻撃はだまし打ちと見なされ，「リメンバー・パールハーバー(真珠湾を忘れるな)」がアメリカ国民を結束させるスローガンとなり，反日感情が高まった。②明治時代以降，広大な土地を求めて日本からブラジルなどへ多くの人が移り住んだ。現在では，静岡県や愛知県などの自動車の組み立て工場などで，ブラジル人や日系ブラジル人が多く働いている。

(2)　南アフリカ共和国のラマポーザ大統領はＩＣＣに対して，ロシアのプーチン大統領が対面で参加した場合に，プーチン大統領の拘束と引き渡しの免除を求めていた。

(3)　2023 年2月6日に，トルコ南東部を震央として地震が発生した。トルコ・シリア大地震と呼ばれている。

(4)　冷戦が終結してからロシアを加えたＧ８サミットが行われていたが，2014 年にロシアがクリミアを併合したことで，ロシアがＧ８を除外され，再びＧ７となった。ウクライナのゼレンスキー大統領は，ウクライナ情勢に関する協議のために，急きょ来日した。

2023 解答例 令和5年度　渋谷教育学園渋谷中学校【第２回】

《国　語》

一　問一．①半　②包装　③模様　④染　　問二．エ　　問三．ウ　　問四．イ　　問五．他の動物におそわれることなく静かに生きられるエディアカラ紀なら、友達との関係になやんだり、みんなとちがうことを笑われたり、それをおそれて孤立したりせずに済むと考えたから。　　問六．イ，ウ　　問七．受け売り　　問八．エ

二　問一．①宗教　②予期　③過小　　問二．ア　　問三．エ　　問四．検証せず放置した無意識の偏見が、顕在化と共有によって正当化されること。　　問五．ウ　　問六．構造的にアンコンシャス・バイアスが入り込む余地をできるだけなくすための仕組みを用意し、間違った思い込みに基づく言動を誰もが指摘できる心理的安全性を確保すること。　　問七．ウ　　問八．(1)罰せられる　(2)感謝や評価のメッセージ　(3)エ

《算　数》

1　(1)$\frac{11}{14}$　(2)1800　(3)67　(4)$7\frac{2}{3}$　(5)250　※(6)132

2　(1)6400　(2)2484　(3)8

3　(1)52　(2)44　(3)604

※4　(1)2　(2)0.008　(3)10

※の式・考え方は解説を参照してください。

《理　科》

1　問１．あ．さわった部分の氷がとけて　い．水がすぐに氷になる　　問２．白いけむりのようなものが出てくる。　問３．理由…ドライアイスの表面が氷でおおわれるから。　再び起こすには…お湯を加える。　　問４．すべて気体に変化するということ。　　問５．ア　　問６．海水を加熱して発生させた水蒸気を冷やす。　　問７．イ　問８．水に流す／水と油／水を差す　などから１つ　　問９．体内に存在する大量の水の温度があまり上昇しないから。　　問10．(1)ウ　(2)お．1.02　か．89.90

2　問１．4096　　問２．紙切れ…(ア)　封筒…(イ)　子ども…(エ)　文字列…(ウ)
問３．子ども①と③…27　子ども②と③…26　　問４．Ⓐ→Ⓓ→Ⓚ→Ⓦ／Ⓐ→Ⓔ→Ⓜ→Ⓨ／Ⓐ→Ⓔ→Ⓝ→Ⓩ

《社　会》

1　問１．(1)X．移動距離　Y．方角　(2)①エ　②×　③ウ　④×　⑤イ　⑥ア　　問２．(1)源頼朝　(2)運慶
問３．秋田県…ウ　静岡県…エ　　問４．ア　　問５．ア　　問６．井伊直弼　　問７．(1)朝鮮出兵　(2)対立する家康を関東に配置し，豊臣家の家来を都と関東の間に固めて配置することで，家康に上洛をさせにくくするため。
問８．西南戦争　　問９．ウ　　問10．オ　　問11．イ　　問12．(1)昭和20，８，６　(2)ウ　　問13．エ
問14．(1)ア　(2)a)ア．○　イ．×　ウ．○　b)古宇里大橋が開通したことで，本島から自動車で乗り入れる観光客が増加した。　(3)沖縄県…ア　北海道…ウ

2　問１．あ．育児　い．介護　　問２．こども家庭　　問３．X．ジェンダー　Y．26　　問４．エ　　問５．イ
問６．憲法改正の発議

《2023　第2回　国語　解説》

一　**問二**　ア.「その人たちが自分の存在に気付かなければ」は適さない。　イ.「その人たちを自分が無視していれば」は適さない。　ウ.「喋《しゃべ》らなければ、一人でいる時間が自然と増えていってしまうということ」は適さない。　エ.本文１～５行目から読みとれる内容である。　オ.「その人たちとの物理的な距離《きょり》があるうちは」は適さない。

問三　ア.「お菓子《かし》を食べることが大好きな、子供のような精神の持ち主」は適さない。　イ.「精神が不安定で、お菓子を鞄《かばん》に入れていないと落ち着かない」は適さない。　ウ.本文 29～36 行目から読みとれる内容である。　エ.「自分の命をつないでくれる、必要不可欠で役に立つ存在」は適さない。　オ.「別の価値」の意味を的確に説明しているウがあるので、適さない。

問四　ア.「緊張《きんちょう》が極限に達して」は適さない。　イ.本文 40～51 行目から読みとれる内容である。　ウ.「何となく共感し合えた気になり、つい気がゆるんで」は適さない。　エ.「熱い思いを口に出したときに受けた周囲からの冷たい反応と重なり、よけいに取り乱してしまって」は適さない。　オ.「早く涙《なみだ》を止めなければいけないと焦《あせ》ってしまい～いろいろな出来事を思い出すことで何とか気を紛《まぎ》らわそう」は適さない。

問五　「そういう時代」は「エディアカラ紀」。エディアカラ紀の生物について「獲物《えもの》をおそうこともありませんでした」「食べたり食べられたりする関係はありませんでした」とあり、それをふまえて草児《そうじ》が「同級生に百円をたかられたり、喋っただけで奇異《きい》な目で見られたり～どう見られているか気にしたり、そんなんじゃなく～静かに生きているだけの生物として生まれたかった」と思っていることから読みとる。

問六　ア.「『主人公が現代に戻《もど》ってきたのかどうかは覚えていない』～物事を悲観的に捉《とら》えがちな草児の性格が表れている」は適さない。　イ.本文 91～95 行目から読みとれる内容である。　ウ.本文 97～101 行目から読みとれる内容である。　エ.「すぐに返答ができなくなってしまった『男』のとまどいを示している」は適さない。　オ.「複数いるということが表現されており」は適さない。　カ.「一風変わったこれまでの言動によって、アクセントまでもが『へん』に聞こえてしまっている草児の思い込《こ》みを表している」は適さない。

問八　エの「先生を味方につけて孤立《こりつ》した状況《じょうきょう》を変えようとしている草児」「笑い者にしたことを先生に指摘《してき》されるのではないかという警戒心《けいかいしん》」は適さない。

二　**問二**　ア.［ 1 ］の後の「自分の選択《せんたく》を裏づけるために、その人のよいところばかりを探し」につながる選び方である。　イ.「いかなる事態にも正常な判断を下すことのできる人」を選ぶのは「正常性バイアス」の働きではない。　ウ.［ 1 ］より後で説明される「確証バイアス」は適さない。　エ.［ 1 ］より後で説明される「ハロー効果」は適さない。　オ.［ 1 ］より後で説明される「ホーン効果」は適さない。

問三　――線(1)の直後の「『女性は細やかな心遣《こころづか》いができる』という固定観念は、『細やかな心遣いができない女性は女性らしくない』に変わり、『男性は家事が下手』という固定観念は、『男らしい男性は家事などしなくてよい』に変わります」といった変わり方とは方向性が異なるものを選ぶ。エは、「妻」の自由な選択を阻害《そがい》しているとは限らない。

問四　――線(2)の前後に「それら(様々な思い込みや偏見《へんけん》＝バイアス)について本当かどうか考えたり、確認したり、検証したり、見直したりといったことをしない状態――いってみれば、頭の中に野良犬《のらいぬ》がウロウロしている、という状態」「同じような野良犬を頭の中に放置している人が周りにもいるということが意識化される」「他の人も飼っているという安心感から～疑問を持たない状態が生まれ～連帯も生まれます」とある「野良犬」のたとえは、直後の段落の「潜在的《せんざいてき》な価値観、ものの見方が顕在化《けんざいか》され、それが共有されることによって正当化されるプロセス」をわかりやすく説明するためのものである。

問五　ア.「父親が登場するシーンを少しも挟《はさ》まなかった」は適さない。　イ.「ジェンダーバイアスを結果として否定してしまった」は適さない。　ウ. ――線(3)の直後の段落から読みとれる内容である。　エ.「産後女性の死亡原因について触《ふ》れなかったことで」は適さない。　オ.「問題点を、視聴者《しちょうしゃ》に理解してもらうことができなかったことで」は適さない。

問六　――線(4)の直後で「その場合に有効なのが、デザインの介入《かいにゅう》です。つまり、構造的にアンコンシャス・バイアスが入り込む余地をできるだけなくすための仕組みを用意するのです」、本文最後の段落で「誰《だれ》かが、特に上に立つ人が間違《まちが》った思い込みに基づいた言動を取っていると気づいたときに、それを誰かが指摘できるような雰《ふん》囲気《いき》を積極的につくっていくことも必要です～心理的安全性の確保～『これを言ったら罰《ばっ》せられるかもしれない』と思ってしまう環境《かんきょう》ではなく、『言ってくれてありがとう』と言ってもらえる職場をつくりたいですね」と述べていることからまとめる。

問七　ウの「両者の境界を厳密に区別することが、自分が差別をしないで済むようになるために必要」は適さない。

問八(1)　[X] の直後に「と考えてびくびくする」とあることに着目する。「ピアボーナス制度」は、「心理的安全性を確保していく方法」の具体例である。――線(5)のある段落に「前述した心理的安全性の確保～『これを言ったら罰せられるかもしれない』と思ってしまう環境ではなく」とある。「前述した」が、問いの「本文 13 ページの中から」という指定とつながる。本文最初の段落の「『心理的安全性』～『一人ひとりが安心して発言・行動できる』こと～心理的安全性が欠けると、自分が言ったりやったりしたことによって罰せられる恐怖《きょうふ》がつきまといます」より。　(2)　[Y] の前後に「上司や同僚《どうりょう》、部下たちから～が届く」とあるから、【記事】の２行目「感謝や評価のメッセージ」。　(3)　ア.「月額」は適さない。　イ. 制度の導入に関する内容であり、制度の運用ルール例に関する内容ではない。　ウ.「自分と同等の役職にある従業員に限定している」は適さない。　エ.【記事】の「Google のピアボーナスのルール例」の１つ目、２つ目から読みとれる内容である。　オ.「二度と送れないようにしている」は適さない。

《2023　第２回　算数　解説》

[1] (1)　与式より，$(1\frac{1}{7}-□)\times\frac{7}{8}=5\div\{76-10\div(\frac{3}{6}-\frac{2}{6})\}$　　$(1\frac{1}{7}-□)\times\frac{7}{8}=5\div(76-10\times6)$

$(1\frac{1}{7}-□)\times\frac{7}{8}=5\div16$　　$1\frac{1}{7}-□=\frac{5}{16}\div\frac{7}{8}$　　$1\frac{1}{7}-□=\frac{5}{16}\times\frac{8}{7}$　　$□=1\frac{1}{7}-\frac{5}{14}=\frac{16}{14}-\frac{5}{14}=\mathbf{\frac{11}{14}}$

(2)　**【解き方】自転車に乗っていた時間，電車に乗っていた時間，歩いた時間の比と，合計時間を考える。**

電車に乗っていた時間を６とすると，自転車に乗っていた時間は６÷２＝３，歩いた時間は６÷３＝２である。

この３つの時間の合計は，８時16分－７時40分－３分＝33分だから，自転車に乗っていた時間は，

$33\times\frac{3}{3+6+2}=9$(分)　　よって，家からA駅までの距離は，$12\times\frac{9}{60}=1.8$(km)，つまり **1800m** である。

(3)　**【解き方】折り返したとき重なる角は等しいことを利用する。**

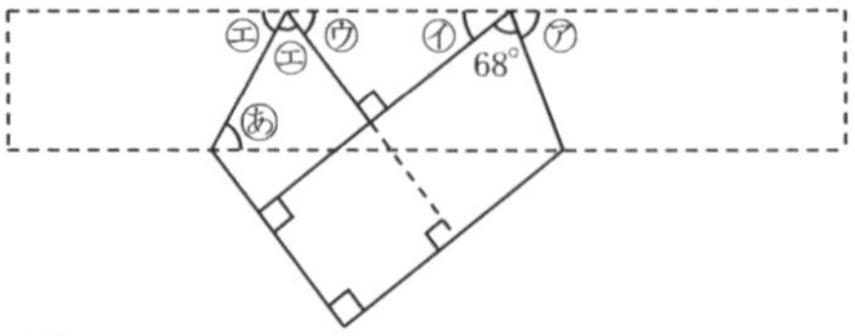

右図のように記号をおく。

㋐＝68°だから，㋑＝180°－68°×２＝44°

三角形の内角の和より，㋒＝180°－90°－44°＝46°

㋓＝(180°－46°)÷２＝67°　　平行線の錯角は等しいから，(あ)＝㋓＝**67°**

(4)　【解き方】Aを①とBを②混ぜてできる6%の食塩水をX，Bを①とCを②混ぜてできる7%の食塩水をY，Cを①とAを②混ぜてできる10%の食塩水をZとする。

XとYとZをすべて混ぜると，A，B，Cが③ずつふくまれるから，この食塩水の濃さを求める。

XとYとZの重さはすべて③である。重さが等しい食塩水を混ぜたとき，濃さはそれぞれの濃さの平均となる。

よって，求める濃さは，$\frac{6+7+10}{3}=\frac{23}{3}=\mathbf{7\frac{2}{3}}$(%)

(5)　【解き方】右図のように直方体全体を高さが0～5cmの部分と，5～15cmの部分に上下に分けると，平面DIJによって，上の部分の体積は2等分されている。

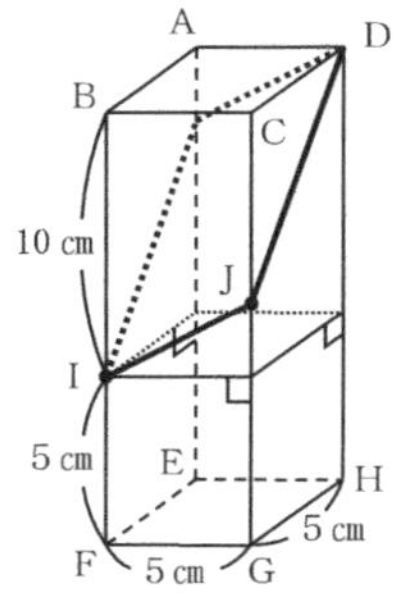

求める体積は，5×5×5＋5×5×10÷2＝5×5×5×2＝**250**(cm³)

(6)　【解き方】共通因数をくくり出す。

66×66×66＝22×22×22×3×3×3，88×88×88＝22×22×22×4×4×4，

110×110×110＝22×22×22×5×5×5だから，

与式＝22×22×22×(3×3×3＋4×4×4＋5×5×5)＝22×22×22×(27＋64＋125)＝

22×22×22×216＝22×22×22×6×6×6＝132×132×132　　よって，整数Aは**132**である。

2　**(1)　【解き方】Cを基準として，スクリーンにうつされる(あ)の影と(い)の影を重ねてかく。**

PA：PC＝40：120＝1：3だから，(あ)は3倍に拡大されてスクリーンにうつされる。PB：PC＝60：120＝1：2だから，(い)は2倍に拡大されてスクリーンにうつされる。したがって，スクリーンには右図のように影がうつされ(小さい方が(あ)の影)，スクリーンからはみ出すことはない。

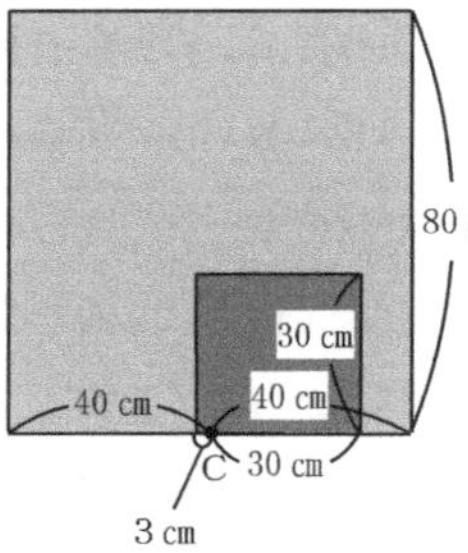

よって，影の面積は，80×80＝**6400**(cm²)

(2)　【解き方】(1)と同様の図をかく。

PA：PC＝1：3だから，(あ)は3倍に拡大されてスクリーンにうつされる。

PB：PC＝100：120＝5：6だから，(い)は$\frac{6}{5}$倍に拡大されてスクリーンにうつされる。したがって，スクリーンには右図のように影がうつされ(小さい方が(あ)の影)，スクリーンからはみ出すことはない。

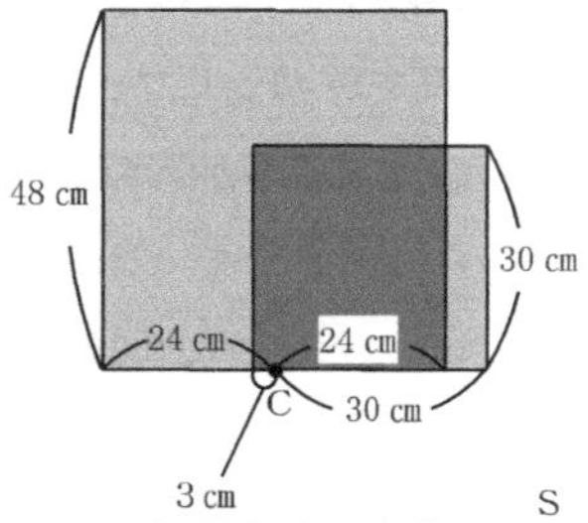

よって，影の面積は，48×48＋30×(30－24)＝**2484**(cm²)

(3)　【解き方】まず，(あ)の影の高さがスクリーンの高さと同じ100cmになるときの影の面積を求めて，16932cm²との差を求める。そこを基準に(あ)の拡大率を上げていき，影の面積がちょうど16932cm²になるところを，つるかめ算を利用して求める。

(あ)の影の高さがスクリーンの高さと等しくなるのは，(あ)を100÷10＝10(倍)拡大したときである。このときの図は右図のようになる(小さい方が(い)の影)。右図の影の面積は，100×(100＋10)＋48×(24－10)＝11672(cm²)だから，16932cm²より，16932－11672＝5260(cm²)小さい。

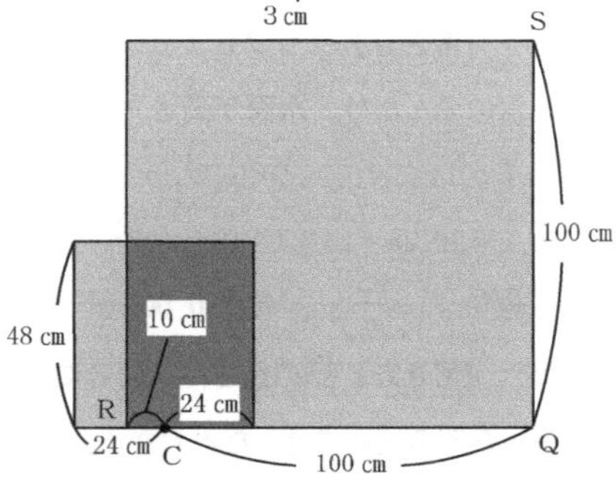

このあと，(あ)の拡大率を1倍上げるたびに，CQの長さは右に10×1＝10(cm)長くなり，CRの長さは左に1×1＝1(cm)長くなるが，QSの長さは変わらない。したがって，影の面積は，(1＋10)×100－48×1＝1052(cm²)大きくなる。よって，図からさらに拡大率を，5260÷1052＝5(倍)上げればよい。

拡大率が10＋5＝15(倍)なのだから，PA＝PC×$\frac{1}{15}$＝120×$\frac{1}{15}$＝**8**(cm)

3 ⑴　すべてがAの場合，ふくまれないマークは，♤，♡，◇，♧の４通りがあるから，すべてがAの並べ方は４通りある。数はAからKまで 13 通りあるから，求める並べ方の数は，４×13＝**52**(通り)

⑵　３枚のカードのうち最も小さい数は，AからＪまで 11 通りある。それぞれについてマークが４通りずつあるから，求める並べ方の数は，11×４＝**44**(通り)

⑶　**【解き方】①３枚の数がすべて同じ場合，②２枚の数が同じ場合，③３枚の数がすべて異なる場合，に分けて考える。**

①３枚の数がすべて同じ場合

数はAからKまで 13 通りあり，ふくまれないマークの選び方が４通りあるから，全部で，13×４＝52(通り)

②２枚の数が同じ場合

まず，[ア][ア][イ]のように小さい数が同じときを考える。[ア]の数はAからQまで 12 通りあり，[ア]の数が決まれば[イ]の数は１通りに決まる。[ア][ア]のマークは，♤♡，♤◇，♤♧，♡◇，♡♧，◇♧の６通りあり，[イ]のマークは残りの２通りある。したがって，並べ方は 12×６×２＝144(通り)ある。

次に，[ア][イ][イ]のように大きい数が同じときを考える。[ア]の数はAからQまで 12 通りある。[イ][イ]のマークと[ア]のマークの選び方も先ほどと同様に６×２(通り)ある。したがって，並べ方は 12×６×２＝144(通り)ある。

よって，この場合の並べ方は，144×２＝288(通り)

③３枚の数がすべて異なる場合

３枚のカードのうち最も小さい数は，AからＪまで 11 通りある。３枚のマークを１枚目から順に決めるとすると，１枚目は４通り，２枚目は残りの３通り，３枚目は残りの２通りだから，４×３×２＝24(通り)ある。

したがって，全部で，11×24＝264(通り)

以上より，求める並べ方の数は，52＋288＋264＝**604**(通り)

4 ⑴　**【解き方】図２は右図のように合同な６個の長方形に分けることができる。20 分後に水面の高さが 40 ㎝になったのだから，Ｘのうち高さ 40 ㎝以下の部分は，右図の長方形１個を底面とする高さが㋐の直方体５個に分けることができる。この直方体１個をＺとする。**

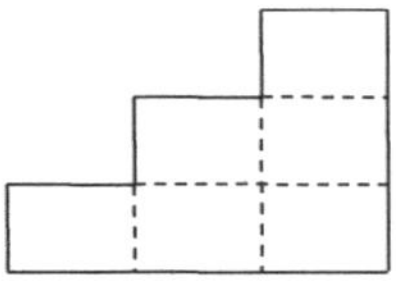

水そうにＸが入っていない場合，高さ 40 ㎝＝0.4ｍまでの容積は，１×2.5×0.4＝１(㎥)

20 分で入る水は 0.02×20＝0.4(㎥)だから，５個のＺの体積は，１－0.4＝0.6(㎥)

１個のＺの体積は，0.6÷５＝0.12(㎥)だから，㋐$=\dfrac{0.12}{0.2\times0.3}=$**2**(m)

⑵　**【解き方】グラフＢより，10.25 分後から穴に水が入ったとわかる。10.25 分後から 26.5 分後までに穴に入った水のぶんだけ，水面が高さ 40 ㎝になるまでにかかった時間は，グラフＡのときよりおそくなった。**

26.5 分後までに穴の中に入った水の体積は，0.02×(26.5－20)＝0.13(㎥)

$26.5-10.25=16.25=16\dfrac{1}{4}=\dfrac{65}{4}$(分)かけて 0.13 ㎥の水が入ったので，穴に水が入る割合は，

毎分$(0.13\div\dfrac{65}{4})$㎥＝毎分 **0.008** ㎥

⑶　**【解き方】㋑の長さは，図Ｃにおける水そうの底面から穴までの高さである。グラフＣより，6.5 分後に水面の高さが穴の高さに達したとわかる。6.5 分後までに入った水の体積と，水が入る部分の底面積をもとに計算する。**

6.5 分後までに入った水の体積は，0.02×6.5＝0.13(㎥)

水面の高さが 20 ㎝になるまでの，水が入る部分の底面積は，１×2.5－0.6×２＝1.3(㎡)

よって，㋑$=\dfrac{0.13}{1.3}\times100=$**10**(㎝)

《2023　第２回　理科　解説》

1　**問２**　ドライアイスは二酸化炭素の固体で，通常，固体から直接気体へ変化する。コップに水とドライアイスを入れると，およそ－79℃のドライアイスが水によって急激にあたためられることになり，ドライアイスが固体から気体へ変化する。ドライアイスの気体と一緒に水滴《すいてき》や氷の粒《つぶ》が空気中へ出ていくため，白いけむりのように見える。

問３　問２の様子が起こっているとき，水はドライアイスによって急激に冷やされている。ドライアイスによって冷やされた水が氷に変化してドライアイスの表面をおおうと，ドライアイスが固体から気体に変化できなくなり，問２の様子が見られなくなる。ドライアイスの表面をおおっている氷をとかせば，再び問２の様子を起こすことができる。

問５　砂糖やミョウバンなどは，水の温度が高いほど水にとける量が多くなるが，二酸化炭素などの気体はふつう，水の温度が低いほど水にとける量が多くなる。

問６　海水は水に食塩などの物質がとけている。水はとけている物質よりも低い温度で気体になるので，海水を加熱するなどして水を液体から気体に変化させて集め，それを冷やして液体にもどすことで，水だけを取り出すことができる。

問７　氷１㎤のあたりの重さが1.00ｇ以上になることと水の温度が低くなることについては関係がない。仮に，水の温度が低くなったとすると，問５解説のとおり，二酸化炭素はとけやすくなる。よって，最も起こりそうにないのはイである。なお，氷の１㎤あたりの重さが1.00ｇより大きくなった場合，水よりも１㎤あたりの重さが大きくなるので，氷は水にしずむようになる。水面付近でつくられた氷は湖沼《こしょう》の底にたまっていき，底の方から氷がたい積していくことで，湖沼全体が凍《こお》りやすくなる。また，底にしずんだままの氷は外気温の影響《えいきょう》を受けにくく，春になってもとけにくくなる。よって，ア，ウ，エは十分に起こる可能性がある事柄《ことがら》である。

問９　調べ学習のメモで，「私たち人間のからだの約60％は水分である。」，「水はあたたまりにくくさめにくい。」とあることに着目する。体温を上昇《じょうしょう》させるには，体内に大量に存在する水の温度を上昇させる必要がある。水にはあたたまりにくい性質があるから，体内で大量の熱が発生したとしても体内の水の温度をそれほど上昇させることができないということである。

問10(2)　海面下の氷山の体積と，氷山が押《お》しのけている海水の体積は同じだから，(海面下の氷山の体積×１㎤の海水の重さ)が氷山にはたらく浮力であり，氷山の重さである。よって，〔氷山の重さ＝海面下の氷山の体積×1.02〕が成り立つ。また，１㎤の氷山の重さは0.917ｇだから，〔海面下の氷山の重さ＝海面下の氷山の体積×0.917〕が成り立ち，海面下の氷山の重さは氷山全体のおよそ$\frac{\text{海面下の氷山の体積}\times 0.917}{\text{海面下の氷山の体積}\times 1.02}\times 100=\frac{0.917}{1.02}\times 100=$89.901…→89.90％である。全体に対するある部分の重さの割合は体積の割合と等しいから，89.90％が正答となる。

2　**問１**　４種類の物質を３つ並べる並べ方は，４×４×４＝64(通り)である。よって，４種類の物質を６つ並べる並べ方は，４×４×４×４×４×４＝64×64＝4096(通り)である。

問３　表ⅰ，表ⅱのようになる(矢印は省略してある)。色がついているマスは漢字が一致《いっち》しているところである。このマスに注意しながら，上の段から順に右方向へ，または左の列から順に下方向へ数字をうめていくとよい。

問４　ある漢字を(読みが同じ)別の漢字に間違《まちが》えてしまったり，分からない漢字を抜《ぬ》かして書いたりしてしまうことはあるが，新たな漢字を挿入《そうにゅう》することはない。Ⓦには，ⒿかⓀのどちらかから伝わったことになるが，Ⓙには「渋」が１つしかない(２つ目の「渋」を挿入することはない)ので，ⓌはⓀの２つの「谷」を抜かしてしまったと考えられる。また，ⒶとⓀの間には１人しか入らないから，Ⓐ→Ⓓ→Ⓚ→Ⓦとなる。同様に，ⓎはⓂの「高等」を抜かしてしまったと考えて，Ⓐ→Ⓔ→Ⓜ→Ⓨとなる。さらに，ⓏはⓃの「学校」を抜かし，ⓃはⒺの「谷」を抜かしてしまったと考えて，Ⓐ→Ⓔ→Ⓝ→Ⓩとなる。

表ⅰ　子ども①，子ども③の文字列の比較

		渋	谷	教	育	学	園	渋	谷	中	学	高	等	学	校
	15	14	13	12	11	10	9	8	7	6	5	4	3	2	1
渋	14	16	15	14	13	12	11	10	9	8	7	6	5	4	3
谷	13	15	17	16	15	14	13	12	11	10	9	8	7	6	5
育	12	14	16	17	17	16	15	14	13	12	11	10	9	8	7
学	11	13	15	16	17	18	17	16	15	14	13	12	11	10	9
園	10	12	14	15	16	17	19	18	17	16	15	14	13	12	11
渋	9	11	13	14	15	16	18	20	19	18	17	16	15	14	13
谷	8	10	12	13	14	15	17	19	21	20	19	18	17	16	15
中	7	9	11	12	13	14	16	18	20	22	21	20	19	18	17
学	6	8	10	11	12	14	15	17	19	21	23	22	21	20	19
高	5	7	9	10	11	13	14	16	18	20	22	24	23	22	21
等	4	6	8	9	10	12	13	15	17	19	21	23	25	24	23
学	3	5	7	8	9	11	12	14	16	18	20	22	24	26	25
校	2	4	6	7	8	10	11	13	15	17	19	21	23	25	27

表ⅱ　子ども②，子ども③の文字列の比較

		渋	谷	教	育	学	円	渋	谷	中	学	高	等	学	校
	15	14	13	12	11	10	9	8	7	6	5	4	3	2	1
渋	14	16	15	14	13	12	11	10	9	8	7	6	5	4	3
谷	13	15	17	16	15	14	13	12	11	10	9	8	7	6	5
育	12	14	16	17	17	16	15	14	13	12	11	10	9	8	7
学	11	13	15	16	17	18	17	16	15	14	13	12	11	10	9
園	10	12	14	15	16	17	18	17	16	15	14	13	12	11	10
渋	9	11	13	14	15	16	17	19	18	17	16	15	14	13	12
谷	8	10	12	13	14	15	16	18	20	19	18	17	16	15	14
中	7	9	11	12	13	14	15	17	19	21	20	19	18	17	16
学	6	8	10	11	12	14	14	16	18	20	22	21	20	19	18
高	5	7	9	10	11	13	14	15	17	19	21	23	22	21	20
等	4	6	8	9	10	12	13	14	16	18	20	22	24	23	22
学	3	5	7	8	9	11	12	13	15	17	19	21	23	25	24
校	2	4	6	7	8	10	11	12	14	16	18	20	22	24	26

《2023　第２回　社会　解説》

1　**問１⑴**　X＝移動距離　Y＝方角　　奴国からみて畿内は東に位置するから，不弥国以降の行程の中の「南に船で20日間行く」が「東に船で20日間行く」，「南に船で10日間行く」が「東に船で10日間行く」であれば，畿内説が成立する。また，右図のように進めば九州説が成立するが，不弥国→投馬国に20日間，投馬国→邪馬台国に40日間もかかるとは考えられないので，日数(移動距離)が間違っていると考えられる。　**⑵**　ア＝⑥　イ＝⑤　ウ＝③　エ＝①　　文字による資料と出土した資料の両方の記述はアとイ，文字による資料だけの記述はウとエである。アは，「畿内から５枚」とあることから畿内説の根拠と考えられるが，「実在しない年号」が書いてあるものがあること，三角縁神獣鏡という銅鏡は中国から出土していないことから，畿内から出土した魏の年代を刻んだ５枚の銅鏡自体が，魏の皇帝が卑弥呼に送った銅鏡と同一のものではない可能性がある。よって，アはどちらの説を主張することもできない。イについては，吉野ケ里遺跡が佐賀県にあり，「魏志倭人伝」の記述と吉野ケ里遺跡から出土したものの内容に矛盾がないことから，九州説の根拠の１つと考えられる。ウについては，卑弥呼の存在そのものに疑問をもつ記述である。エについては，大和朝廷の中心が「魏志倭人伝」の邪馬臺と一致すると断定しているから，畿内説を主張する根拠となる。

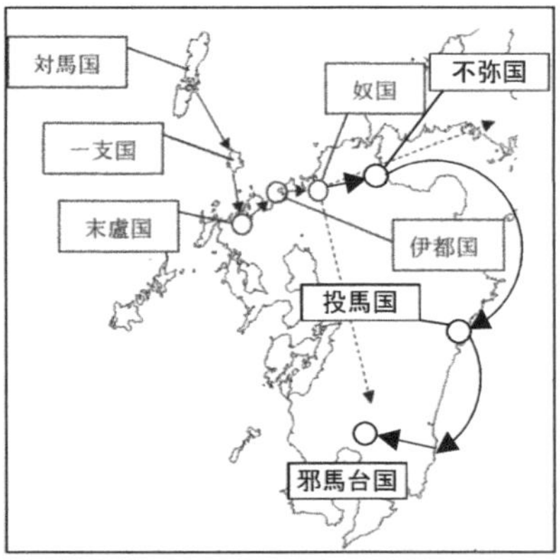

問２⑴　源頼朝　　源頼朝は，1185年に平氏を滅亡させ，関東の最高権力者となった。　**⑵**　運慶　　金剛力士像の制作には，運慶・快慶・定覚・湛慶らが携わったとされている。

問３　秋田県＝ウ　静岡県＝エ　　秋田県は４県の中で最も過疎化や高齢化が進んでいるので，65歳以上人口の割合が最も高いウを選ぶ。東海工業地域を形成する静岡県は，自動車を中心とした機械工業がさかんだから，第２次産業人口の割合が最も高いエを選ぶ。アは奈良県，イは長野県。

問４　ア　　奈良時代の内容にあてはまらないものを選べばよい。アの内容は鎌倉時代のものである。

問５　ア　　平治の乱に勝利したのは平清盛だからアを選ぶ。平清盛は，大輪田泊を修築し，日宋貿易を行って富を得た。イは奥州藤原氏，ウは藤原純友，エは足利尊氏。

問６　井伊直弼　「後に幕府の政治の中心的な役割」＝大老，「外交を強権によって対処」＝日米修好通商条約の締結，「反発を買い江戸城に登る際に暗殺」＝桜田門外の変，と考える。

問７⑴　朝鮮出兵　豊臣秀吉が朝鮮に入貢と明出兵の先導を求めると，朝鮮がこれを拒否したため，豊臣秀吉は肥前(現在の佐賀県)の名護屋に本陣を築き，15 万あまりの大軍を朝鮮に派兵した。　**⑵**　戦国時代，天下統一のためには，上洛をして，当時の天皇から冠位を授かったり，畿内を支配したりする必要があったことから考える。

問８　西南戦争　西南戦争では，新政府軍約 4000 の兵で守る熊本城を，反乱軍が約 14000 の兵で攻め込んだが，熊本城を攻め落とすことはできなかった。

問９　ウ　「ものぐさ太郎」「浦島太郎」などの御伽草子は室町時代につくられた。

問10　オ　Ⅲ(第一回帝国議会　1890 年)→Ⅰ(日英通商航海条約　1894 年)→Ⅱ(日露戦争の開始　1904 年)

問11　イ　エネルギー源が石炭から石油にかわるエネルギー革命は，戦後の昭和時代に起きている。

問12⑴　昭和 20 年８月６日　８月６日の午前８時 15 分に原子爆弾が投下された。

問13　エ　2022 年２月 24 日にロシアがウクライナに軍事侵攻した。アはポーランド，ウはベラルーシ，イはルーマニア。

問 14⑴　ア　沖縄は平年，５月中に梅雨入りして６月末には梅雨明けし，７月は晴れの日が続くので那覇はアである。イは福井，ウは岡山，エは高知。　**⑵ａ**）ア＝○　イ＝×　ウ＝○

水上・海上交通の地図記号

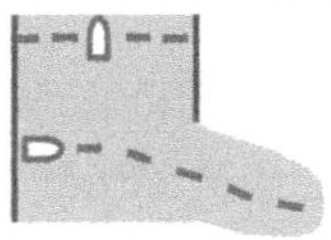

ア．正しい。資料３には定期船の海上交通の地図記号が見られるが，資料４には見られない(右図参照)。イ．誤り。資料２を見ると，H21～H23 にかけて人口増加が見られる。ウ．正しい。資料３には小・中学校の地図記号(文)が見られるが，資料４には見られない。

⑶　沖縄県＝ア　北海道＝ウ　沖縄県ではサトウキビ由来の粗糖がつくられ，北海道ではテンサイ由来の精製糖がつくられる。イはジャガイモ，エはパイナップル。

2　**問２**　こども家庭　内閣府や厚生労働省が行っていたこどものための政策を，2023 年４月からこども家庭庁が一本化して担うことになった。

問３　X＝ジェンダー　Y＝26　X．ジェンダー＝社会的・文化的な性別。　Y．参議院の議員定数は 248 だから，参議院議員全体に占める女性議員の割合は 64÷248×100＝25.8…より，26％となる。

問４　エ　ア．深夜の時間帯の仕事でも男女差をつけるのは適切でない。イ．女性の採用面接で「子どもが生まれたらどうするのか」と質問することは，セクハラにあたる。ウ．女性を特別視するのも望ましくない。

問５　イ　X．正しい。全立候補者に対する女性候補者の割合が半数を超えるのは，立憲民主党と日本共産党の２つだけであり，どちらも野党である。Y．誤り。最多の女性当選者を出した政党は自由民主党であり，自由民主党は，かつて 1993 年の 55 年体制の崩壊時や，2009 年からの民主党政権時代に野党であった。

問６　憲法改正の発議　衆議院・参議院のそれぞれで，総議員の３分の２以上の賛成をもって，国会が憲法改正の発議をし，国民投票において，有効投票の過半数の賛成を得られれば憲法改正ができる。

2022 解答例 令和4年度 ★渋谷教育学園渋谷中学校【第2回】

《国　語》

一　問一．①独居　②倉庫　③直射　④派手　　問二．ウ　　問三．ア　　問四．イ　　問五．勝負は勝ち負けを決めるもので、勝つことこそが大事だという見方から、負けが決まっていても、かけがえのない時間を全力で戦うことに価値があるのだという見方に変化した。　　問六．エ　　問七．イ　　問八．オ

二　問一．①典型　②委　③野心　　問二．オ　　問三．エ　　問四．違反した場合に、法律のように国家権力に裏付けられた制裁が加えられるのではなく、社会規範を執行する個人の感情の働きによって、自発的な制裁が加えられるという特徴。　　問五．ア　　問六．組織の構成員として求められる資質が、男らしいと言われる性質と重なるため、女性は、ジェンダー規範と、表面上はジェンダー中立的だが実質的に男らしさが優遇されている組織規範の両方に従うことができないから。　　問七．ウ

《算　数》

1　(1)20.22　(2)97，99　(3)7.5　(4)11　(5)右図　※(6)A．10　B．8

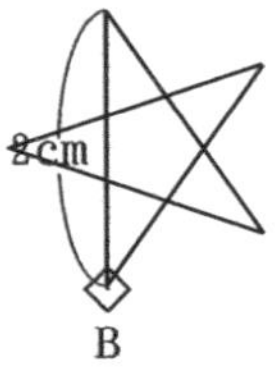

2　(1)8　(2)80　(3)360

3　(1)2.25　(2)450　(3)2.4

4　※(1)665.4　※(2)18

(3)教子さんの空の貯金箱の表面積は，$(\frac{9}{2}\times\frac{9}{2}\times 3.14)\times 2+(9\times 3.14)\times 18-0.6=635.25$(㎠)

渋男君と教子さんの空の貯金箱の重さの差は，$2\times(665.4-635.25)=60.3$(g)

硬貨をふくむ貯金箱の重さの差は32.3gだから，教子さんの貯金箱の中の硬貨の重さは，渋男君の貯金箱の中の硬貨の重さより，$60.3-32.3=28$(g)重い。硬貨1枚の重さは7gだから，教子さんの方が$28\div 7=4$(枚)多く貯金しているので，$500\times 4=2000$(円)多く貯金をしている。

※の式・考え方は解説を参照してください。

《理　科》

1　問1．ウ　問2．ア　問3．光合成　問4．日光が届かないところでは褐虫藻が光合成を行えないから。
問5．イ　問6．(1)骨が海水にとける　(2)ア　(3)海水温が上昇する南の海にも，海洋酸性化が進む北の海にも，造礁性サンゴは生息できなくなるから。　問7．ウ

2　問1．25.6　問2．1740　問3．ウ．50.6　エ．34.4　問4．9回目の㋒は，8回目の㋑や㋓よりも大きいから。　問5．の太さを変える。／を張る強さを変える。　問6．1.4倍　問7．0.25倍　問8．ア

《社　会》

1　問1．廃藩置県　問2．西南戦争に多くの戦費がかかり，政府の財政が資金不足におちいったから。
問3．エ　問4．ア　問5．オ　問6．(1)生糸　(2)鉄道の発達と産業の変化によって輸送量が減っただけでなく，電信・電話の発達によって情報を独占することもできなくなったから。　問7．イ
問8．日清戦争・日露戦争を経験したことで，鉄道での軍事輸送の重要性がはっきりしたから。　問9．ア
問10．(1)積雪　(2)出荷　問11．(1)10　(2)エ　(3)山の斜面　問12．記号…ア　名称…ねぶた
問13．(1)三内丸山遺跡　(2)ア

2　問1．①知事　②30　③25　④憲法　⑤条例　問2．(1)直接請求権　(2)エ　問3．(1)生活保護　(2)厚生労働省　(3)生活を営む

《2022 第2回 国語 解説》

一

問二 直後に「姉もまた、気持ちで負けて戻《もど》ってきた。やはり魔王《まおう》(姉・真央《まお》)は、最後には勇者(夫である勇《いさむ》)に倒《たお》される運命なのか」とあるのも同様の意味。たがいに頑固《がんこ》な二人だが、勇の強い意向に、姉のほうが負けたということ。勇の意向は「看病と介護《かいご》の(勇の看病と介護をする真央の)負担は計り知れない。だから～離婚《りこん》を申し出た」というものであり、姉はそれを受け入れがたく思っていたのだとわかる。この内容に、ウが適する。

問三 「あるまじき」だから、ふだんは「途方《とほう》に暮れ」るようなことはないのである。途方に暮れる(手段がつきて、どうすればよいかわからなくなる)ことなどない、つまり、「決断力と行動力にすぐれ」ているということ。以降の本文にある「モーゼのように人波を割って堂々と歩いてくる」という様子や、インタビューに答えず「勇、よお聞け～死ぬまで逃《のが》さんぞ～待っとれ！」と言う様子などから、「周囲がどう思うかにとらわれず」ということも読みとれる。よって、アが適する。

問四 「だったら」とは、直前の「姉は～喘《あえ》ぎ、もがいている。勇もそのはず」ならば、ということ。つまり、二人とも同じくらい苦しいのだったら、という意味。このつながりから、「同じ水の中に」いるとは、「苦しみを共有しながら」生きるという意味だと読みとれる。よって、イが適する。――線(3)の直前の「とにかく身体をこき使って現実から逃避《とうひ》したい(姉の)気持ちが鉄二にはよく分かった」は「目の前の現実から目を背《そむ》けようとする姉に共感し」に、「(金魚のように)ビニール袋《ぶくろ》に閉じ込《こ》められて」は「解決策のない中で」にあたる。アの「事態の改善に向けてできることから取り組もうとする姉」、ウの「意味がなく」、エの「痛みをやわらげる努力を地道にしていけば」、オの「周囲の支援《しえん》を受けながら苦しみをやわらげていけば」などは適さない。

問五 「『金魚すくい選手権』での経験」つまり、「金魚すくい選手権」で四位になった後は、「俺《おれ》も(菜々子と同じように、負けたけれど楽しかったからまあいいやと思っている)、と～鉄二は答える。現実は何ひとつ変えられない、でも～忘れられない思い出を作った。それってすごいことだと思った。次の夏が同じように巡《めぐ》ってくる保証なんてどこにもないから」「奇跡《きせき》は起こらない、起こらないから傍《そば》にいてやれ。最後には負けが決まってるシナリオでも、立ちはだかるから魔王なんだろ」という気持ちになっている。それまでの鉄二は、「ひとつでも勝とうぜ。勝って、勇さんとこ帰れよ」「こんなお遊び～でも、勝ちたいのだ。ささやかに～勝利を飾《かざ》りたい。小さな勲章《くんしょう》で胸を張りたい」「懐《なつ》かしい、(野球の)試合の感覚がよみがえってくる。勝とう」という気持ちだった。勝負に対する見方がこのように変化したのを自覚したことが、――線(5)の直前の「(忘れていたが)スマホの通知で、きょうが甲子園《こうしえん》の決勝だったと知る。誰かが勝ち、誰かが負けた」という部分に象徴《しょうちょう》されていると言える。

問六 「俺も(負けたけれど楽しかったからまあいいやと思っている)、と～鉄二は答える。現実は何ひとつ変えられない、でも～忘れられない思い出を作った。それってすごいことだと思った」という気持ちになっている。また、菜々子から「いつまでわたしを『住谷《すみたに》さん』って呼ぶのかなー？」と言われて「……菜々子」と言えたことで、距離《きょり》が縮まったことが読みとれる。よって、エが適する。

問七 「音を立てて」の「音」は、「姉ちゃんの音」である。姉がこぐ「車輪の音」を聞いた鉄二は、骨折した自分を姉が買い物用のカートで病院に連れて行ってくれたことを思い出した。そのような音は、姉らしい音なのである。よって、イの「姉自身の思いを貫《つらぬ》いてほしい」が適する。アの「奇跡を起こしてほしい」、ウの「穏《おだ》やかに過ごしてほしい」、エの「希望を捨てずに勇を励《はげ》ましながら」、オの「自暴自棄《じぼうじき》になっている勇」などは適さない。

問八 オの、「犯罪予告にしか聞こえない」を「鉄二の心配性《しんぱいしょう》な側面を示す心の声」だとする理解は誤り。姉が言った「死ぬまで逃さんぞ、腹括《くく》って首洗《あろ》うて(覚悟して)待っとれ！」は、だれが聞いても(心配性でなくても)「犯罪予告にしか聞こえない」ようなもので、放送されなくて当然の内容である。直前で「あんなもん放送できるわけねえだろ」と言った「あんなもん」を、よりつっこんで表現した心の声である。また、オには「他の人物の心情はつかみにくい～補って読む余地があり～奥行《おくゆ》きをもたらしている」とあるが、本文にそのような印象はない。

二 問二　「ジェンダー規範《きはん》は、常に対になっている」とし、「男性は冷静沈着《ちんちゃく》に、女性は感情豊かに～男性は仕事に～女性は家で～」といった具体例があげられている。これらをまとめて言いかえているので、オが適する。

問三　――線(1)は、同じ段落で「男性と女性の生物学的な違《ちが》いを反映して、自然に生じてくる～遺伝的に違いがあるのだから～向いている生き方も異なると考える」と説明している。また、――線(2)は、その前後で「何らかの形で社会的につくられたものであろう」「子どもが社会規範を学習する過程～が重要な役割を果たすと考えられてきた。家庭や学校～メディア～などを通じて～学んでいく」と説明している。これらの内容に、エが適する。ウの「ジェンダー規範があるから男女の遺伝的な差異が現れてくるのだと考える」は誤り。ア、イ、オのようなことは本文に書かれていない。

問四　――線(3)と同じ段落では「社会規範も、それに違反《いはん》した人が制裁を受ける点では法的なルールと似ている」と述べているので、異なる点を取り上げている「社会規範と法律とでは、違反によって生じる帰結が大きく異なる」以降に着目する。そこで述べている「法律～違反に対する制裁は、国家権力に裏付けられている～これに対して、社会規範の場合には、国家権力の裏付けは必要ない～目撃《もくげき》した人は～自発的に制裁を加える。個人による社会規範の執行《しっこう》には、感情の働きがともなう～感情の働きによって～人々の行動を制約する」という内容からまとめる。

問五　――線(4)に続けて「その(組織の)規範は、次のように定式化される～Xでなければならない～Xの内容は～『冷静沈着』『質実剛健《ごうけん》』『競争的』『積極的』『野心的』など～Xに含《ふく》まれる資質は～『男らしい』と言われる性質と重なっている」と述べていることに、アが適する。

問六　「なぜ、男女差別が行われにくくなっているはずの世の中で～地位に大きな違いが生じるのだろうか」(――線(4)の前行)以降で説明した内容を、――線(5)の直前の「こうして」が受けている。この間に述べられた「ここでXに含まれる(組織の構成員として求められる)資質は、多くの場合、『男らしい』と言われる性質と重なっている」「明示的に男性を優遇《ゆうぐう》しているわけではない組織規範も、『男らしさ』を優遇している」「男性はジェンダー規範の命じる通りに振《ふ》る舞《ま》えば、組織の規範に従うことができる。これに対して、女性はジェンダー規範に従って行動する限り、組織規範に従うことができない～二つの矛盾《むじゅん》する要求で板挟《いたばさ》み～一方には～『男らしい』行動を求める組織規範があり、他方には～『女らしい』行動を求めるジェンダー規範がある」という内容をまとめる。

問七　ウで取り上げている「リーダーシップ」や「競争を勝ち抜《ぬ》ける」という基準(組織規範)は、本文で「『男らしい』と言われる性質」として取り上げられた「『冷静沈着』『質実剛健』『競争的』『積極的』『野心的』など」と同類のもの。つまり、表面上は「男女問わず」と中立を明示していても、求める資質がそもそも男性に有利になってしまうのである。よって、ジェンダー平等にはつながらない。

《2022　第2回　算数　解説》

1 (1)　与式$=3\div\{\frac{1}{9}-(1-\frac{1}{8})\times\frac{8\times(55-45)}{45\times55}\div\frac{7}{5}\}\times\frac{1}{550}\times337=3\div(\frac{1}{9}-\frac{7}{8}\times\frac{8\times10}{45\times55}\times\frac{5}{7})\times\frac{1}{550}\times337=$
$3\div(\frac{1}{9}-\frac{2}{99})\times\frac{1}{550}\times337=3\div\frac{1}{11}\times\frac{1}{550}\times337=3\times11\times\frac{1}{550}\times337=\frac{1011}{50}=20.22$

(2)　ある本のページ数は，$16\times6=96$(ページ)より多く，$16\times7=112$(ページ)以下である。
また，$11\times\frac{17-1}{2}+3=91$(ページ)より多く，$11\times\frac{18}{2}=99$(ページ)以下である。よって，96ページより多く，

99ページ以下だから，97ページから99ページになる。

(3)　**【解き方】右のように作図する。**

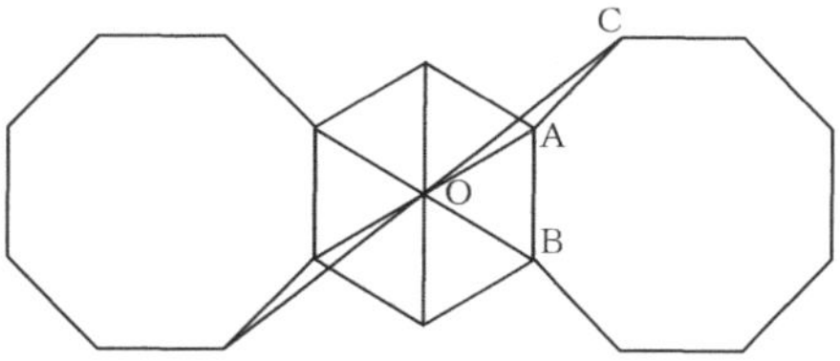

三角形ＡＯＢは正三角形だから，ＯＡ＝ＡＢ

また，右側の正八角形より，ＡＢ＝ＡＣだから，ＯＡ＝ＡＣ

角ＢＡＣ＝$180° - \frac{360°}{8} = 135°$，角ＯＡＢ＝60°だから，

角ＯＡＣ＝360°－135°－60°＝165°

二等辺三角形ＯＡＣにおいて，角(あ)＝(180°－165°)÷２＝7.5°

(4)　**【解き方】引き返し始めてから公園に着くまでの，時速20㎞の速さで行った場合の時間と時速15㎞の速さで行った場合の時間の比は，速さの逆比に等しく，15：20＝３：４である。**

時間の比の数の差の４－３＝１が60－50＝10(分)にあたるから，引き返し始めてから公園に着くまでに時速15㎞の速さで行った場合にかかる時間は，10×４＝40(分)

家から図書館までにかかる時間は，３÷15×60＝12(分)だから，図書館を通り越してから引き返すまでの時間は，60－40－12＝８(分)

家から公園まで時速15㎞の速さで行った場合にかかる時間は，60－８×２＝44(分)だから，

家から公園までの道のりは，$15 \times \frac{44}{60} = 11$(㎞)

(5)　**【解き方】命令４と命令５を１回行うと右図のように180°－144°＝36°の角が１つできる。**

この操作を合計で５回繰り返すと，36°の角が５つできて，解答例のような星形になる。

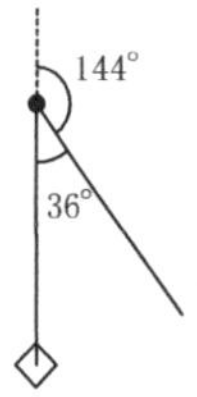

(6)　**【解き方】Ａの食塩水60－40＝㋐20(ｇ)に含《ふく》まれる食塩と，Ｂの食塩水75－50＝㋑25(ｇ)に含まれる食塩の量が同じである。**

Ａの食塩水60ｇとＢの食塩水50ｇの組み合わせにおいて，Ｂの食塩水50ｇをＡの食塩水$50 \times \frac{20}{25} = 40$(ｇ)におきかえても含まれる食塩の量は変わらない。したがって，Ａの食塩水60＋40＝100(ｇ)に含まれる食塩の量が10ｇなのだから，食塩水Ａの濃さは，$\frac{10}{100} \times 100 = 10$(％)

下線部㋐，㋑より，ＡとＢの濃さの比は20：25＝４：５の逆比の５：４だから，食塩水Ｂの濃さは，$10 \times \frac{4}{5} = 8$(％)

2　(1)　**【解き方】ＡとＢのうち大きい方の十の位の数をａ，一の位の数をｂとすると，Ｘは，10×ａ＋ｂ－(10×ｂ＋ａ)＝９×(ａ－ｂ)になる。**

Ｘ＝９×(ａ－ｂ)で５と９は互いに素だから，Ｘが５の倍数になるためには，ａ－ｂが５の倍数になればよい。

ａ，ｂには１から９までの整数があてはまるから，(ａ，ｂ)の組み合わせは，(６，１)(７，２)(８，３)(９，４)の４通りが考えられる。１通りの組み合わせからＡは２個ずつ作れる(61と16など)ので，Ａは４×２＝８(個)ある。

(2)　**【解き方】ＣとＤのうち大きい方の百の位をｃ，十の位をｄ，一の位をｅとすると，Ｙは，100×ｃ＋10×ｄ＋ｅ－(100×ｅ＋10×ｄ＋ｃ)＝99×(ｃ－ｅ)になる。**

Ｙ＝99×(ｃ－ｅ)で５と99は互いに素だから，Ｙが５の倍数になるためには，ｃ－ｅが５の倍数になればよい。

ｃ，ｅには１から９までの整数があてはまるから，ｃ，ｅの組は４通りが考えられ，Ｃの百の位と一の位の組み合わせは４×２＝８(通り)ある。ｄには０から９までの10個の整数が考えられるから，Ｃは，８×10＝80(個)

(3)　**【解き方】(2)と(3)をふまえると，ｐ，ｑを０から９の整数として，ＥとＦのうち大きい方は，６ｐｑ１，７ｐｑ２，８ｐｑ３，９ｐｑ４となる４桁の整数になる。**

ＥとＦのどちらかが６ｐｑ１になるとき，

Ｚ＝6000＋100×ｐ＋10×ｑ＋１－(1000＋100×ｑ＋10×ｐ＋６)＝4995＋90×(ｐ－ｑ)

90は５の倍数だから，4995＋90×(ｐ－ｑ)が5000以上の５の倍数になるためには，ｐ＞ｑであればよい。

ｐ＝９のとき，９＞ｑとなるｑの値は，０～８の９個ある。ｑ＝８のとき，８＞ｑとなるｑの値は８個ある。

以上のように考えると，ｐ＞ｑとなるｐ，ｑの組は，９＋８＋７＋６＋５＋４＋３＋２＋１＝45(組)ある。

Ｅには，６ｐｑ１と１ｐｑ６の２通りの４桁の数が考えられ，７ｐｑ２，８ｐｑ３，９ｐｑ４についても同様のことがいえるから，Ｚが5000以上の５の倍数となるＥは，45×２×４＝360(個)

3 ⑴ **【解き方】三角形ＡＢＣの面積は，20×15÷２＝150(㎠)だから，底面を三角形ＡＢＣとしたときの，三角すいＢ－ＡＰＣの高さは，225×３÷150＝4.5(㎝)になる。**

ＢＰ＝4.5㎝で，Ｐは秒速２㎝で進むから，求める時間は，4.5÷２＝2.25(秒後)

⑵ **【解き方】三角すいＱ－ＣＥＲの底面を三角形ＱＥＲとしたときの高さはＢＣである。また，角ＣＦＲ＝90°，角ＣＲＦ＝45°だから，三角形ＣＦＲは直角二等辺三角形である。**

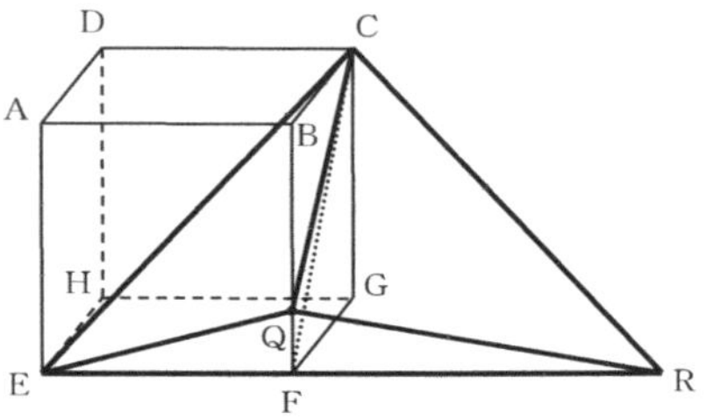

三角形ＦＢＣと三角形ＡＢＣは合同な直角三角形だから，

ＦＣ＝ＡＣ＝25㎝なので，ＦＲ＝ＦＣ＝25㎝

したがって，ＥＲ＝20＋25＝45(㎝)

ＱＢ＝２×８＝16(㎝)より，ＱＦ＝20－16＝４(㎝)だから，三角形ＱＥＲの面積は，45×４÷２＝90(㎠)

よって，三角すいＱ－ＣＥＲの体積は，90×15÷３＝450(㎤)

⑶ **【解き方】⑵をふまえて，三角形ＣＥＲの面積を求める。**

ＥＲ＝45㎝，ＦＣ＝25㎝だから，三角形ＣＥＲの面積は，45×25÷２＝$\frac{45\times25}{2}$(㎠)

よって，三角形ＣＥＲを底面としたときの高さは，450×３÷$\frac{45\times25}{2}$＝2.4(㎝)

4 ⑴ **【解き方】投入口の面積を引くことを忘れないようにする。**

底面積は９×９＝81(㎠)で，側面積は，(９×４)×14＝504(㎠)

投入口の面積は，0.2×３＝0.6(㎠)だから，貯金箱の外側の表面積は，81×２＋504－0.6＝665.4(㎠)

⑵ **【解き方】教子さんの貯金箱の底面には，右図のように７枚の硬貨がしきつめられる。**

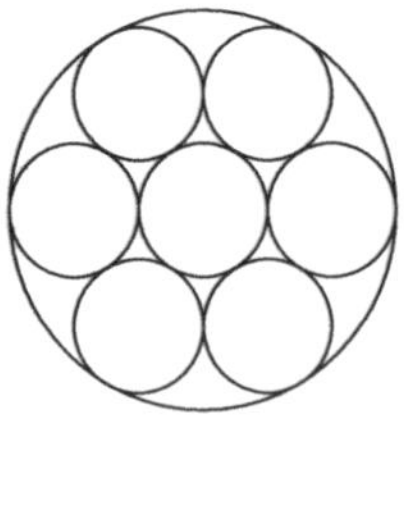

渋男君と教子さんの貯金箱の中の硬貨の枚数は同じだから，底面にしきつめる硬貨の枚数の比が９：７ならば，硬貨を積む高さの比は７：９になる。

よって，教子さんの貯金箱の高さは，14×$\frac{9}{7}$＝18(㎝)

⑶ **【解き方】空の貯金箱の重さの差と，硬貨をふくめた貯金箱の重さの差から，貯金箱の中にある硬貨の枚数の差を考えれば，解答例のようになる。**

《2022　第２回　理科　解説》

1 **問１**　ウ○…砂糖のような固体は，水の温度が高いほどよく溶《と》けるものが多いが，二酸化炭素のような気体はふつう，水の温度が低いほどよく溶ける。

問２　イは水，ウはリン酸カルシウム，エは炭酸水素ナトリウム(重そう)が主成分である。

問３　植物の葉に日光が当たると，水と二酸化炭素を材料にしてでんぷんと酸素をつくりだす光合成が行われる。

問４　造礁性《ぞうしょうせい》サンゴは褐虫藻《かっちゅうそう》が光合成を行うことでつくりだした栄養を受けとって生活している。水深が深くなると日光が届かず，褐虫藻が光合成を行うことができなくなるため，サンゴは褐虫藻から栄養を受けとることが

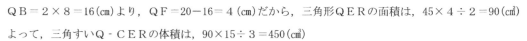

できなくなる。

問６(1)　表より，海水に溶けている二酸化炭素の濃度《のうど》が高くなると，炭酸カルシウムの海水への溶けやすさの増え方が大きくなることがわかる。サンゴの骨は炭酸カルシウムからできている。　**(2)**　海水温が低い北の地域ほど，海水に溶けている二酸化炭素の濃度が高く，炭酸カルシウムが溶けやすくなる。

問７　ウ×…サンゴ礁が形成される場所の説明としては正しいが，サンゴ礁とその周辺の砂浜(サンゴ礁の有無だけが異なる)を比べたときの，サンゴ礁の生態系が豊かになる理由としては適切ではない。

2　**問１**　$0.8\times\overset{\text{4回目}}{2}\times\overset{\text{5回目}}{2}\times\overset{\text{6回目}}{2}\times\overset{\text{7回目}}{2}\times\overset{\text{8回目}}{2}=25.6$(㎜)

問２　２回折るごとに面積は$\frac{1}{4}$倍になるから，８回折ると$\frac{1}{4}\times\frac{1}{4}\times\frac{1}{4}\times\frac{1}{4}=\frac{1}{256}$(倍)になる。よって，$445500\times\frac{1}{256}=1740.2\cdots\to1740$㎟である。

問３　横の辺と縦の辺をそれぞれ４回ずつ切ることになるから，どちらも$\frac{1}{2}\times\frac{1}{2}\times\frac{1}{2}\times\frac{1}{2}=\frac{1}{16}$(倍)になる。よって，横の長さは$810\times\frac{1}{16}=50.625\to50.6$㎜，縦の長さは$550\times\frac{1}{16}=34.375\to34.4$㎜になる。

問４　新聞紙で９回目を折ろうとすると，問１より，厚さ(う)は25.6×２＝51.2(㎜)になる。問３より，８回折ったときの横の長さと縦の長さがどちらも51.2㎜より短いから，どちらの向きにも９回目を折ることはできない。

問５　弦《げん》の太さが太くなるほど音が低くなり，弦の張りが弱くなるほど音が低くなる。

問６　1.06×1.06×1.06×1.06×1.06×1.06＝1.41…→1.4倍

問７　弦の長さが４倍になると音の高さは２オクターブ低くなる。また，音の高さが１オクターブ上がるごとに振《しん》動数《どうすう》は２倍になるから，１オクターブ低くなるごとに振動数は半分(0.5倍)になる。よって，弦の長さが４倍になると，振動数は0.5×0.5＝0.25(倍)になる。

問８　$\frac{1}{2}$を10回かけると$\frac{1}{1024}$となり，はじめて$\frac{1}{1000}$以下になる。よって，半減期を10回くり返せばよいので，30×10＝300(年)である。

《2022　第２回　社会　解説》

1　**問１**　1871 年(明治４年)の廃藩置県は，藩を廃止して政府から派遣された役人にそれぞれの県を治めさせた政策である。また，士族の特権は 1876 年(明治９年)の秩禄処分で廃止された。

問２　図１で 1877 年(明治 10 年)に国家財政が大きく減収していることに着目し，図２の西南戦争(1877 年)と結びつける。明治政府を去り鹿児島に帰った西郷隆盛は，明治政府の政策に不満を持った士族らにかつぎあげられて西南戦争を起こしたが，敗れて亡くなった。

問３　エが正しい。鑑真は唐から来日した僧である。遣唐使に請われて何度も航海に失敗しながら来日を果たし，正式な僧になるために必要な戒律を授けるための戒壇を東大寺に設けた。アは平安時代，イとウは飛鳥時代。

問４　アが正しい。北海道開拓を進める明治政府にとって青森は非常に重要な土地であった。星形の土塁で囲った城郭は，北海道函館にある五稜郭などが有名である。また，酒田から太平洋沿岸をまわって江戸まで運ぶ東廻り航路が発達していたが，樽廻船の航路は大阪ー江戸間であった。

問５　オ．太田市はスバルの自動車工場が多いので，輸送用機械器具出荷額が高いＢと判断する。内陸県である群馬県は，海面漁獲量がないことからも確認できる。横須賀市は横須賀港があるので，海面漁獲量が多いＣと判断する。浜松市は米の産出額が高いＡと判断する。また，横須賀市では，昼間は横浜市や東京都内に通勤通学している人々が多いため，昼夜間人口比率が低くなる。

問６(1)　開国以来，生糸は日本の主要な輸出品だった。生糸の品質や生産技術を向上させることを目的に，1872 年，群馬県に富岡製糸場がつくられた。　(2)　北前船が各地の情報をいち早くつかむことで，利益を上げていたことに着目する。１ページの本文(一段落)より，鉄道の登場で，人や物の他，入手に時間のかかっていた遠方の情報を素早く伝えることができるようになったことがわかる。

問７　イ．八戸は太平洋側にあるので，日本海側の深浦よりも冬の日照時間が長い。また，夏に北東から冷たく湿った風(やませ)が吹くため，濃霧が発生して日照時間が短くなり，気温が十分に上がらなくなる。

問８　図３は図１と重複しないので，1888 年(明治 21 年)～1912 年(明治 45 年)内の 20 年間である。日本鉄道は 1906 年(明治 39 年)に国有化されたことから，1889 年～1909 年と判断できる。日清戦争は 1894～1895 年，日露戦争は 1904～1905 年の出来事であり，日清戦争後の下関条約で得た賠償金の一部を使って，鉄道建設や軍備拡張のための鉄鋼を生産することを目的に八幡製鉄所が建設された。

問９　ア．1941 年に太平洋戦争が始まり，日本軍は 1942 年にビルマ(ミャンマーの旧称)を侵攻して植民地支配した。

問 10　図５と表３より，弘前市は冬の降雪量が多いことを読み取り，図４で青森県産のりんごが 12 月・１月に大量に出荷されることと関連付ける。

問 11(1)　(実際の距離)＝(地図上の長さ)×(縮尺の分母)より，実際の距離は，縦が $1\times25000=25000$(cm)＝250(m)，横が $1.6\times25000=40000$(cm)＝400(m)。よって，長方形の範囲の実際の面積は $250\times400=100000$(㎡)である。1 ha＝10000 ㎡なので，$100000\div10000=10$(ha)になる。　(2)　エが正しい。文化センターに図書館()が設置されている。　ア．平賀駅から東にのびる道路を進むと市役所(◎)は右手にある。　イ．スポーツランドひらかは標高 52mの場所にある。　ウ．沖館の北西(左上)に博物館()は見当たらない。　(3)　地形図の左下を見ると，山の斜面に果樹園()が多いことが読み取れる。

問 12　アが正しい。　東北三大祭りは，青森ねぶた祭り・秋田竿燈まつり(イ)・仙台七夕まつり(ウ)である。エは山形花笠まつりである。

問 13(2)　ア．表４と図６より，北海道の縄文人は主に海獣や魚を食べていたため，糖質摂取が少なく虫歯の割合が低かったことが分かる。

選挙権	満 18 歳以上
衆議院議員・都道府県の議会議員・ 市(区)町村長・市(区)町村の議会議員の被選挙権	満 25 歳以上
参議院議員・都道府県知事の被選挙権	満 30 歳以上

2　**問１**①・②・③　右表参照　　⑤　条例は都道府県や市区町村の議会が法律範囲内で制定する。

問２(1)　議会の解散や条例の廃止において，住民は直接請求権が認められている。　(2)　エが誤り。有権者の 50 分の１以上の署名を提出すると，市町村長に対して合併協議会の設置を直接請求することができる。

問３(1)　生活保護は生存権を実現するための貧困者対策である。　(2)　厚生労働省は，公衆衛生や社会保障に関する業務を担当している。　(3)　社会権のうちの生存権について規定した 25 条の「健康で文化的な最低限度の生活」という文言はそのまま暗記しよう。

★渋谷教育学園渋谷中学校【第２回】

《国　語》

一 問一．①暑　②報知　③おび　④支障　　問二．ウ　　問三．ずっと身近にあって、使い方によって自分を守ってくれたり背中を押してくれたりし、織物の仕事をしようと決意させてくれた存在。　　問四．イ　　問五．オ　問六．エ　　問七．エ　　問八．オ

二 問一．①帰結　②資源　③投射　④貧　　問二．オ　　問三．エ　　問四．田畑や森という自然ととけ合い、精神の過剰な跳梁が神や先祖という聖なるものによって抑制されている生活。　　問五．ウ　　問六．他者への配慮、和の精神、自然への感謝、先祖への思いなどの地方的なものがもたらした価値が、われわれの精神の奥底にあること。　　問七．イ　　問八．オ

《算　数》

1 (1) $1\frac{1}{7}$　(2)10107　(3)2763.2　(4)11　(5)148.5　※(6)３：２

2 (1)5.5　(2)2983　(3)㋑→㋓→㋒→㋓→㋒

3 (1)152　(2)135　(3)133

※4 (1)８，44，20　(2) $18\frac{2}{3}$　(3)８，44，０

※の式・考え方は解説を参照してください。

《理　科》

1 問１．①イ　②エ　③セ　④コ　⑤ケ　⑥チ　　問２．イ
問３．が水の重さとつり合うから。　　問４．イ　　問５．赤色
問６．ウ　　問７．(1)右図　(2)①0.6　②0.4

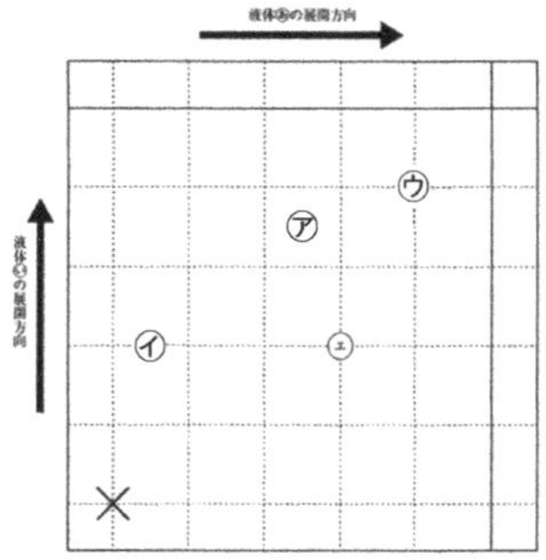

2 問１．ウ　　問２．オ　　問３．ア　　問４．ウ　　問５．0.91
問６．(い)0.15　(う)0.0885　(え)0.1365
問７．最も明るい電球…Q_2　最も暗い電球…Q

《社　会》

1 問１．(1)カ　(2)①オ　⑤ア　⑥×　(3)世界／木造建築物　(4)A．藩　B．都　　問２．(1)ア，イ，オ　(2)落語
問３．エ　　問４．地形…干潟　特徴…満潮時に海水が流れこみ，干潮時に陸地が現れる。　　問５．積雪が多い農閑期に出稼ぎをしたから。　　問６．(1)イ　(2)文章…ウ　争い…保元の乱　(3)国…A　写真…イ　　問７．ア
問８．イ　　問９．太平洋戦争中の為，皇室への崇敬や愛国の精神がうたわれた和歌を集め，翼賛運動としてつくられた。　　問10．(1)ウ　(2)木版印刷技術の発達　　問11．(1)織田信長　(2)テレビが家庭に普及したから。
(3)えりは右が下，左が上になる着方が普通だから。

2 問１．①レバノン　②検察　③緊急事態宣言　④東京　　問２．昭和20，８，６　　問３．エ

《2021　国語　解説》

一 **問二**　――線⑴の直後に「布づくりのことを考えている間は、昨夜の母の言葉も束《つか》の間、頭から消えて」とあるので、ウが適する。束の間とは、少しばかりの間という意味であり、アの「一瞬《いっしゅん》にして記憶の中から消し去った」は本文に合わず、適さない。イの「祖母の存在を束の間だけでも思い出させた」、エの「絵本の中の世界のような幻想《げんそう》的な光景をつくり上げた」、オの「織り機が語りかけてくれるような感覚すら与《あた》えるようになった」は、本文からは読み取れず、適さない。

問三　――線⑵の後に着目する。頭に深くかぶった時には、「見るからに自信がなさそうな子ども」のように見えていたが、肩《かた》にまとったときには「堂々として～顔が晴れやか」になり、「自分の変化に力が湧《わ》いて」きている。そして「今すぐ、作り始めたい衝動《しょうどう》に突《つ》き動かされ」ているのであるから、これらの内容をまとめる。

問四　火事だとわかった時、「駆《か》け込《こ》んできた祖父」は「黒い着物を脱《ぬ》ぎ～炎《ほのお》へ向かって」いくが消火できず、美《み》緒《お》が消火器を使って火を消した。――線⑶の後に書かれているように、祖父はここ数年もの忘れをするようになっていて、今回の火事はもの忘れが原因だった。祖父が「駄目《だめ》だ……」と言ったのは、自分で火を消せず、最終的には美緒が火を消したことに加え、自分のもの忘れが原因で火事になったことに気付いたからだと思われる。一方、美緒は、――線⑶の後に書かれているように、祖父のもの忘れにまったく気付いていなかった。そのため、祖父の言葉の意味がよく分からなかったのである。よって、イが適する。アは「気落ちした祖父が発した言葉に対してもあえて理解できない振《ふ》りをする」が、ウは「祖父は焼けてしまった現場を目《ま》の当たりにし、元に戻《もど》すのは無理と失意に暮れている」などが、エは「祖父は即座《そくざ》に動くことができず」などが、オは「頼《たの》もしく成長した」が適さない。

問五　美緒は祖父にショールの色を決めたかどうかを聞かれた時、「赤、と答えようとして、ためら」ってしまう。それは、「昨夜の炎の色がまだ目に残っている」からである。以前の美緒は羊毛の仕事について母に何も言えず、「工房《こうぼう》や見習いの仕事を悪く言われても。黙《だま》ってうつむいていただけ」だったのだが、今は――線⑷の前にあるように、祖父に聞かれた色について「赤です」と答え、「好きなものを好きと言える強さが欲《ほ》しい」と思っている。さらに、「今の自分が、どこまでやれるのか」より、自分の可能性を知りたいという思いが読み取れる。よって、オが適する。

問六　――線⑸の前の祖父の言葉に「お前が千回の染めを迎《むか》える日まで、私は一緒《いっしょ》にいてやれない。だから今、全力で教える」とあることから、祖父に残された時間が少ないこと、全力で教えようとしていることがわかる。ここでの「祖父に残された時間」は、もの忘れがひどくなり、美緒に職人として染めを教えることができなくなるまでの時間である。一方、美緒は、祖父のことを「先生」と呼ぶことを宣言し、――線⑸にあるような行動をとっている。これは、祖父に対して敬意をはらうとともに、全力で教えると言う祖父の姿勢にこたえ、しっかりと学び取ろうと決意したことが行動にあらわれたものである。よって、エが適する。

問七　エに「あえて厳しい言葉を投げかけて美緒の本音を引き出そうとする両親」とあるが、前書きにあるように「美緒にひどい言葉をぶつけてしま」ったのは「母」だけであるので、これが正解。

問八　2の文章からは、それまでの美緒は人に「嫌《きら》われないように～いつでもニコニコして」いること、1の文章からは「ショールが常に～共にあった」こと、「自分の色」についてまるで考えていなかったことがわかる。それが、本文では、祖母が作ってくれた「赤いショール」にふれることによって、「自分の色」を「赤」にすると決め、「色に託《たく》す願い」を「強くなりたい」とし、「新しいショールはすべて、自分の手で作りたい」と自分の意思をきちんと持つことができるようになっている。よって、オが適する。

二 **問二**　「近代主義」は、――線⑴の直前にあるように「近代的価値の空間的な延長であるグローバリズムと時間的な延長である進歩主義（革新主義）を合わせ」たものである。「グローバリズム」は２段落目１行目にあるように「『利益』や『自由』や『幸福』へ向けられたあくなき欲望の空間的な延長」のことである。「進歩主義」は３段落目の１行目にあるように「旧来の価値や制度の破壊《はかい》をよし」とし、４～５行目にあるように、「技術の革新」による経済の無限の発展と、「個人の自由や幸福追求の機会」の無限の拡張に「歴史の『進歩』を見ようとする」ものである。よって、オが適する。ウは「無限に」と「技術を経済の進歩とする」が誤り。

問三　──線(2)の３行後に「『ローカリズム』は、あまりに『近代主義』という価値のもつ強力さを軽視する傾向《けいこう》にあり」とあるので、ウの「『近代主義』の存在を黙認《もくにん》する」、オの「『近代主義』の存在を重んじる傾向にある」は適さない。また、アは「『地方』の存在を認めない」、イは「『地方』の存在が理解できない」が適さない。よって、エが適する。

問四　──線(3)の４～５行後に、地方では「人々の生が、田畑や森という自然ととけ合い、精神の過剰《かじょう》な跳梁《ちょうりょう》は山の神や先祖という『聖なるもの』によって抑制《よくせい》されていた」とあるので、この部分をまとめる。

問五　──線(4)をふくむ段落の前の段落に「地方とは～山の神や森の自然などと一体化した様々な表象体系に囲まれた生であった。そして、それこそが実は『日本』であった」とあるので、ここでの「日本」は、「地方」と同じことを表している。また、こうしたものが近代化とともに失われながらも、「『日本』がわれわれの精神の奥底にはまだ残っている」とあることから、ウが適する。アは「日本が近代化をとげるうちに確立されていき」が、イは「日本人を近代化へと導いたもの」が、エは「日本が近代化をとげるうちに注目されていった、日本人の価値観」が、オは「消滅《しょうめつ》してしまった」が適さない。

問六　──線(5)の直前に「それはむしろ」とあるので、「それ」の指していることを探す。「それ」とは、直前の文にあるように「地方的なもの」が「もたらした価値は、依然《いぜん》としてわれわれの精神の奥底に堆積《たいせき》されている」ことである。「地方的なもの」がもたらしたものは、最後から３段落前の４行目にある「他者への配慮《はいりょ》、和の精神、自然への感謝、先祖への思い」などであるので、これらをまとめる。

問七　──線(6)の前を見ると「それを自覚するには」とあるので、この「それ」が何を指しているかを探す。「それ」とは、「われわれの精神の奥底に」まだ残っている、「地方的なもの」が「もたらした価値」である。これらは近代主義を希求することによって忘れ去られつつあったが、それでも残ってきたものである。近代主義の行き詰《づ》まりに絶望すれば、これらが自覚され、うかび上がってくると筆者は考えている。よって、イが適する。アは「地方的価値の新たな価値について検証することができる」が、ウは「地方的価値をさらに一掃《いっそう》する」が、オは「日本人の精神の奥底に封《ふう》じ込められている地方的生の存在を解放できる」が適さない。エの「近代主義の理念を拒絶《きょぜつ》する」では、──線(6)にある「絶望する」の意味がとらえられていないので、エも適さない。

問八　──線(2)の５行後に「『ステイティズム』は『地方』を無視する傾向がある」とある。オには「『ステイティズム』はそれぞれの地域を重要視します」とあるので、これが正解。

《2021　算数　解説》

1　(1)　与式$=2\frac{3}{7}-\frac{1}{6}\div(\frac{7}{3}-\frac{6}{5})\times\frac{18}{7}\times\frac{17}{5}=2\frac{3}{7}-\frac{1}{6}\div(\frac{35}{15}-\frac{18}{15})\times\frac{18}{7}\times\frac{17}{5}=2\frac{3}{7}-\frac{1}{6}\times\frac{15}{17}\times\frac{18}{7}\times\frac{17}{5}=2\frac{3}{7}-\frac{9}{7}=$
$2\frac{3}{7}-1\frac{2}{7}=1\frac{1}{7}$

(2)　**【解き方】一の位の数だけを考えればいいので，７を何回かかけあわせていくとき，計算結果の一の位だけに７をかけることをくり返し，一の位の数の変化を調べる。**

一の位の数は，$\underline{7}\to 7\times 7=4\underline{9}\to 9\times 7=6\underline{3}\to 3\times 7=2\underline{1}\to 1\times 7=\underline{7}\to\cdots$，と変化するので，７，９，３，１

という４つの数がくり返される。2021 回かけると，2021÷４＝505 余り１より，７，９，３，１が 505 回くり返されたあと，最後に７になる。１回のくり返しの一の位の数の和は，７＋９＋３＋１＝20 だから，求める数は，20×505＋７＝10107

⑶　**【解き方】形が同じで対応する辺の比がａ：ｂの立体の表面積の比は，（ａ×ａ）：（ｂ×ｂ）になることを利用する。また，円すいの側面積は，（母線《ぼせん》の長さ）×（底面の半径）×3.14 で求められることを利用する（母線とはこの問題でいう親骨のことである）。**

親骨の長さが 50 cmの傘と 60 cmの傘の生地の張ってある部分の面積の比は，（50×50）：（60×60）＝25：36

親骨の長さが 50 cmの傘の生地の張ってある部分の面積は，母線が 50 cm，底面の半径が 80÷２＝40(cm)の円すいの側面積と等しく，50×40×3.14＝2000×3.14(cm²)

よって，求める面積の差は，2000×3.14×$\frac{36-25}{25}$＝880×3.14＝2763.2(cm²)

⑷　**【解き方】仕事全体の量を 12 と 24 と 72 の最小公倍数の(72)とする。**

１日にする仕事の量は，Ａさんが(72)÷12＝⑥，Ｂさんが(72)÷24＝③，Ｃさんが(72)÷72＝①である。

３人の仕事の過程をまとめると右表のようになる。

仕事をした人	１日の仕事量	日数
Ａ，Ｂ	⑥＋③＝⑨	ア
Ｂ，Ｃ	③＋①＝④	イ
Ｃ，Ａ	①＋⑥＝⑦	ウ
Ａ，Ｂ，Ｃ	⑥＋③＋①＝⑩	エ

Ｂが仕事をした日数は，ア＋イ＋エ(日)，Ｃが仕事をした日数は，イ＋ウ＋エ(日)で，これが等しいのだから，ア＝ウである。

また，ＡとＢで仕事をした日数と３人で仕事をした日数が同じなので，ア＝エである。したがって，ア，ウ，エを１とすると，Ａが仕事をした日数は１＋１＋１＝３だから，Ｂが仕事をした日数は３×1.5＝4.5 なので，イ＝4.5－１－１＝2.5　　これより，ア：イ：ウ：エ＝１：2.5：１：１＝２：５：２：２

ＡとＢで仕事をした期間の仕事量と，ＢとＣで仕事をした期間の仕事量と，ＣとＡで仕事をした期間の仕事量と，３人で仕事をした期間の仕事量の比は，（⑨×２）：（④×５）：（⑦×２）：（⑩×２）＝９：10：７：10

よって，ＡとＢで仕事をした期間の仕事量は，(72)×$\frac{9}{9+10+7+10}$＝⑱だから，この期間の日数は⑱÷⑨＝２(日)なので，かかった日数の合計は，２×$\frac{2+5+2+2}{2}$＝11(日)

⑸　**【解き方】２人それぞれの移動をグラフに表し，同じ形の三角形を利用して解く。**

グラフで２人の間の距離が０ｍになっているところは２人が１回目にすれちがったことを表す。次に，90 秒でグラフが折れているところは，速い方の渋男君がＢに着いたことを表し，110 秒でグラフが折れているところは，おそい方の教子さんがＡに着いたことを表す。したがって，２人それぞれの移動の様子をグラフに表すと右図のようになり（太線は渋男君，細線は教子さんを表す），三角形ＣＤＥと三角形ＧＦＥは同じ形である。

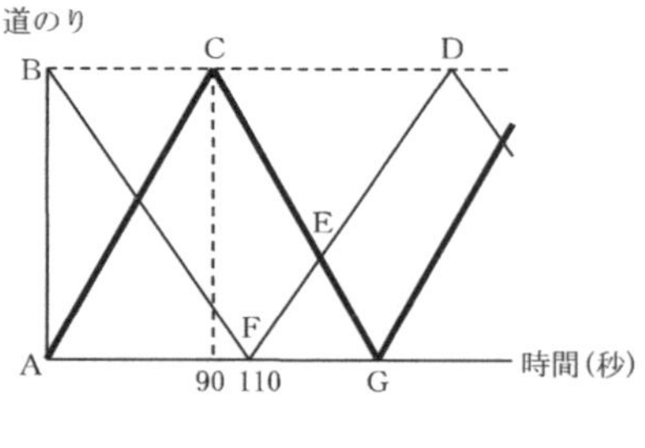

Ｄの時間は 110×２＝220(秒)，Ｇの時間は 90×２＝180(秒)だから，

ＣＤ：ＧＦ＝(220－90)：(180－110)＝13：７

したがって，ＣＥ：ＧＥも 13：７で，ＣからＧまで 180－90＝90(秒)だから，ＣからＥまで，90×$\frac{13}{13+7}$＝58.5(秒)である。

よって，２回目に出会うまでにかかった時間は，90＋58.5＝148.5(秒)

⑹　**【解き方】食塩水の問題は，うでの長さを濃度《のうど》，おもりを食塩水の重さとしたてんびん図で考えて，うでの長さの比とおもりの重さの比がたがいに逆比になることを利用する。**

図１

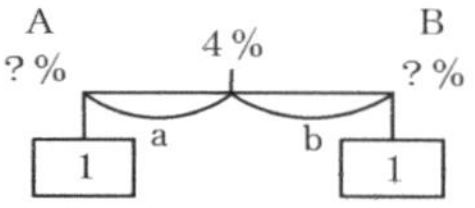

ＡとＢを１：１で混ぜたときについて右図１のてんびん図がかける。

ａ：ｂは食塩水の量の比１：１の逆比の１：１である。

ＡとＢを７：３で混ぜたときについて右図２のてんびん図がかける。

図２

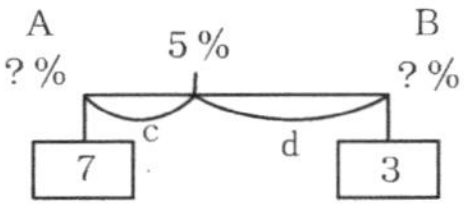

ｃ：ｄは食塩水の量の比７：３の逆比の３：７である。

したがって，ＡとＢの濃度の差を⑩とすると，ａ＝⑩×$\frac{1}{1+1}$＝⑤，

ｃ＝⑩×$\frac{3}{3+7}$＝③だから，⑤－③＝②が５－４＝１(%)にあたる。

よって，①が0.5%にあたるのだから，図１の４%の位置から左に①動かした位置でてんびんがつりあうと，4.5%の食塩水ができる。このときのＡとＢの量の比は，(⑤－①)：(⑤＋①)＝２：３の逆比の３：２である。

2 図１の長方形ＰＱＲＳを直線ℓの周りに回転してできる円柱を円柱Ｃ，直角三角形ＰＱＴを直線ℓの周りに回転してできる円すいを円すいＤとする。

(1)　**【解き方】水の体積は，底面の半径が10㎝で高さがあの円柱の体積と円すいＤの体積の和から，上から重ねたもう１つの容器Ａの円すいＤの体積を引いたものだから，底面の半径が10㎝で高さがあの円柱の体積と等しい。**

水の体積は，10×10×3.14×あ＝314×あ(㎤)と等しいから，あ＝1727÷314＝5.5(㎝)

(2)　**【解き方】こぼれた水の体積は，円柱Ｃの体積の半分である。**

円柱Ｃの体積は，10×10×3.14×13＝1300×3.14(㎤)，円すいＤの体積は，10×10×3.14×９÷３＝300×3.14(㎤)，

こぼれた水の体積は，1300×3.14÷２＝650×3.14(㎤)である。

よって，残っている水の体積は，1300×3.14＋300×3.14－650×3.14＝950×3.14＝2983(㎤)

(3)　**【解き方】(2)をふまえる。157㎤＝50×3.14(㎤)だから，3.14をふくめない値《あたい》で考える。つまり，円柱Ｃの体積を1300，円すいＤの体積を300，(2)でこぼれた水の体積を650，バケツの中に残したい水の体積を50とする。**

バケツの水の十の位を５にするためには㋑の操作をするしか方法がない。また，バケツの水を減らす操作は㋒だけである。したがって，まず，㋑でバケツに650の水を入れる。このあとバケツの水を650－50＝600減らしたい。

円すいＤの体積が300だから，㋓→㋒を２回行うと，バケツの水を600減らすことができる。

よって，５回の操作は，㋑→㋓→㋒→㋓→㋒

3 大，中，小３つのサイコロの目の出方は，全部で６×６×６＝216(通り)ある。

(1)　**【解き方】(全部の出方の数)－(３の倍数にならない出方の数)で求める。**

３の倍数にならないのは，すべてのサイコロで１，２，４，５のいずれか４通りの目が出たときだから，

４×４×４＝64(通り)ある。よって，３の倍数になる出方は，216－64＝152(通り)

(2)　**【解き方】(全部の出方の数)－(４の倍数にならない出方の数)で求める。**

４の倍数にならないのは，①「３つとも奇数の場合」，②「１個だけ２か６で他２個が奇数の場合」，のいずれかである。

①の出方は，奇数が３通りあるから，３×３×３＝27(通り)

②は，大が２か６のときの出方が２×３×３＝18(通り)，中が２か６のときも18通り，小が２か６のときも18通りだから，合わせて，18×３＝54(通り)

以上より，４の倍数にならない出方は27＋54＝81(通り)だから，４の倍数になる出方は，216－81＝135(通り)

(3)　**【解き方１】６の倍数は３の倍数のうちの偶数だから，(1)を利用して，(３の倍数になる出方の数)－(奇数の３の倍数になる出方の数)で求める。**

奇数の３の倍数は，①「３個とも３の場合」，②「２個だけ３で他１個が１か５の場合」，③「１個だけ３で他２

個が１か５の場合」のいずれかである。

①の出方は１通りある。

②は，大が１か５のときの出方が２×１×１＝２(通り)，中が１か５のときも２通り，小が１か５のときも２通りだから，合わせて，２×３＝６(通り)

③は，(１×２×２)×３＝12(通り)

よって，奇数の３の倍数になる出方は１＋６＋12＝19(通り)だから，６の倍数になる出方は，152−19＝133(通り)

【解き方２】(全部の出方の数)−(６の倍数にならない出方の数)で求める。６の倍数にならない出方については，①「３と６が出ない場合の数」と，②「２と４と６が出ない場合の数」と，①と②で重複している出方の数を数える。

①は，すべてのサイコロで１，２，４，５のいずれか４通りの目が出たときだから，４×４×４＝64(通り)

②は，すべてのサイコロで奇数が出たときだから，３×３×３＝27(通り)

①と②で重複しているのは，すべてのサイコロで１か５が出たときだから，２×２×２＝８(通り)

よって，６の倍数にならない出方は64＋27−８＝83(通り)だから，６の倍数になる出方は，216−83＝133(通り)

4 Ａの道でかかる時間は$\frac{40}{40}\times60=60$(分)，Ｂ，Ｃの道でかかる時間は$\frac{5}{60}\times60=5$(分)である。

(1) Ｃの道を通り終えたとき，７時40分＋５分＝７時45分になっている。Ｄの速度規制の時間は36分＝$\frac{36}{60}$時間＝$\frac{3}{5}$時間であり，時速20㎞で$\frac{3}{5}$時間走ると，$20\times\frac{3}{5}=12$(㎞)進む。残り40−12＝28(㎞)は時速72㎞で進むので，$\frac{28}{72}\times60=\frac{70}{3}=23\frac{1}{3}$(分)かかる。これは７時45分から８時までの時間(15分)より長いので，時速20㎞で走った時間は36分でまちがいないと確認できる。

よって，求める時刻は，７時45分＋36分＋$23\frac{1}{3}$分＝８時$44\frac{1}{3}$分＝８時44分20秒

(2) Ａ，Ｂの道を通ったときとＣ，Ｄの道を通ったときでかかる時間が等しい場合，Ｄの道をＡと同じ60分で進んだことになる。このうち60−36＝24(分)は時速72㎞で走るから，$72\times\frac{24}{60}=\frac{144}{5}$(㎞)進む。したがって，速度規制の36分＝$\frac{3}{5}$時間の間に進んだ道のりは，$40-\frac{144}{5}=\frac{56}{5}$(㎞)だから，規制速度は，
時速$(\frac{56}{5}\div\frac{3}{5})$㎞＝時速$\frac{56}{3}$㎞＝時速$18\frac{2}{3}$㎞

(3) **【解き方】Ｅの道では$\frac{5}{100}\times60=3$(分)かかるので，各道でかかる時間をまとめると右図のようになる。家から遊園地まで最短距離で行くという条件はないので，通るルートは，**

①A_1→A_2→Ｂ，②Ｃ→D_1→D_2，③A_1→Ｅ→D_2，

④Ｃ→D_1→Ｅ→A_2→Ｂ，の４パターンが考えられる。

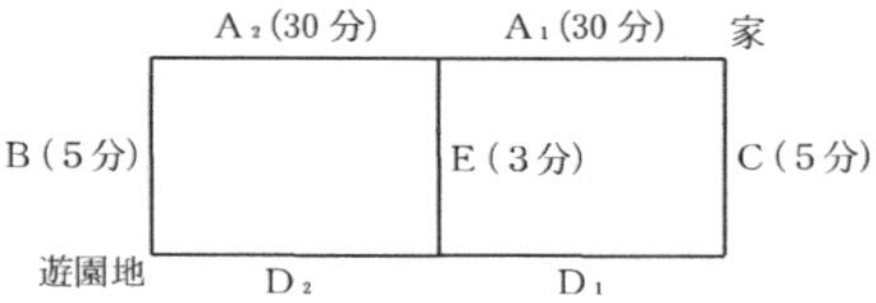

①の到着時刻は，７時40分＋60分＋５分＝８時45分，②の到着時刻は，(1)より８時44分20秒である。

③だとＥを通り終わったとき，７時40分＋30分＋３分＝８時13分である。このあと８時36分−８時13分＝23分は時速20㎞で走るので，$20\times\frac{23}{60}=\frac{23}{3}$(㎞)進む。残り$20-\frac{23}{3}=\frac{37}{3}$(㎞)を時速72㎞で走るので，$\frac{37}{3}\times\frac{1}{72}\times60=\frac{185}{18}=10\frac{5}{18}$(分)かかる。したがって，③の到着時刻は，８時13分＋23分＋$10\frac{5}{18}$＝８時$46\frac{5}{18}$分

④だとＣを通り終わったとき７時45分で，８時までの15分間に$72\times\frac{15}{60}=18$(㎞)進むから，D_1を通り終わるまでの残り20−18＝２(㎞)を$\frac{2}{20}\times60=6$(分)で進む。つまり，D_1を通り終わるのは７時45分＋15分＋６分＝８時６分である。したがって，④の到着時刻は，８時６分＋３分＋30分＋５分＝８時44分

以上より，最も早いのは④であり，到着時刻は８時44分０秒である。

《2021　理科　解説》

1　**問１**　①②メスシリンダーは水平な場所に置き，真横から見て，液面の中央部分の値を読み取る。　③セ○…10mL 用メスシリンダーでは，最大で 10mL しか量れないので 32mL の水を量りとるとき，最低４回使用しなければならない。　④コ○…直径 1.4 ㎝のメスシリンダーの断面積は 0.7×0.7×3.14＝1.5386→1.5 ㎠であり，１回あたり 0.1 ㎝高ければ，合計で 0.4 ㎝高いことになるので，1.5×0.4＝0.6(㎤)→0.6mL 多くとってしまったことになる。
⑤ケ○…④と同様に考えて，直径 2.6 ㎝のメスシリンダーの断面積は 1.3×1.3×3.14＝5.3066→5.3 ㎠だから，0.1 ㎝高ければ，5.3×0.1＝0.53(㎤)→0.53mL 多くとってしまったことになる。　⑥チ○…④，⑤より，50mL 用メスシリンダーの方が誤差が小さいことがわかる。

問２　イ○…水がガラスに引っ張られて，ガラスと接する水の端が盛り上がる。

問４　イ○…鉛筆のしんは水にとけにくく，インクのようにとけて移動することがないため，鉛筆を用いる。

問５　図４－２で，遠くまで移動している赤色がアルコールと親しみやすいことがわかる。

問６　ウ○…図４－１より，紙よりも水と親しみやすいのは黄色，水よりも紙と親しみやすいのは赤色だとわかる。したがって，水ですすぐと薄い赤色の文字が残ると考えられる。

問７(1)　初めに印をつけた場所から実線までの長さを１としたときに，それぞれの方向でＲｆ値が示す位置を図示する。

2　**問１**　ウ○…電流計は測定したい部分に直列につなぐ。電流計の＋端子は電池の＋極と，－端子は電池の－極とつながるようにする。また，フィラメントの片側は口金と，反対側は中心電極とつながっているので，導線の片方を口金，もう片方を中心電極とつなぐ。

問２　ア，イ○…電球２個を並列につなぐと，それぞれの電球に電池１個のときと同じ大きさの電流が流れ，同じ明るさで光る。　ウ，エ○…電球２個を並列につなぐと，電池を流れる電流は，それぞれの電球を流れる電流の合計と等しくなる。　オ×…電流計を電球に並列につなぐと，電流計に非常に大きな電流が流れて危険である。

問３　ア○…電球が直列つなぎの回路では，それぞれの電球に同じ大きさの電流が流れる。

問４　ウ○…ＰとＱの電流は等しいので，150mA である。

問５　1.5－0.59＝0.91(ボルト)

問６　(い)150mA→0.15 アンペア　(う)0.15×0.59＝0.0885(ワット)　(え)0.15×0.91＝0.1365(ワット)

問７　図７では，ＰとＱが並列つなぎになったものがQ_2と直列つなぎになっている。Q_2に流れる電流はＰとＱに流れる電流の合計だから，Q_2の斜面の角度(電流)はＰやＱよりも大きくなる。また，ＱとQ_2の長さが同じだから，Q_2の２点間の高さの差(電圧)もＰやＱよりも大きくなり，ワットの値が最も大きくなる。次に，ＰとＱでは図４と同様に，２点間の高さの差は同じで，斜面の角度はＱの方が小さいから，ワットの値はＱの方が小さくなる。したがって，明るい順にQ_2＞Ｐ＞Ｑとなる。

《2021　社会　解説》

1　**問１(1)**　カ．大阪港は人口の多い大都市圏にあるため，衣類や肉類などの輸入量が多い③である。千葉港は近くに石油化学コンビナートがあるため，石油の輸入量が多い①である。よって，清水港は②となる。　**(2)**　①はオ，⑤はア，⑥は×を選ぶ。　ア．⑤大化の改新前の寸法が使われていることを証拠とする非再建論である。
イ．④法隆寺の炎上が 925 年までなかったという記録を証拠とする非再建論である。　ウ．③焼けた飛鳥式の瓦が発掘されたことを証拠とする再建論である。　エ．②法隆寺に 670 年以降に伐採された材木が使われていることを証拠とする再建論である。　オ．①法隆寺には 670 年以降に多くのものが納められているという記録を証拠とする再建論である。　**(3)**　聖徳太子が建てた法隆寺は世界最古の木造建築として，世界文化遺産に登録されている。
(4)(Ａ)　江戸時代，幕府に認められた石高に応じて，各藩は土木工事などのお手伝い普請を負担していた。

（B） 710年に奈良に平城京，794年に京都に平安京が置かれ，長安の都制にならって碁盤の目状に区画された。

問２⑴ アとイとオを選ぶ。茶の地図記号は「∴」であり，桑畑の地図記号「Y」は現在使用されてない。

⑵ 落語は寄席演芸であり，こっけいな話で聴衆を笑わせ，最後をしゃれた結末で結ぶ。

問３ エが誤り。菅原道真は，藤原氏によってあらぬ罪をかけられて大宰府に左遷されてしまい，そこで亡くなったが，その子孫は滅ぼされなかった。

問４ 海面よりも低いことから干潟と判断する。

問５ 丹波杜氏（兵庫県），越後杜氏（新潟県），南部杜氏（岩手県）は，農作業ができない冬の間の副業として酒づくりを発達させた。

問６⑴ 日本海側の隠岐は，北西季節風の影響で冬の降水量が多いイを選ぶ。アは１年を通して温暖な南鳥島，ウは冬の寒さが厳しく梅雨のない帯広，エは長野。 ⑵ ウを選ぶ。平安時代後期，鳥羽上皇の息子の崇徳上皇と後白河天皇の対立に，藤原氏一族や源氏平氏の争いが結びついて保元の乱が起こった。アは飛鳥時代に大化の改新を進めた天智天皇のあとつぎ争い（壬申の乱），イは鎌倉時代に源実朝が公卿に暗殺された事件（源氏の滅亡），エは奈良時代に長岡京遷都を主導した藤原種継が暗殺された事件。 ⑶ ①はオーストラリアだから，Ａとイ（先住民族アボリジニの聖地ウルル）を選ぶ。②のブラジルはＢとウ（コルコバードのキリスト像），③のカナダはＣとア（カナディアンロッキー山脈）。

問７ 能は観阿弥・世阿弥親子によって室町時代に大成したから，アを選ぶ。出雲阿国は安土桃山時代に歌舞伎踊りを始めた。雪舟は室町時代に水墨画を完成させた。一遍は鎌倉時代に時宗を開いて踊念仏による布教を行った。

問８ イを選ぶ。 ア．【資料Ｂ】より，万葉集では東北から九州までの地名が詠まれたのに対し，百人一首では近畿の地名が詠まれたことがわかる。 ウ．【資料Ａ】より，万葉集も百人一首も，男性の歌人の方が女性よりも３倍以上多かったことがわかる。 エ．【資料Ａ】より，万葉集も百人一首も，和歌に恋愛や四季を詠んだことがわかる。

問９ 1942年が太平洋戦争中であったことを踏まえて，和歌の「大王」「勅」「神風」「大和ごころ」「あめりか人」などに着目する。戦時体制下では大政翼賛会が結成され，政府が国民の言論や思想などを統制していた。

問10⑴ ポルトガル人と南蛮貿易が行われた安土桃山時代の記述のウを選ぶ。安土桃山時代，織田信長が鉄砲を利用して天下統一事業を推し進め，引き継いだ羽柴（豊臣）秀吉が天下を統一した。アは遣唐使が派遣されていた平安時代前期まで，イは平清盛全盛期の平安時代末期，エは勘合貿易が行われた室町時代についての記述である。 ⑵ 江戸時代に寺子屋で文字の読み方や書き方，そろばんを学ぶ人が増え，木版印刷技術が発達し，本などがたくさんつくられた。

問11⑴ 織田信長は，室町幕府の天下が終わったことを世に知らしめるため，８代将軍足利義政が切り取った大きさと同じぐらいの大きさの蘭奢待を要求した。 ⑵ 1953年にＮＨＫのテレビ放送が開始し，1960年にカラーテレビの放送が開始した。1964年の東京オリンピック後にカラーテレビが普及し，自動車とクーラーと合わせて「３Ｃ」と呼ばれた。 ⑶ 葬儀で亡くなった人の着物の左のえりを下にして着付けるため，右のえりを下にして着付けることが常識となっている。

2 問１① レバノンの首都ベイルートで，大爆発によりおよそ190人が死亡し，中心部が壊滅的な被害を受けた。

② 刑事裁判は，検察官が被疑者を被告人として起訴することで始まる。その後，被疑者の容疑がかたまると，被告人として裁判が行われる。 ③ 飛沫や接触によって感染する新型コロナウイルス感染症の拡大を防ぐため，緊急事態宣言が出されて三密を避ける活動自粛が求められた。 ④ 刑事裁判では高等裁判所に控訴，最高裁判所に上告する三審制が認められている。関東地方は東京高等裁判所管内に含まれる。

問２ 第二次世界大戦（太平洋戦争）末期の昭和20（1945）年８月６日午前８時15分，アメリカ軍が広島に世界で初めて核兵器「リトルボーイ」を使用した。

問３ エ．有罪判決で窒息死の原因が介護施設職員にあるという前例ができると，その後，裁判を回避するためにおやつの提供を取りやめる施設が増えていくことが予想される。

■ ご使用にあたってのお願い・ご注意

（１）問題文等の非掲載

著作権上の都合により，問題文や図表などの一部を掲載できない場合があります。

誠に申し訳ございませんが，ご了承くださいますようお願いいたします。

（２）過去問における時事性

過去問題集は，学習指導要領の改訂や社会状況の変化，新たな発見などにより，現在とは異なる表記や解説になっている場合があります。過去問の特性上，出題当時のままで出版していますので，あらかじめご了承ください。

（３）配点

学校等から配点が公表されている場合は，記載しています。公表されていない場合は，記載していません。

独自の予想配点は，出題者の意図と異なる場合があり，お客様が学習するうえで誤った判断をしてしまう恐れがあるため記載していません。

（４）無断複製等の禁止

購入された個人のお客様が，ご家庭でご自身またはご家族の学習のためにコピーをすることは可能ですが，それ以外の目的でコピー，スキャン，転載（ブログ，ＳＮＳなどでの公開を含みます）などをすることは法律により禁止されています。学校や学習塾などで，児童生徒のためにコピーをして使用することも法律により禁止されています。

ご不明な点や，違法な疑いのある行為を確認された場合は，弊社までご連絡ください。

（５）けがに注意

この問題集は針を外して使用します。針を外すときは，けがをしないように注意してください。また，表紙カバーや問題用紙の端で手指を傷つけないように十分注意してください。

（６）正誤

制作には万全を期しておりますが，万が一誤りなどがございましたら，弊社までご連絡ください。

なお，誤りが判明した場合は，弊社ウェブサイトの「ご購入者様のページ」に掲載しておりますので，そちらもご確認ください。

■ お問い合わせ

解答例，解説，印刷，製本など，問題集発行におけるすべての責任は弊社にあります。

ご不明な点がございましたら，弊社ウェブサイトの「お問い合わせ」フォームよりご連絡ください。迅速に対応いたしますが，営業日の都合で回答に数日を要する場合があります。

ご入力いただいたメールアドレス宛に自動返信メールをお送りしています。自動返信メールが届かない場合は，「よくある質問」の「メールの問い合わせに対し返信がありません。」の項目をご確認ください。

また弊社営業日（平日）は，午前９時から午後５時まで，電話でのお問い合わせも受け付けています。

2025 春

株式会社教英出版
〒422-8054　静岡県静岡市駿河区南安倍３丁目 12-28
TEL　054-288-2131　　FAX　054-288-2133
URL　https://kyoei-syuppan.net/
MAIL siteform@kyoei-syuppan.net

神奈川県

①[県立]
相模原中等教育学校
平塚中等教育学校

②[市立]南高等学校附属中学校

③[市立]横浜サイエンスフロンティア高等学校附属中学校

④[市立]川崎高等学校附属中学校

✿⑤聖光学院中学校

✿⑥浅野中学校

⑦洗足学園中学校

⑧法政大学第二中学校

⑨逗子開成中学校(1次)

⑩逗子開成中学校(2·3次)

⑪神奈川大学附属中学校(第1回)

⑫神奈川大学附属中学校(第2·3回)

⑬栄光学園中学校

⑭フェリス女学院中学校

新潟県

①[県立]
村上中等教育学校
柏崎翔洋中等教育学校
燕中等教育学校
津南中等教育学校
直江津中等教育学校
佐渡中等教育学校

②[市立]高志中等教育学校

③新潟第一中学校

④新潟明訓中学校

石川県

①[県立]金沢錦丘中学校

②星稜中学校

福井県

①[県立]高志中学校

山梨県

①山梨英和中学校

②山梨学院中学校

③駿台甲府中学校

長野県

①[県立]
屋代高等学校附属中学校
諏訪清陵高等学校附属中学校

②[市立]長野中学校

岐阜県

①岐阜東中学校

②鶯谷中学校

③岐阜聖徳学園大学附属中学校

静岡県

①[国立]静岡大学教育学部附属中学校
(静岡·島田·浜松)

②
[県立]清水南高等学校中等部
[県立]浜松西高等学校中等部
[市立]沼津高等学校中等部

③不二聖心女子学院中学校

④日本大学三島中学校

⑤加藤学園暁秀中学校

⑥星陵中学校

⑦東海大学付属静岡翔洋高等学校中等部

⑧静岡サレジオ中学校

⑨静岡英和女学院中学校

⑩静岡雙葉中学校

⑪静岡聖光学院中学校

⑫静岡学園中学校

⑬静岡大成中学校

⑭城南静岡中学校

⑮静岡北中学校

⑯
常葉大学附属常葉中学校
常葉大学附属橘中学校
常葉大学附属菊川中学校

⑰藤枝明誠中学校

⑱浜松開誠館中学校

⑲静岡県西遠女子学園中学校

⑳浜松日体中学校

㉑浜松学芸中学校

愛知県

①[国立]愛知教育大学附属名古屋中学校

②愛知淑徳中学校

③
名古屋経済大学市邨中学校
名古屋経済大学高蔵中学校

④金城学院中学校

⑤椙山女学園中学校

⑥東海中学校

⑦南山中学校男子部

⑧南山中学校女子部

⑨聖霊中学校

⑩滝中学校

⑪名古屋中学校

⑫大成中学校

⑬愛知中学校

⑭星城中学校

⑮名古屋葵大学中学校
(名古屋女子大学中学校)

⑯愛知工業大学名電中学校

⑰海陽中等教育学校(特別給費生)

⑱海陽中等教育学校(I·II)

⑲中部大学春日丘中学校

新刊⑳名古屋国際中学校

三重県

①[国立]三重大学教育学部附属中学校

②暁中学校

③海星中学校

④四日市メリノール学院中学校

⑤高田中学校

⑥セントヨゼフ女子学園中学校

⑦三重中学校

⑧皇學館中学校

⑨鈴鹿中等教育学校

⑩津田学園中学校

滋賀県

①[国立]滋賀大学教育学部附属中学校

②[県立]
河瀬中学校
守山中学校
水口東中学校

京都府

①[国立]京都教育大学附属桃山中学校

②[府立]洛北高等学校附属中学校

③[府立]園部高等学校附属中学校

④[府立]福知山高等学校附属中学校

⑤[府立]南陽高等学校附属中学校

⑥[市立]西京高等学校附属中学校

⑦同志社中学校

⑧洛星中学校

⑨洛南高等学校附属中学校

⑩立命館中学校

⑪同志社国際中学校

⑫同志社女子中学校(前期日程)

⑬同志社女子中学校(後期日程)

大阪府

①[国立]大阪教育大学附属天王寺中学校

②[国立]大阪教育大学附属平野中学校

③[国立]大阪教育大学附属池田中学校

④[府立]富田林中学校
⑤[府立]咲くやこの花中学校
⑥[府立]水都国際中学校
⑦清風中学校
⑧高槻中学校（A日程）
⑨高槻中学校（B日程）
⑩明星中学校
⑪大阪女学院中学校
⑫大谷中学校
⑬四天王寺中学校
⑭帝塚山学院中学校
⑮大阪国際中学校
⑯大阪桐蔭中学校
⑰開明中学校
⑱関西大学第一中学校
⑲近畿大学附属中学校
⑳金蘭千里中学校
㉑金光八尾中学校
㉒清風南海中学校
㉓帝塚山学院泉ヶ丘中学校
㉔同志社香里中学校
㉕初芝立命館中学校
㉖関西大学中等部
㉗大阪星光学院中学校

兵庫県

①[国立]神戸大学附属中等教育学校
②[県立]兵庫県立大学附属中学校
③雲雀丘学園中学校
④関西学院中学部
⑤神戸女学院中学部
⑥甲陽学院中学校
⑦甲南中学校
⑧甲南女子中学校
⑨灘中学校
⑩親和中学校
⑪神戸海星女子学院中学校
⑫滝川中学校
⑬啓明学院中学校
⑭三田学園中学校
⑮淳心学院中学校
⑯仁川学院中学校
⑰六甲学院中学校
⑱須磨学園中学校(第1回入試)
⑲須磨学園中学校(第2回入試)
⑳須磨学園中学校(第3回入試)
㉑白陵中学校
㉒夙川中学校

奈良県

①[国立]奈良女子大学附属中等教育学校
②[国立]奈良教育大学附属中学校
③[県立] 国際中学校
　　　　青翔中学校
④[市立]一条高等学校附属中学校
⑤帝塚山中学校
⑥東大寺学園中学校
⑦奈良学園中学校
⑧西大和学園中学校

和歌山県

①[県立] 古佐田丘中学校
　　　　向陽中学校
　　　　桐蔭中学校
　　　　日高高等学校附属中学校
　　　　田辺中学校
②智辯学園和歌山中学校
③近畿大学附属和歌山中学校
④開智中学校

岡山県

①[県立]岡山操山中学校
②[県立]倉敷天城中学校
③[県立]岡山大安寺中等教育学校
④[県立]津山中学校
⑤岡山中学校
⑥清心中学校
⑦岡山白陵中学校
⑧金光学園中学校
⑨就実中学校
⑩岡山理科大学附属中学校
⑪山陽学園中学校

広島県

①[国立]広島大学附属中学校
②[国立]広島大学附属福山中学校
③[県立]広島中学校
④[県立]三次中学校
⑤[県立]広島叡智学園中学校
⑥[市立]広島中等教育学校
⑦[市立]福山中学校
⑧広島学院中学校
⑨広島女学院中学校
⑩修道中学校
⑪崇徳中学校
⑫比治山女子中学校
⑬福山暁の星女子中学校
⑭安田女子中学校
⑮広島なぎさ中学校
⑯広島城北中学校
⑰近畿大学附属広島中学校福山校
⑱盈進中学校
⑲如水館中学校
⑳ノートルダム清心中学校
㉑銀河学院中学校
㉒近畿大学附属広島中学校東広島校
㉓AICJ中学校
㉔広島国際学院中学校
㉕広島修道大学ひろしま協創中学校

山口県

①[県立] 下関中等教育学校
　　　　高森みどり中学校
②野田学園中学校

徳島県

①[県立] 富岡東中学校
　　　　川島中学校
　　　　城ノ内中等教育学校
②徳島文理中学校

香川県

①大手前丸亀中学校
②香川誠陵中学校

愛媛県

①[県立] 今治東中等教育学校
　　　　松山西中等教育学校
②愛光中学校
③済美平成中等教育学校
④新田青雲中等教育学校

高知県

①[県立] 安芸中学校
　　　　高知国際中学校
　　　　中村中学校

福岡県

①[国立]福岡教育大学附属中学校（福岡·小倉·久留米）

②[県立]
- 育徳館中学校
- 門司学園中学校
- 宗像中学校
- 嘉穂高等学校附属中学校
- 輝翔館中等教育学校

③西南学院中学校
④上智福岡中学校
⑤福岡女学院中学校
⑥福岡雙葉中学校
⑦照曜館中学校
⑧筑紫女学園中学校
⑨敬愛中学校
⑩久留米大学附設中学校
⑪飯塚日新館中学校
⑫明治学園中学校
⑬小倉日新館中学校
⑭久留米信愛中学校
⑮中村学園女子中学校
⑯福岡大学附属大濠中学校
⑰筑陽学園中学校
⑱九州国際大学付属中学校
⑲博多女子中学校
⑳東福岡自彊館中学校
㉑八女学院中学校

佐賀県

①[県立]
- 香楠中学校
- 致遠館中学校
- 唐津東中学校
- 武雄青陵中学校

②弘学館中学校
③東明館中学校
④佐賀清和中学校
⑤成穎中学校
⑥早稲田佐賀中学校

長崎県

①[県立]
- 長崎東中学校
- 佐世保北中学校
- 諫早高等学校附属中学校

②青雲中学校
③長崎南山中学校
④長崎日本大学中学校
⑤海星中学校

熊本県

①[県立]
- 玉名高等学校附属中学校
- 宇土中学校
- 八代中学校

②真和中学校
③九州学院中学校
④ルーテル学院中学校
⑤熊本信愛女学院中学校
⑥熊本マリスト学園中学校
⑦熊本学園大学付属中学校

大分県

①[県立]大分豊府中学校
②岩田中学校

宮崎県

①[県立]五ヶ瀬中等教育学校

②[県立]
- 宮崎西高等学校附属中学校
- 都城泉ヶ丘高等学校附属中学校

③宮崎日本大学中学校
④日向学院中学校
⑤宮崎第一中学校

鹿児島県

①[県立]楠隼中学校
②[市立]鹿児島玉龍中学校
③鹿児島修学館中学校
④ラ・サール中学校
⑤志學館中等部

沖縄県

①[県立]
- 与勝緑が丘中学校
- 開邦中学校
- 球陽中学校
- 名護高等学校附属桜中学校

もっと過去問シリーズ

北海道

北嶺中学校
7年分(算数・理科・社会)

静岡県

静岡大学教育学部附属中学校
(静岡·島田·浜松)
10年分(算数)

愛知県

愛知淑徳中学校
7年分(算数・理科・社会)
東海中学校
7年分(算数・理科・社会)
南山中学校男子部
7年分(算数・理科・社会)
南山中学校女子部
7年分(算数・理科・社会)
滝中学校
7年分(算数・理科・社会)
名古屋中学校
7年分(算数・理科・社会)

岡山県

岡山白陵中学校
7年分(算数・理科)

広島県

広島大学附属中学校
7年分(算数・理科・社会)
広島大学附属福山中学校
7年分(算数・理科・社会)
広島学院中学校
7年分(算数・理科・社会)
広島女学院中学校
7年分(算数・理科・社会)
修道中学校
7年分(算数・理科・社会)
ノートルダム清心中学校
7年分(算数・理科・社会)

愛媛県

愛光中学校
7年分(算数・理科・社会)

福岡県

福岡教育大学附属中学校
(福岡·小倉·久留米)
7年分(算数・理科・社会)
西南学院中学校
7年分(算数・理科・社会)
久留米大学附設中学校
7年分(算数・理科・社会)
福岡大学附属大濠中学校
7年分(算数・理科・社会)

佐賀県

早稲田佐賀中学校
7年分(算数・理科・社会)

長崎県

青雲中学校
7年分(算数・理科・社会)

鹿児島県

ラ·サール中学校
7年分(算数・理科・社会)

※もっと過去問シリーズは
国語の収録はありません。

教英出版
〒422-8054
静岡県静岡市駿河区南安倍3丁目12−28
TEL 054-288-2131
FAX 054-288-2133
詳しくは教英出版で検索
教英出版 検索
URL https://kyoei-syuppan.net/

令和六年度（第二回）

渋谷教育学園渋谷中学校　入学試験問題

国語

（50分）

※　解答は、必ず解答用紙の指定されたところに記入しなさい。

※　「〇〇字で」、または「〇〇字以内で」、という指示がある場合は、「。」「、」「かっこ」なども一字と数えます。

一　次の文章を読んで後の問いに答えなさい。本文の上にある数字は行数を表します。

【舞台《ぶたい》は二千数百年前の中国。思想家の孔子《こうし》は、「仁《じん》」（思いやり、人間としての心のあたたかみ）と「義《ぎ》」（人として行うべき正しい道）に基《もと》づく平和な社会を理想として掲《かか》げ、各地を演説して回った。晩年は教育に注力し、弟子は三千人にも達した。以下の場面は、孔子とその弟子の一人である冉求《ぜんきゅう》とのやりとりを描いたものである。】

「冉求《ぜんきゅう》はこのごろどうしたのじゃ。さっぱり元気がないようじゃが。」

孔子《こうし》にそう云《い》われるほど、実際冉求はこの一二カ月弱りきった顔をしている。別に身体に故障があるのではない。ただひどく気分が引き立たないのである。

彼《かれ》が孔子の門にはいったのは、表面はとにかく、内心では、いい※仕官の口を得たいためであった。仕官をするには、一とおり※詩《し》書《しょ》礼《れい》楽《がく》に通じていなければならない。そして、その方面にかけての第一人者は、何と云っても孔子である。孔子の門にさえはいって居《い》れば、ともかく一人前の人間に仕立ててもらえるだろうし、それは仕官の手蔓《てづる》だって、きっと得やすいにちがいない。そう思って、彼はせっせと勉強しつづけていたのである。

　ところが、しばらく教えをうけているうちに、彼は一つの疑問にぶッつかった。それは孔子の学問が、最初自分の考えていたのとちがって、何だか実用に適しないように思えることであった。なるほど孔子は、いつも理論よりも実行を尊ばれる。それはよくわかる。よくわかるが、その実行というのが、非常に世間放《ばな》れのしたもので、忠実にそれを守っていたら、実生活の敗北者になりそうなことばかりである。客観性を持たない真理は、要するに空想に過ぎないのではないか。自分は美しい空想を求めて入門したのではない。もっと生活に即《そく》した、実現性のある教えがほしい。

　それに、こんな夢のようなことばかり教わって、ぐずぐずしていたのでは、仕官の機会がいつ来るのか、わかったものではない。そう云えば、孔子は、われわれ門人のために、仕官について、ちっとも積極的に働いてくれてはいないようだ。「自分にそれだけの力さえあれば、何も世間に名前の知れないのを心配することはない。」などとよく云われるが、今の時代にずいぶん迂遠《うえん》な話だ。むやみと押売《おしう》りするわけにも行くまいが、ちっとはわれわれの気持《きもち》を察して、何とかわれわれの評判が立つようにして貰《もら》いたいものだ。

　(1)とにかく今のままでは面白くない。※顔回《がんかい》など、馬鹿《ばか》正直に孔子の一言一行を学んで、喜んでいるようだが、あんなに身体が弱くて、どうせ忙《いそが》しい政治家などになれない人は、あんな風にでもして、自ら慰《なぐさ》めるより仕方があるまい。だが、われわれと顔回とを同一視して、彼の真似さえしていれば、それでいいような風に云われるのは、少々心得がたい。なるほど顔回は、あんな風だから、個人的な徳行の点では、優れているのかも知れない。しかし、政治には、子路《しろ》のような蛮勇《ばんゆう》も要《い》れば、子貢《しこう》のような華《はな》やかさも要る。そう誰《だれ》も彼も同じ調子で行くものではない。個性を無視して、何の教育だ、何の※道だ。

彼は、そんな不平を抱《いだ》いて、永いこと過ごして来た。そして、幾度《いくど》となく、いろんな理窟《りくつ》をこねまわして、孔子にぶッつかって見た。しかし、ぶッつかって見ると、いつも①造作なく孔子にやりこめられてしまった。やりこめられたというよりは、軽々と抱《だ》き上げられて、ぽんとやさしく頭をうたれたような気がするのだった。そのたびごとに彼は拍子《ひょうし》ぬけがした。そして、そのあとには変に(2)さびしい気持が、彼の心を支配するのだった。

日がたつにつれて、彼は、孔子があまりによく門人たちの心を知っているのに驚《おどろ》いた。彼自身、どれほどうまく言葉を繕《つくろ》って見ても、孔子はいつも先廻《さきまわ》りして、彼の前に立ちふさがっていた。個性を無視するどころではない、一人々々《ひとりひとり》の病気をよく知りぬいていて、まるで魔術《まじゅつ》のように急所を押《お》さえてしまう。しかもその急所の押さえかたは決してその場その場の思いつきではない。孔子の心のどこかに、一つの精妙《せいみょう》な機械が据《す》えつけてあって、そこから時と場合とに応じて、自由自在にいろんな手が飛び出して来るように思える。「道はただ一つだ。」とは、よく聞かされた言葉だが、恐《おそ》らくそれが孔子の摑《つか》んでいる道なのだろう。しかし、その正体はわからない。それは「仁」だというものもある。「※忠恕《ちゅうじょ》」だというものもある。言葉では何とでも云えるだろうが、その心持《こころもち》を実感的に味《あじわ》うことは容易でない。しかも、それこそ孔子が、生きた日々の事象を取りさばいて行く力なのだ。決してそれは、自分が以前に考えていたような美しい空想ではない。十分な客観性をもった、血の出るような実生活上の真理なのだ。そして、それを摑むことこそ、真の学問なのだ。

彼はだんだんとそんなことに気がつき出した。同時に彼の態度も次第に変《かわ》って来て、(3)仕官などはもうどうでもいいことのように思われ出した。そして、そういう心で門人たちを見ると、なるほど顔回はその中でも一頭地をぬいている。閔子騫《びんしけん》や、冉伯牛《ぜんはくぎゅう》や、仲弓《ちゅうきゅう》もなかなか立派である。宰我《さいが》や子貢は何だか②ナマイキに見える。子夏と子游《しゆう》とは少しうすっぺらだ。子路は穴だらけの野心家のように思える。そして自分は、と彼は自ら省みて、いつも(4)一種の膚寒《はださむ》さを感ずるのであった。

子路に似て政治を好みながら、子路ほどの剛健《ごうけん》さと※醇朴《じゅんぼく》さを持たない彼は、とかく小策《しょうさく》を弄《ろう》したり、言いわけをしたりすることが多かった。門人仲間では謙遜《けんそん》家のように評されているが、それは負惜《まけお》しみや、ずるさから出る、表面だけの謙遜であることを、彼自身よく知っていた。彼は自分の腹の底に、卑怯《ひきょう》な、小ざかしい鼬《いたち》のような動物が巣喰《すく》っていて、いつも自分を裏切《うらぎ》って、孔子《こうし》の心に背《そむ》かしているような気がしてならなかった。

(俺《おれ》は道を求めている。この事に間違《まちが》いはないはずだ。)

彼《かれ》はたしかにそう信じている。しかし同時に、彼の心のどこかで彼が道を逃《に》げたがっていることも、間違《まちが》いのない事実であった。そして、

(駄目《だめ》だ。俺は孔子の道とは、もともと縁《えん》のない人間だったのだ。)

彼は、このごろ、しみじみとそう思うようになった。そして、いくたびか孔子の門に別れを告げようかと考えたこともあった。しかし、思いきってそれも出来なかった。こうして、ぐずぐずしている間に、彼の腹の中の鼬《いたち》はいよいよ彼に、表面をかざるための小策を弄《ろう》さした。そして、小策を弄したあとの淋《さび》しさは、そのたびごとに、いよいよ深くなって行くばかりであった。

こうして彼の顔色は、孔子の眼にもつくほどに、血の気を失って来たのである。

彼は、とうとうある日、ただ一人で孔子に面会を求めた。心の中を何もかもさらけ出して、孔子の教えを乞《こ》うつもりだったのである。ところが、孔子の室《へや》にはいると、例の腹の中の鼬が、つい、ものを云《い》ってしまった。

「私は、先生のお教えになることに強いあこがれを持っています。ただ、私の力の足りないのが残念でなりません。」

彼は云ってしまって、自分ながら自分の言葉にちっとも③ツウセツなところがないのに驚《おどろ》いた。

(何のために自分はわざわざ一人で先生に面会を求めたのだ。こんな平凡《へいぼん》な事を云うくらいなら、いつだってよかったはずだ。先生も定《さだ》めしおかしな奴《やつ》だと思われるだろう。)

そう思って、恐る恐る彼は孔子の顔を見た。

孔子は、しかし、思ったよりも遥《はる》かに緊張《きんちょう》した顔をしていた。そして、しばらく冉求《ぜんきゅう》をじっと見つめていたが、

「苦しいかね。」

と、いかにも同情するような声で云った。

(5)冉求の鼬《いたち》は、その声をきくと急に頭をひっこめた。そしてその代《かわ》りに、しみじみとした感じが、彼の胸一ぱいに流れた。彼は、母の胸に顔をくッつけているような気になって、思う存分甘《あま》えて見たいとすら思った。

「ええ、苦しいんです。なぜ私は素直《すなお》な心になり得ないのでしょう。いつまでもこんな風では、先生のお教えをうけても、結局駄目ではないかと

存じます。」

「お前の心持はよくわかる。しかし、苦しむのは、苦しまないのよりは却《かえ》っていい事なのじゃ。お前は、自分で苦しむようになったことを、一つの進歩だと思って、感謝していい、何も絶望することはない。」

「でも先生、私には、真実の道を掴《つか》むだけの素質がないのです。本来駄目に出来ている男なのです。私は卑怯《ひきょう》者です。偽《いつわ》り者です。そして……」

と、冉求は急にある束縛《そくばく》から解放されたように、やたらに、自分をけなしはじめた。

(6)「お黙《だま》りなさい。」

と、その時凛然《りんぜん》とした孔子の声が響《ひび》いた。

「お前は、自分で自分の欠点を並べたてて、自分の気休めにするつもりなのか。そんな事をする隙《ひま》があったら、なぜもっと苦しんで見ないのじゃ。お前は、本来自分にその力がないということを、弁解《いいわけ》がましく云っているが、ほんとうに力があるか無いかは努力して見た上でなければわかるものではない。力のない者は中途《ちゅうと》で斃《たお》れる。斃れてはじめて力の足りなかったことが証明されるのじゃ。斃れもしないうちから、自分の力の足りないことを予定するのは、天に対する冒瀆《ぼうとく》じゃ。何が悪だといっても、まだ試しても見ない自分の力を否定するほどの悪はない。それは生命そのものの否定を意味するからじゃ。しかし……」

と、孔子は少し声をおとして、

「お前は、まだ心からお前自身の力を否定しているのではない。お前はそんなことを云って、わしに弁解をすると共に、お前自身に弁解をしているのじゃ。それがいけない。それがお前の一番の欠点じゃ。」

冉求は、自分では引っこめたつもりでいた鼬の頭が孔子の眼には、ちっとも隠《かく》されていなかったことに気がついて、少《すく》なからず※狼狽《ろうばい》した。

孔子は、しかし、静かに言葉をつづけた。

「それというのも、お前の求道心が、まだ本当には燃え上《あが》っていないからじゃ。本当に求道心が燃えて居《お》れば、自他に※阿《おもね》る心を焼きつくして、素朴な心にかえることが出来る。素朴《そぼく》な心こそは、仁に近づく最善の道なのだ。元来、仁というものは、そんなに遠方にあるものではない。遠方にあると思うのは、心に無用の飾《かざ》りをつけて、それに隔《へだ》てられているからじゃ。つまり、求める心が、まだ真剣《しんけん》でないから、というより仕方がない。どうじゃ、そうは思わないのか。」

冉求は、うやうやしく頭を下げた。

「とにかく、自分で自分の力を限るようなことを云うのは、自分の恥《はじ》になっても、弁護にはならない。それ、よくそこいらの若い者たちが歌っている歌に、

ゆすらうめの木
花咲《さ》きやまねく、
ひらりひらりと
色よくまねく。

まねきゃこの胸
こがれるばかり、
道が遠くて
行かりゃせぬ。

というのがある。あれなども、人間の生命力を信ずる者にとっては全く物足りない歌じゃ。なあに、道が遠いことなんかあるものか。道が遠いといってへこむのは、まだ思いようが足りないからじゃ。はっ、はっ、はっ、はっ。」

孔子《こうし》は、いかにも愉快《ゆかい》そうに、大きく笑った。

冉求《ぜんきゅう》は、このごろにない④ホガらかな顔をして室を出たが、(7)その足どりには新しい力がこもっていた。

（下村湖人『論語物語』より）

※仕官……官職に就《つ》き、役人になること。
※詩書礼楽……孔子が重要視した学問。
※顔回《がんかい》……孔子《こうし》の弟子の名。以下「子路《しろ》」「子貢《しこう》」「閔子騫《びんしけん》」「冉伯牛《ぜんはくぎゅう》」「仲弓《ちゅうきゅう》」「宰我《さいが》」「子夏《しか》」「子游《しゆう》」も、すべて弟子の名。
※道……孔子が重要視した道徳。

※忠恕《ちゅうじょ》……自分の良心に忠実であることと、他人に対する思いやりが深いこと。
※醇朴《じゅんぼく》さ……素直《すなお》さ。飾《かざ》り気《け》のないさま。
※狼狽《ろうばい》……あわて、うろたえる。
※阿《おもね》る……人の気に入るように振《ふ》る舞《ま》う。へつらう。

問一　══線①～④のカタカナを漢字に、漢字をひらがなに直しなさい。漢字は一画ずつていねいに書くこと。

問二　――線(1)「とにかく今のままでは面白くない」とありますが、冉求《ぜんきゅう》の抱《いだ》いている感情としてふさわしくないものを次の中から一つ選び、記号で答えなさい。

ア　孔子《こうし》の教えは絵空事にすぎず、それを頑《かたく》なに信じていたら実生活の敗北者になってしまうのではないかという心配。
イ　孔子の教えを忠実に守っていても、自分の求めるような良い仕官の口は見つからないのではないかという不安。
ウ　孔子は悠長《ゆうちょう》なことを口にするばかりで、弟子たちの心情やその将来については考えていないのではないかという疑念。
エ　孔子の教えをありがたがって実践《じっせん》に移している顔回《がんかい》に比べて、自分は仕官が遅《おく》れてしまうのではないかという焦《あせ》り。
オ　孔子は弟子それぞれの個性を考慮《こうりょ》に入れることをしないので、よい師であるとは言えないのではないかという不信感。

問三 ——線(2)「さびしい気持」とありますが、これと波線部「淋《さび》しさ」（46行目）とはどのように異なりますか。その説明として最もふさわしいものを次の中から一つ選び、記号で答えなさい。

ア 「さびしい気持」は、真剣《しんけん》に訴《うった》えても孔子《こうし》に子ども扱《あつか》いされてしまうように感じ、物足りなく思う冉求《ぜんきゅう》の気持ちである。これに対して、「淋しさ」は、自分の訴えは理屈《りくつ》をもてあそぶだけの空虚《くうきょ》なものにすぎないと理解したからこそ抱《いだ》く、無力感や孤独《こどく》感である。

イ 「さびしい気持」は、懸命《けんめい》に訴えても孔子に誠実に向き合ってもらえないように感じ、もどかしく思う冉求の気持ちである。これに対して、「淋しさ」は、孔子が自分のことを考えてくれない原因は自分にあることを理解したからこそ抱く、罪悪感や孤独感である。

ウ 「さびしい気持」は、全力で訴えても孔子に相手にされないと感じ、落胆《らくたん》する冉求の気持ちである。これに対して、「淋しさ」は、自分が道をあきらめたのは他の弟子たちのような美徳を持ち合わせていないためだと理解したからこそ抱く、無力感や劣等《れっとう》感である。

エ 「さびしい気持」は、努めて論理的に訴えているのに孔子に頭ごなしに否定されてしまうように感じ、いらだつ冉求の気持ちである。これに対して、「淋しさ」は、自分の理屈は主張するほどの価値がないことを理解したからこそ抱く、虚無感や罪悪感である。

オ 「さびしい気持」は、理路整然と訴えようとすればするほど孔子に小馬鹿にされるように感じ、むなしく思う冉求の気持ちである。これに対して、「淋しさ」は、自分は努力しているのに孔子に認めてもらえていないと理解したからこそ抱く、虚無感や劣等感である。

問四 ——線(3)「仕官などはもうどうでもいいことのように思われ出した」とありますが、ここでの冉求《ぜんきゅう》の説明として最もふさわしいものを次の中から一つ選び、記号で答えなさい。

ア 弟子たちの長所や短所をふまえて教育をおこなう孔子《こうし》の態度に接することが重なり、それまで自分があこがれていた役人たちにはない美点を孔子に見出《みいだ》し、自分の一生を捧《ささ》げる場所は実社会ではなく学問世界の内にあると思い始めている。

イ 弟子たちの能力や性格に合った方法を模索《もさく》しながら変幻《へんげん》自在に指導する孔子の態度に接することが重なり、それまで主観的にすぎないと思っていた詩書礼楽のなかに客観性を発見し、自分なりの真理を追究しようと考えるようになっている。

ウ 弟子たちの心理や健康状態によく配慮《はいりょ》してその場に応じた助言を与《あた》えてみせる孔子の態度に接することが重なり、それまで自分が軽《かろ》んじていた孔子の教えの重要性に気づき、自分も孔子の味わっている徳の道を実践《じっせん》したくなっている。

エ 弟子たちの出自や考え方を尊重した言葉選びで教えを授けようとする孔子の態度に接することが重なり、それまで無個性だと思っていた孔子を高く再評価し、自分も真の学問である詩書礼楽に励《はげ》んで道を究《きわ》めるべきだと態度を改めている。

オ　弟子たちの個性や欠点に応じた説教を臨機応変かつ効果的に行う孔子の態度に接することが重なり、それまで自分が抱《いだ》いていた孔子に対するイメージが覆《くつがえ》されて自分の考えの浅さを恥《は》じ、自分が求めるべきものは何かを認識し直している。

問五　――線(4)「一種の膚寒《はださむ》さを感ずる」とありますが、それはどういうことですか。最もふさわしいものを次の中から一つ選び、記号で答えなさい。

ア　孔子《こうし》の説《と》く道を実践《じっせん》できているかどうかで他の弟子たちを評価するその振《ふ》る舞《ま》い自体が、孔子の説く道から最も遠い悪行であるように感じられ、愕然《がくぜん》とするということ。

イ　孔子の説く道を実践できているかどうかで他の弟子たちを評価したうえで自分はどうかと考える際、他者からの良い評価を全く受けてこなかった事実に思い至《いた》り、ぞっとするということ。

ウ　孔子の説く道を実践できているかどうかで他の弟子たちを評価するその視点で自分自身を眺《なが》めると、自分の行いは孔子の説く道から程遠いように感じられ、恐《おそ》れおののくということ。

エ　孔子の説く道を実践できているかどうかで他の弟子たちを評価しようとするが、その判断基準が正当であるかどうかを確かめる術《すべ》がないことに思い至り、動揺《どうよう》するということ。

オ　孔子の説く道を実践できているかどうかで他の弟子たちを評価するたびに、自分自身も当初は孔子の説く道を疑ってかかっていたという過去に思い至り、背筋が凍《こお》る思いをするということ。

問六　――線(5)「冉求《ぜんきゅう》の鼬《いたち》は、その声をきくと急に頭をひっこめた」とありますが、それはどういうことですか。六十一字以上七十字以内で説明しなさい。

問七 ――線(6)「『お黙《だま》りなさい。』」とありますが、この発言の意図はどのようなものですか。最もふさわしいものを次の中から一つ選び、記号で答えなさい。

ア 孔子《こうし》に取り入ろうとする冉求《ぜんきゅう》にあえて他人行儀《ぎょうぎ》な姿勢で拒絶《きょぜつ》することで、彼《かれ》の非礼に気づかせようとしている。

イ 不要なまでに自分をけなし続ける冉求をたしなめ、彼自身が気づけていない美点を認めさせようとしている。

ウ 自己否定を続ける冉求を制止し、その言動こそが自己弁護にすぎない姑息《こそく》なものであると指摘《してき》しようとしている。

エ 孔子のことを親のように慕《した》って甘《あま》えた言葉を並べ立てる冉求を叱《しか》りつけ、自立心を持たせようとしている。

オ 理屈《りくつ》をこねて他の弟子たちを見下す冉求に話をやめさせ、道を求めるにあたって取るべき態度を示そうとしている。

問八 ――線(7)「その足どりには新しい力がこもっていた」とありますが、ここでの冉求《ぜんきゅう》の説明として最もふさわしいものを次の中から一つ選び、記号で答えなさい。

ア 孔子《こうし》に悩《なや》みを告白して胸のつかえが下り、今後は自分の卑怯《ひきょう》な性格を認めて開き直ることで気休めとするのではなく、考えたり悩んだりする暇《ひま》もないほど忙《いそが》しく立ち回ろうと新たに決心している。

イ 孔子を肉親にも似た存在として信頼《しんらい》し直すことができ、今後は自分の本心を誰《だれ》も分かってくれないと嘆《なげ》くのではなく、悩んだときには遠《えん》慮《りょ》せず周りに助けを求めていこうとかつての考えを改めている。

ウ 孔子のもとで学ぶことに間違《まちが》いはなかったと確信し、今後は自分の欠点に気づかないふりをするのではなく、他の誰にも劣《おと》らない弟子になることを求めて真剣《しんけん》に学問を続けていこうと新たな誓《ちか》いを立てている。

エ 孔子から授けられた助言を胸に刻むことができ、今後は小ざかしい理屈《りくつ》をつけて自分を偽《いつわ》るのではなく、いつも師の言葉を思い出すことで仁にかなう振《ふ》る舞《ま》いを実践《じっせん》し他者を優先していこうと改めて決意を固めている。

オ 孔子との対話を経て背中を押《お》してもらったように感じ、今後は自分の素質をごまかしたり過小評価したりしてできない理由を探すのではなく、自分の可能性を信じてもっと真剣に苦しみ抜《ぬ》こうと覚悟《かくご》を新たにしている。

問九　次のア〜オは、この作品を読んだ生徒たちの感想です。本文の解釈《かいしゃく》として明らかな間違《まちが》いを含《ふく》むものを一つ選び、記号で答えなさい。

ア　孔子《こうし》って偉《えら》そうに格言めかしたことをひたすら言う厳格なおじいさん、というイメージがあったけれど、「『冉求《ぜんきゅう》はこのごろどうしたのじゃ。さっぱり元気がないようじゃが。』」（１行目）からは、きちんと弟子のことを気に掛《か》けている優しさを感じたよ。いい先生だ。

イ　温かさをベースとしながらも、「孔子の心のどこかに、一つの精妙《せいみょう》な機械が据《す》えつけてあって」（27行目）とあることから、正確であることをよしとするこだわりのようなものや、ある種の非情な側面もあったのだろうと推測されるよ。教育者としては必要な態度だね。

ウ　弟子たちにとっては雲の上のような存在だけど、「孔子は、しかし、思ったよりも遥《はる》かに緊張《きんちょう》した顔をしていた」（55行目）からは、弟子の悩《なや》みをきちんと受け止めて、同じくらいの真剣《しんけん》さをもって向き合おうとする態度がうかがえるね。こういうひとに相談したいな。

エ　「凜然《りんぜん》とした孔子の声」（67行目）や「孔子は少し声をおとして」（73行目）からは、説教の内容が優れているだけでなく、語り方にも変化をつけて、弟子たちの心に響《ひび》くような工夫ができているとも言えるよね。孔子自身が意図してやっているかは分からないけどさ。

オ　「孔子は、いかにも愉快《ゆかい》そうに、大きく笑った」（96行目）からは、最後には明るく送り出してやっている感じがした。流行の歌を取り入れたりもしていて、終始深刻なトーンで説教されるより、気が滅入《めい》らなくていいよね。こういう大人の姿にあこがれるなあ。

二　次の文章を読んで後の問いに答えなさい。

コンビニのトイレなどにある「当店のトイレをきれいにご利用いただきありがとうございます」といった張り紙が気になっている。「利用するのはこれからなのに、先手を打って『ありがとう』とは……?」と首をひねったことのあるひとも多いのではないだろうか。それは、私が気になっている点のひとつでもある。もう少し①センモン的に言うと、「このとき感謝という言語行為《こうい》は成り立っているのか?」と考えてしまうのだ。

もうひとつ気になるのは、こうした張り紙を見ると、どうにもきれいに利用しないとならないように感じさせられるというところだ。もちろん、コンビニのトイレはいつだってきれいに利用しないとならないのだが、それとは別に、命令されたわけでもないのに、何かしらの強制力を感じさせられる。いったいなぜなのだろうか。

さて、先ほど挙げた「言語行為」というアイデアに戻《もど》ろう。以前にも手短に説明したが、一九世紀末から一九二〇年代ごろにかけてゴットロープ・フレーゲ(Gottlob Frege)、バートランド・ラッセル(Bertrand Russell)、ルートウィヒ・ウィトゲンシュタイン(Ludwig Wittgenstein)といった哲学《てつがく》者が作り上げてきた言語観においては、言葉は世界を写し取る像のように考えられていた。この言語観では、さまざまな文が世界を正しく写し取っているか否《いな》か、あるいはそもそも世界を写し取るのに適した本物の文になっているか否かに焦点《しょうてん》が当てられることになる。第二次大戦後のオクスフォードで活躍《かつやく》した哲学者ジョン・L・オースティンは、そうした言語観を※狭隘《きょうあい》なものだと見なし、世界を写し取る、つまり描写《びょうしゃ》するというのは言語を使っておこなえる行為の一種にすぎず、それ以外にも私たちは賭《か》け事をする、推測をする、主張をする、不平を言うなどたくさんの行為を言語によっておこなっていると論じた。言語を用いておこなう行為は「言語行為」と呼ばれ、②ジュウライの言語哲学では見過ごされていたさまざまな現象が、言語行為という観点から反省されるようになった。

一般《いっぱん》に、言語行為にはそれをおこなうために充足《じゅうそく》しなければならない条件があるとされる。オースティンはそれを「適切性条件」と呼んでいたが、オースティンを引《ひ》き継《つ》いで言語行為論を発展させたジョン・R・サール(John R. Searle)はさらに分析《ぶんせき》を進め、著作『言語行為』(坂本百大・土屋俊訳、勁草書房《けいそうしょぼう》、一九八六年)でそれをいくつかの規則へと切り分けた。例えば私が担当の編集さんに⑴「締《し》め切りを延ばしてください」と依頼《いらい》するためには、編集さんに締め切りを延ばす権限があり、そうした権限があると私もわかっており、頼《たの》まなければ編集さんが締め切りを勝手に延ばしたりはしなそうで、しかも［　1　］のでなければならない。締め切りに関して編集さんには決定権がない場合にこそれと知りながら「締め切りを延ばしてください」と言うのは依頼というより無茶振《むちゃぶ》りだろうし、すでに締め切りを延ばすように調整中であると知らされていながら「締め切りを延ばしてください」と言えば依頼というより何らかの嫌味《いやみ》であり、また本心では締め切りを延ばしてほしくないにもかかわらず「締め切りを延ばしてください」と頼んで反応を窺《うかが》うなどしていたら、本当に依頼をしているというより何らかの不誠実を働いていることになるだろう。本当の依頼はそのようなものであってはならないはずだ。サールは、大まかに言うとこうした議論をしている。

『言語行為』には、言語行為の一種として「感謝」も挙げられている。感謝は聞き手によっておこなわれた過去の行為が話し手に益するものであり、しかも話し手も自分が恩恵《おんけい》を受けたと思っていて、そのことを好意的に評価している場合にのみ適切になされうるものだとされている。要するに、相手が何か自分にとってよいことをしてくれて、それを好意的に評価している場合に「ありがとう」と言って感謝をするという話で、私たちの日常的な感覚そのままと言えばそのままだ。

ここで気になるのが、トイレの「きれいにご利用いただきありがとうございます」である。言語行為論に照らすなら、感謝はすでになされた行為に関するものでなければならないのだが、この掲示《けいじ》を見るとき、たいていの場合そのひとは感謝されるべき当の行為をまだおこなってはいないはずだ。だとすると、締め切りを延ばせないとわかっていて締め切りを延ばしてくれと依頼する場合のように、この感謝は不適切なものとなるはずだ。この場合の「不適切」はマナーの問題などではなく、もう少し強い意味で、「そのような言語行為はコミュニケーションのありかたに反する」といったことになる。しかし、それならそうした張り紙がこれだけあちこちに見られるのは(2)奇妙《きみょう》にも思える。

調整《アコモデーション》という概念《がいねん》がこの現象を理解する鍵《かぎ》になるかもしれない。「うちの猫《ねこ》が最近やけに甘えてきて……」という発言は、発言者の家に猫がいるという前提が満たされて初めてまともな発言となり、発言者の家に猫がいない場合には③ヨウリョウを得ないものとなる。だが、発言者の家に猫がいないと知らない相手に「うちの猫が最近やけに甘えてきて……」と言ったとしても、たいていの場合、相手は「待って、あなたの家に猫はいるの？　いないの？　まずそこをはっきりさせて」などとは言わず、単に「そっか、猫がいるんだ」とすんなり受け入れるだろう。発言が適切になるための条件が満たされているかどうか確認が取れていないにもかかわらず、その場で「こういうふうに言う以上、条件は満たされているのだろう」と見なし、発言の適切さを疑わないで済ます、ということが日常的にはよくおこなわれる。哲学者デイヴィッド・ルイス（David Lewis）はこれを「調整《アコモデーション》」と呼んだ。一九七九年に *Journal of Philosophical Logic* 誌の第八巻一号で発表された論文「言語ゲームにおけるスコア記録」（〝Scorekeeping in a Language Game〟）でのことだ。

言語行為に関しても、調整《アコモデーション》が働くと考えることができるのではないだろうか。つまり、常にではないが少なくとも一部の場合においては、条件を満たさない言語行為があけっぴろげになされたとき、その言語行為は不適切なものとして終わるのではなく、むしろその言語行為を適切なものとすべく条件を事後的に満たすことが目指される、というように。このメカニズムによって、トイレで実際の利用に先立って「きれいにご利用いただきありがとうございます」と言われると、このままでは不適切となるその感謝を適切なものにすべく、利用者は感謝に値《あたい》する利用法を目指すよう促《うなが》される、ということなのではないだろうか。はっきりと命令や依頼の言葉を語るのではなく、表面上は感謝という好意的に受け入れやすい振《ふ》る舞《ま》いをしつつ、(3)調整《アコモデーション》のメカニズムを通じて相手の行為を方向づけているとすれば、こうした言語行為は思いのほか複雑な駆《か》け引《ひ》きのもとでなされているのかもしれない。

言語行為の調整《アコモデーション》は、それと意識しているにせよ、していないにせよ、実は様々な場面で機能していると考えられる。そしてそれは、ときに有害な仕方で、相手をコントロールするものともなっているのかもしれない。例えばここ数年、「※マンスプレイニング」という言葉をよく聞くが、これもその一例となるだろう。

マンスプレイニングの典型例としてよく語られるのは、例えば女性が美術館で絵を眺《なが》めているときに、突然《とつぜん》見知らぬ男性が現れ、女性が絵画に詳《くわ》しくないという前提で解説を始めるといった状況である。また、※レベッカ・ソルニット(Rebecca Solnit)の『説教したがる男たち』(ハーン小路恭子訳、左右社、二〇一八年)には、著者のソルニットが自分自身の書いた本を、ある男性から読んで勉強すべきものとして勧《すす》められた※経験が語られている。

マンスプレイニングを言語行為として分析する試みは、すでに二〇二〇年にケイシー・レベッカ・ジョンソン(Casey Rebecca Johnson)という哲学者が *Feminist Philosophy Quarterly* 誌の第6巻4号にて、「マンスプレイニングと発語内的力」(〝Mansplaining and Illocutionary Force〟)と題する論文で展開している。そこでは、女性が何かを主張しても、しばしばその発言は主張ではなく、一種の質問であると見なされ、マンスプレイニングはこの誤認《ごにん》のもとで女性の発言への反応として生じるのだ、と分析されている。そのうえで、女性の言語行為を誤認させる社会的条件がこの問題を引き起こしていると論じられる。ただ(4)この分析は、ソルニットの例には適切でも、美術館の例をうまく扱《あつか》えない。というのも、美術館の例では誤認されるかどうか以前に、女性のほうはそもそも取り立てて発言をしていないものと想定されるからだ。

言語行為の調整《アコモデーション》という観点を加えると、マンスプレイニングは必ずしも先立つ質問(だと誤認したもの)へのリアクションとしてなされるわけではない、と考えられるようになる。まずそれがなされ、そのあとで調整《アコモデーション》によってその言語行為を適切にする条件が整えられるようになっている、ということもありうるのだ。

マンスプレイニングは説明の一種で、そして説明は相手が質問をした、あるいはするのが適当である場面でなされる、と考えてよいだろう。質問は、『言語行為』によると、話し手が答えを知らない場面でしか適切になされない。それを踏《ふ》まえたうえで、美術館で見られるようなマンスプレイニングがなされたとき、調整《アコモデーション》によって、そのリアクションのもととなる質問がなされるに相応《ふさわ》しい状況が、いままさに成り立っていると事後的に見なされるようになるのだとしてみよう。これはつまり、マンスプレイニングをされた側が質問をするための条件を満たしている、つまり無知であるという想定が、その場で採用されるようになる、ということだ。

⑸言語行為の調整《アコモデーション》という観点を取るとき、マンスプレイニングの害もよりわかりやすくなるだろう。それは単に不愉快《ふゆかい》なのではない。それは、それが向けられる人物が無知な存在であると想定するよう会話参加者たちに促す行為なのだ。しかもそれは、その人物が実際に無知であるかどうかとは関係なく効力を発揮する。聞き手が無知だからマンスプレイニングがなされるのではない。マンスプレイニングがなされることで、聞き手が「無知な者」の位置に押《お》し込《こ》められるのである。そして「女性は無知だ」という※ステレオタイプがマンスプレイニングを誘発《ゆうはつ》したとしたら、そのマンスプレイニングがいわば自作自演式に女性である聞き手を無知な存在という枠《わく》に事後的に当てはめることになり、出発点にあったステレオタイプをその会話に組み込んでしまうことになる。これは心理的に不愉快であるというのを超《こ》えた、具体的な害だと言ってよいだろう。

トイレの話からずいぶん遠くまで来た。言語行為論にはどうにもそういうところがあり、何気なく目に留まった言葉から、つい思いがけない旅に出てしまう。トイレで見かけた言葉から旅に出るなんて、安部公房の『方舟《はこぶね》さくら丸』のようだなと、なんだか楽しくなる。ひととのおしゃべり、電車の④マドから見える看板、料理本のレシピ……、言葉はいつだって新しい旅への呼びかけだ。

（三木那由他『言葉の展望台』より）

※狭隘……せまいこと。

※マンスプレイニング……「man（男性）」と「explaining（説明・解説する）」をかけあわせた用語で、主に男性が相手を見下して何かを解説したり、知識をひけらかしたりすることを指す。

※レベッカ・ソルニット……女性作家。環境《かんきょう》、土地、芸術など多分野に著作がある。

※経験……ソルニットがホームパーティーに招かれた際にその家の男性主人からどのような作品を書いているか問われたため、最新の著作のテーマについて話し始めると、主人に話を遮《さえぎ》られてそのテーマの重要な文献《ぶんけん》としてソルニット自身の著作を紹介《しょうかい》されたことを指す。

※ステレオタイプ……多くの人に広まっている先入観や思い込《こ》み。

問一 ——線①～④のカタカナを漢字に直しなさい。漢字は一画ずつていねいに書くこと。

問二 ——線(1)「『締め切りを延ばしてください』と依頼する」とありますが、この部分について、Aさんは次のようなメモを書いて整理しました。メモの[1]に入る表現として最もふさわしいものを次の中から一つ選び、記号で答えなさい。なお、本文の[1]とメモの[1]とは対応しています。

メモ

・言語行為
＝編集者に「締め切りを延ばしてください」という依頼をする

・言語行為を行うために満たさなければいけない条件
＝①編集者は締め切りを延ばす権限がある
②編集者が締め切りを延ばす権限があることを「私」はわかっている
③依頼しなければ編集者が締め切りを延ばすことはない
④[1]

ア 「私」は編集者が締め切りを延ばしたくないということを知っている
イ 「私」は編集者に締め切りを伸ばしてほしいと思っていることを悟《さと》られたくないと考えている

ウ　「私」は編集者に締め切りを延ばすように計らってほしいと思っている
エ　編集者は締め切りを延ばさなかったとしても「私」が書き終わると確信している
オ　編集者は締め切りを延ばしたとしたら「私」が書かなくなると予想している

問三　——線(2)「奇妙にも思える」とありますが、筆者がそのように考えるのはなぜですか。最もふさわしいものを次の中から一つ選び、記号で答えなさい。

ア　感謝は他者によってすでになされた行いを自分が賞賛する場合にとる言語行為であり、トイレの例では、相手に威圧《いあつ》感を与えていながら丁寧《ていねい》な言葉遣《づか》いで感謝の言葉を述べるという点においてコミュニケーションとしては矛盾《むじゅん》したものであるにもかかわらず、このような張り紙が多くの場面で見られるから。
イ　感謝は他者によってすでになされた行いを自分が敬意を持って受け入れた場合にとる言語行為であり、トイレの例では、使う前から利用者に対して張り紙で一方的に感謝の言葉を述べるという点においてコミュニケーションとしては礼儀《れいぎ》を欠いたものであるにもかかわらず、このような張り紙が多くの場面で見られるから。
ウ　感謝は他者によってすでになされた行いを自分が高く評価してそれを相手に伝える場合にとる言語行為であり、トイレの例では、感謝を伝えたあとの相手の反応が見えないのに張り紙で感謝の言葉を伝えるという点においてコミュニケーションとしては身勝手なものであるにもかかわらず、このような張り紙が多くの場面で見られるから。
エ　感謝は他者によってすでになされた行いを自分が好ましく捉《とら》えた場合にとる言語行為であり、トイレの例では、利用者はまだ感謝に値《あたい》するような行いをしていないのに張り紙で感謝の言葉を伝えるという点においてコミュニケーションとしては成立していないにもかかわらず、このような張り紙が多くの場面で見られるから。
オ　感謝は他者によってすでになされた行いを自分が好意的に解釈《かいしゃく》した場合にとる言語行為であり、トイレの例では、利用者の実際の行動には関心を払《はら》わず表面的な感謝の言葉を並べるという点においてコミュニケーションとしては不完全であるにもかかわらず、このような張り紙が多くの場面で見られるから。

問四　――線(3)「調整《アコモデーション》のメカニズム」とありますが、トイレの利用者に働く「調整《アコモデーション》のメカニズム」とはどのようなものですか。五十一字以上六十字以内で具体的に説明しなさい。

問五　――線(4)「この分析は、ソルニットの例には適切でも、美術館の例をうまく扱えない」とありますが、「この分析」が「美術館の例をうまく扱えない」と筆者が判断したのはなぜですか。最もふさわしいものを次の中から一つ選び、記号で答えなさい。

ア　マンスプレイニングは男性が女性との会話の主導権を握《にぎ》ろうとする際に起きるという分析は、絵画の批評を聞かされるだけの美術館の女性の例にはあてはまらないから。

イ　マンスプレイニングは男性が女性の意見を質問だと思い込むことで起きるという分析は、言葉を発していないのに男性から絵画の解説を受けた美術館の女性の例にはあてはまらないから。

ウ　マンスプレイニングは女性から質問を受けた男性が喋《しゃべ》りすぎてしまうことによって起きるという分析は、絵画について質問する前に男性に話しかけられた美術館の女性の例にはあてはまらないから。

エ　マンスプレイニングは女性には無知でいてほしいと男性に思わせる社会的な条件が背景となって起きるという分析は、女性が絵画に詳《くわ》しくないことを見逃《みのが》さず説教をした美術館の男性の例にはそぐわないから。

オ　マンスプレイニングは女性に学問は必要ないと人々に思わせる社会的な条件が背景となって起きるという分析は、女性に絵画の講義を行った美術館の男性の例にはそぐわないから。

問六　――線(5)「言語行為の調整《アコモデーション》という観点を取るとき、マンスプレイニングの害もよりわかりやすくなるだろう」とありますが、「マンスプレイニングの害」とはどのようなものですか。「調整《アコモデーション》」のはたらきを踏まえて六十一字以上七十字以内で説明しなさい。

問七　本文の内容についての説明としてふさわしくないものを次の中から一つ選び、記号で答えなさい。

ア　「きれいにご利用いただきありがとうございます」というトイレの張り紙は、はっきりと命令や依頼の言葉を使っているわけではないのにもかかわらず、張り紙を見たトイレの利用者に適切な利用を促《うなが》す効果がある。

イ　一九世紀末から一九二〇年代ごろの哲学者たちは世界を正確に表現できるかどうかという観点から言葉のはたらきを捉えていたが、オースティンはそのようなはたらきは言葉の一側面でしかなく、言葉はもっと多様な行為に関わるものであると主張した。

ウ　哲学者のデイヴィッド・ルイスが「調整《アコモデーション》」と名付けた事柄《ことがら》は、相手が発言をした際にその発言が適切になるための前提条件が満たされているかが不確定でも、満たされているのだろうと聞き手が推測することで、発言の適切さを疑わずに済ますという現象のことである。

エ　マンスプレイニングは「説明」の一種だが、「説明」は相手から質問された場合に行うものであり、質問されていない状況で行われた「説明」は言語行為としては正しくないため、マンスプレイニングは言語行為とは言えない。

オ　言語行為における「調整《アコモデーション》」は日常の様々な場面で見られるが、それは時にはマンスプレイニングのように相手をコントロールするものとして機能する危険性をはらんでいる。

（問題は以上です）

算数　令和６年度　渋谷教育学園渋谷中学校入学試験問題　(50分)

注
・解答はすべて解答用紙に記入しなさい。
・定規，コンパスは使用できません。
・仮分数は帯分数になおす必要はありません。
・円周率は特に指示のない限り 3.14 とします。
・すい体の体積は「(底面積)×(高さ)÷３」で求められます。

1

次の問いに答えなさい。ただし，(6) は答えを求めるのに必要な式，考え方なども順序よくかきなさい。

(1) $90 \times 90 \times 3\frac{7}{50} - (80 \times 80 \times 1.57 \times 2 + 40 \times 40 \times 0.785 \times 4)$ を計算しなさい。

(2) 濃さの分からない食塩水 A，B があります。A と B を重さの比が 1:3 になるように混ぜると 6.5% になり，A と B を重さの比が 3:5 になるように混ぜると 8% になりました。A，B の濃さはそれぞれ何% ですか。

(3) 下の図で印のついた辺の長さはすべて等しいです。このとき ㋐ の角の大きさは何度ですか。

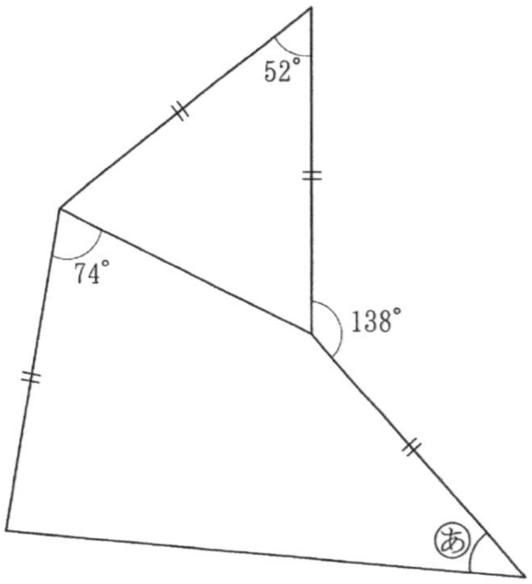

(4) A か B のいずれか一方のみが正解であるクイズが 5 問あり，ア，イ，ウ，エの 4 人が下の表のように解答しました。このとき，正解の数はアが 3 問，イが 2 問，ウが 1 問，エが 1 問でした。クイズの正解をそれぞれ答えなさい。

	第1問	第2問	第3問	第4問	第5問
ア	A	A	A	B	B
イ	B	A	A	A	A
ウ	A	B	A	B	A
エ	B	B	B	B	A

(5) 渋男さんは家を出て，駅に向かって分速 60m で進みます。しばらくすると，教子さんは渋男さんの忘れ物に気づき，家を出て自転車に乗って分速 240m で渋男さんを追いかけました。教子さんが家を出た 1 分後に渋男さんも忘れ物に気づき，これまでと同じ速さで来た道を引き返しました。途中で渋男さんと教子さんが出会い，忘れ物を受け取ると，渋男さんはこれまでと同じ速さで駅に向かいました。駅に着いた時刻は引き返さないときよりも 3 分遅かったです。渋男さんが忘れ物に気づいて引き返したのは家から何mのところですか。

(6) 下の表のように手の指で数字を表します。

数字	1	2	3	4	5	6	7	8	9	0
表し方										

右手は一の位の数字，左手は十の位の数字を表すことにします。そして，伸びている指の本数を数えます。例えば，右の図のときは 93 を表し，伸びている指の本数は 7 本です。
1，2，3，…と順に指で数を表し，伸びている指の本数を合計していきました。
伸びている指の本数の合計が 428 本になるのはいくつまで数えたときですか。

左手	右手

2 長針，短針，秒針がなめらかに動く時計があります。
次の問いに答えなさい。ただし，答えが割り切れない場合は分数で答えなさい。

(1) 10時と11時の間で，長針と短針が作る角を，時計の12時の方向が2等分する時刻は10時何分ですか。

(2) (1)の後，長針と短針が作る角が初めて180°になるときの時刻は何時何分ですか。

(3) (2)の後，**長針**と**秒針**が作る角が初めて180°になるのは(2)の何秒後ですか。

（計算用紙）

3

1から6までの整数が書かれた球（球①～球⑥）と，1から5までの整数が書かれた箱（箱1～箱5）と，整数が書かれていない皿が1枚あります。また，整数に関する条件が書かれた，下のようなカードA～Hがあります。

カード

A 2の約数	B すべての数	C 奇　数	D 偶　数
E 3の約数	F 4の約数	G 5の約数	H 素　数

はじめは，球①～球⑤が同じ整数の書かれた箱に入っていて，球⑥は皿の上に置いてあります。これを最初の状態とします。

最初の状態

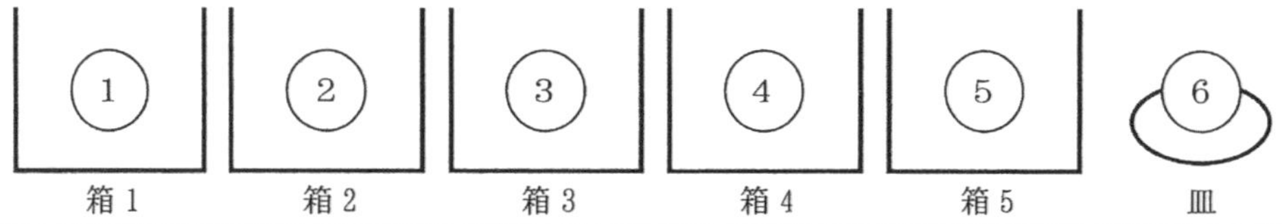

次の手順で球を入れ替えます。

● カードを1枚引き，書かれた条件を満たす球を箱の中からすべて取り出します。また，カードの条件に関わらず，皿の上の球も取り出します。

● 取り出した球を，取り出す前とは異なる場所に，すべての箱の中と皿の上にそれぞれ球が1つずつ置かれるように入れ替えます。

入れ替えた後に，それぞれの箱について，入っている球の整数と箱の整数の差を計算し，それらをすべて足し合わせたものを点数とします。ただし，皿の上にある球の整数は計算しません。

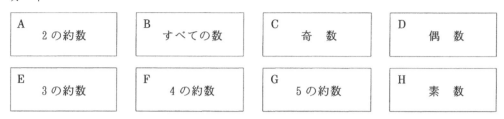

例えば，最初の状態で A のカードを引いたときは，球①，球②と皿の上にある球⑥を取り出します。球の入れ替え方は次の 2 つの場合が考えられます。

〈例 1〉

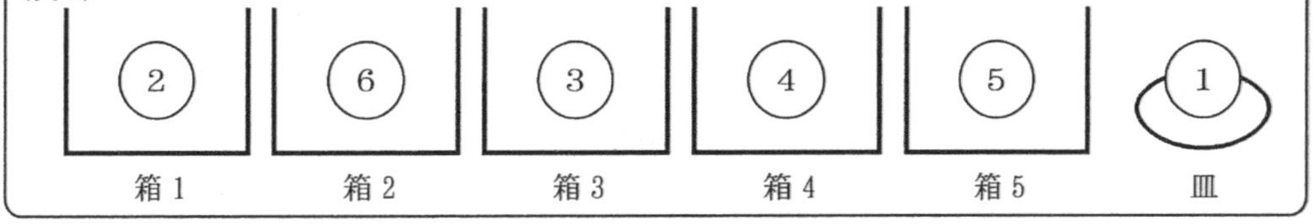

〈例 2〉

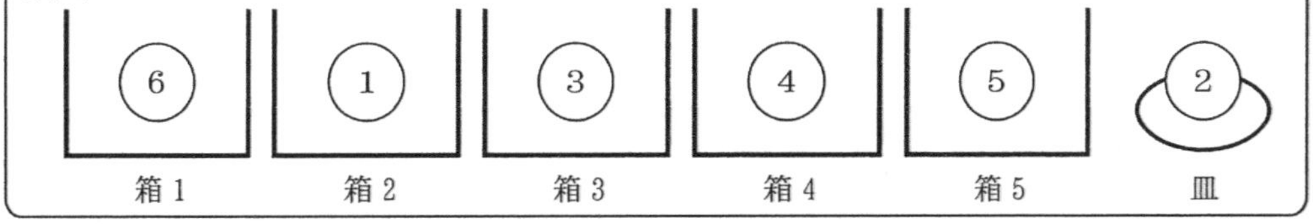

〈例 1〉の点数は 5 点，〈例 2〉の点数は 6 点です。

次の問いに答えなさい。

(1) 最初の状態で B のカードを引いたときの点数として考えられるもののうち，最も小さいものは何点ですか。

(2) 最初の状態で C のカードを引いたときの点数として考えられるもののうち，最も大きいものと最も小さいものはそれぞれ何点ですか。

(3) 最初の状態で A のカードを引いたときには，〈例 2〉のように点数が偶数になる場合があります。このように点数が偶数になる場合があるのはどのカードを引いたときですか。B ～ H の中からすべて選び解答らんに丸をつけなさい。

4　下の図のような，1辺の長さが 6cm である立方体の 3 つの頂点を通る面で切ってできる立体 A があります。A の表面積は 193.14cm² です。点 M は辺の真ん中の点です。

次の問いに答えなさい。ただし，(2)，(3) は答えを求めるのに必要な式，考え方なども順序よくかきなさい。

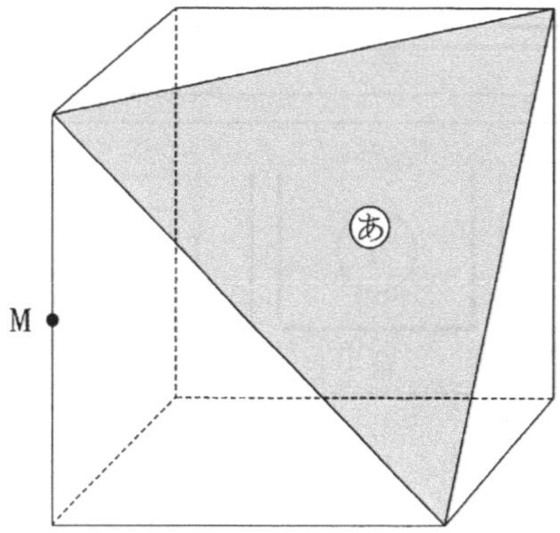

立体A

(1) 正三角形 ㋐ の面積は何 cm² ですか。

(2) 立体 A を，点 M を通り底面の正方形に平行な平面で切ります。このとき底面の正方形を含む立体の表面積は何 cm² ですか。

(3) 立体 A を，点 M を通り ㋐ に平行な平面で切ります。このとき ㋐ を含む立体の表面積は何 cm² ですか。

〔問題は以上です。〕

2024(R6) 渋谷教育学園渋谷中　第２回
教英出版

理科　令和６年度　渋谷教育学園渋谷中学校入学試験問題　（30分）

注　答えはすべて解答用紙に記入しなさい。

1　次の会話文を読んで、問いに答えなさい。

①秋の夕方、突《とつ》然の雨が降ったと思ったら止んですぐに晴れてきた。

リカ子：さっきまであんなに激しく雨が降っていたのにもう晴れてる。最近こういう雨の降り方が多いね。

父　：雨が止んですぐに晴れた時は虹《にじ》が出やすいんだよ。ちょっと外に出て見てみよう。

父　：外に出るまでの間に問題です。「外に出たときに虹が出ているとしたら、どの方角に見えるでしょうか」

リカ子：そうだなあ…今は夕方だから [②] かな。

父　：では、外に出て [②] の空を見てみよう。じゃ、ドアを開けるよ。せーのっ。

リカ子：うわぁ。きれいな虹が出てる。すごい。

父　：正解！　よくできました。

問1　空らん [②] に当てはまる、秋の夕方に見える虹の方角を次のア～エのうちから１つ選び、記号で答えなさい。

ア　北　　　イ　東　　　ウ　南　　　エ　西

父　：きれいに「せき、とう、おう、りょく、せい、らん、し」の７色に分かれて見えるね。

リカ子：せきとう…？

父　：赤、橙《とう》（だいだい色）、黄、緑、青、藍《らん》（あい色）、紫《し》（むらさき色）の７色だよ。

リカ子：何でいろいろな色に分かれるんだろう？　明日学校で先生に聞いてみよう。

リカ子：先生、昨日の夕方きれいな虹が見えたのですが、虹は何で７色に見えるのですか。

先　生：まず、虹の見える仕組みを考えてみよう。

リカ子：虹は雨上がりに空気中にたくさん浮《う》いている水滴《てき》に太陽の光が当たることで見えるんですよね。

先　生：その通り。まず、太陽の光が地球に到《とう》達するとき、その光は平行になっているんだ。平行になる理由はわかりますか。

リカ子：はい。地球が太陽からものすごく遠くにあるからですよね。

先　生：正解。では、次に色についてです。光はいろいろな色がまざって白い色になっているんだ。日本では光は７色に分かれていると言われているんだけど、これは国によっていろいろな見方があるんだ。ここでは日本流に７色で考えていこう。まず、図１のように、太陽の光が水滴に当たって表面で屈折《くっせつ》や反射をくり返して出てくるときに7つの色に分かれて出てくるんだ。いわゆる「プリズム」と同じだね。では、ここでプリズム（図2）を見てみよう。

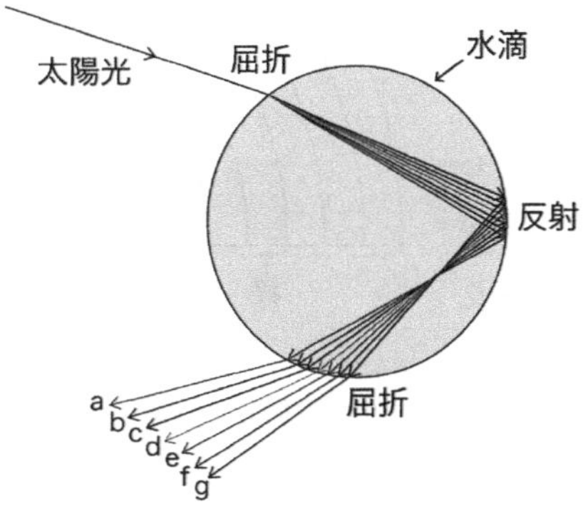

図1

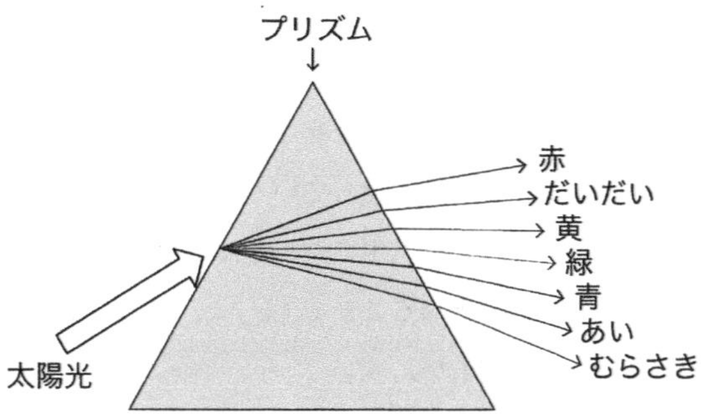

図2

リカ子：まぁ、きれい。

先　生：プリズムでの光の分かれ方をモデル的に表すと図2のように光がプリズムに入るときと出るときに2回屈折をするんだけど、表面で屈折をするときに色によって曲がる角度が決まっていて、その角度が違《ちが》っていることが原因でいろいろな色に分かれて出てくるんだ。赤や黄色の方が曲がりにくくて、紫や青の方が曲がりやすいんだ。

問2　水滴では、光が入るときと出るときに2回の屈折と1回の反射をします。このときに色による曲がり方の違いで7色に分かれて見えます。図1で光が出てくるときの光aとgに当てはまる色をそれぞれ次のア～キのうちから選び、記号で答えなさい。

ア　赤　　　イ　だいだい　　　ウ　黄　　　エ　緑

オ　青　　　カ　あい　　　キ　むらさき

問3　下線部①のように、季節としては夏よりも秋や冬の方が、時間帯としては昼間よりも朝や夕方の方が、虹は見えやすいと言われています。その理由を簡単に説明しなさい。

先　生：ここまでで光の分かれ方をお話ししました。次に、見え方について学びましょう。まず、物が見えるということは光が目に届くことで認識します。例えば、赤い光が目に届くと赤く見え、青い光が届くと青く見えるということです。

リカ子：なるほど。水滴を出るときに色が分かれてるから目には7色に見えるんですね。

先　生：そうなんです。昨日、リカ子さんが見た虹《にじ》の色を確認しましょう。

リカ子：図３のような順番に見えました。

先　生：何か気づくことはありませんか。

リカ子：うーん。あれ。水滴《てき》から出てくるときと虹として見えるときの色の順番が逆だ。

先　生：そうなんです。なぜこうなるのか、考えてみましょう。ヒントは図１が示しているのは水滴一粒《つぶ》の曲がり方で、人が見る虹は空気中にたくさん存在している水滴からの光を見ているということです。

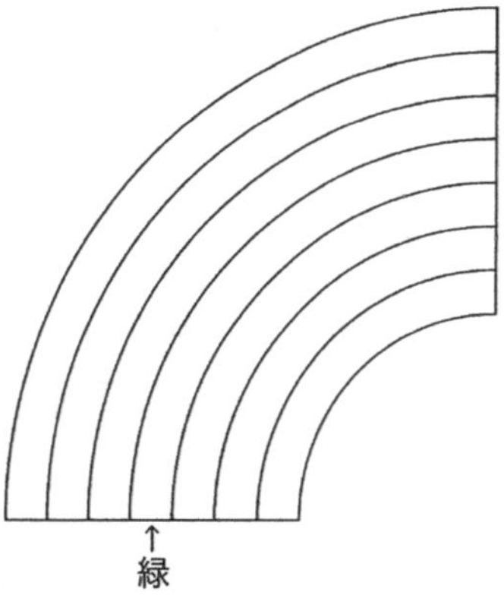

図３
(作問の都合上「緑」のみ記してあります)

リカ子：む、難しい。

先　生：特に高さの違《ちが》いに注目して図にえがいて考えてみましょう。

リカ子：そうか。目という一点で広い範《はん》囲の光を受け取っているから、高いところにある水滴からは［　③　］、低いところにある水滴からは［　④　］の色の光が届いているんだ。

先　生：そのとおり。そうすると、図３のような順番で認識されることがわかるよね。

問４　(1)　空らん［　③　］、［　④　］に当てはまる色の組み合わせとして適当なものを、次のアまたはイから選び、記号で答えなさい。

	③	④
ア	むらさき	赤
イ	赤	むらさき

(2)　(1)のようになるのはなぜですか。解答らんの水滴Ａ, Ｂのそれぞれについて、赤の光線とむらさきの光線を作図しなさい。なお、作図は、おおまかでかまいません。ただし、それぞれの光線には光の色を明記すること。

先　生：ところで、リカ子さんは「二重になっている虹」を見たことはありませんか。

リカ子：あっ、あります。内側の虹ははっきり見えていたけど外側の虹は薄《うす》く見えた記憶《おく》があります。

先　生：はっきり見えた方を主虹《しゅにじ》、薄く見えた方の虹を副虹《ふくにじ》といいます。

リカ子：つまり、外側の虹が副虹ですね。

先　生：そうですね、リカ子さん。もともと主虹よりも高い位置に見えるということは、副虹を作る水滴は主虹を作る水滴よりも高い位置にあるということですよね。

リカ子：そうなると、高い位置にある水滴で屈折《くっせつ》や反射をしても目には届かないんじゃないですか。

先　生：そうなんです。そもそも副虹を作る光は主虹を作る光とは全く違った出方をしているのです。副虹を作る光は図４のような屈折や反射をしているのです。

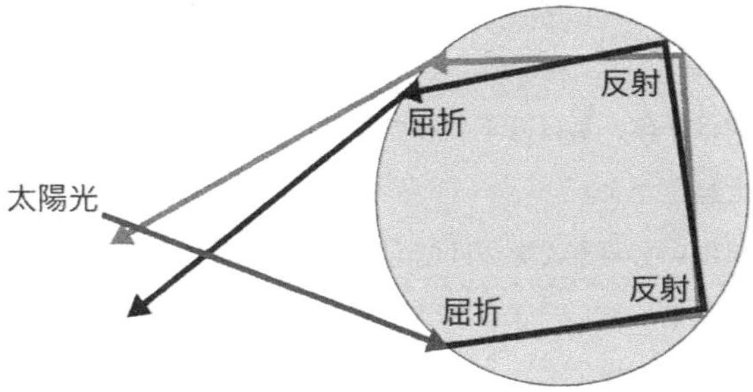

図4

リカ子：水滴の下側から入って屈折と反射を２回ずつして出てくるのか。これによって高いところからでも光が目に届くんですね。

先　生：他に気づくことはありませんか。

リカ子：(　⑤　)。

先　生：さすがリカ子さん。

問５　(　⑤　)にあてはまる文章を、図４を参考にして答えなさい。

2　次の会話文を読み、問いに答えなさい。

Ａくん：今日の授業で「鶴《つる》は千年、亀《かめ》は万年」って習ったけれど、大嘘《おおうそ》だよね。縄文《じょうもん》時代から生きているカメがいたら、大騒《おおさわ》ぎだよ。

Ｂさん：長寿《ちょうじゅ》を祝う慣用句にいちゃもんをつけてもねえ……。ツルは知らないけれど、同じ鳥であるオウムは50年くらい生きるっていうよ。ゾウガメっていうカメは100年以上生きるって。まあ、ツルもカメも、長生きな生き物ってことでいいじゃないか。

Ａくん：でも、長生きって言うなら、3000年くらい生きている屋久島の縄文杉《じょうもんすぎ》の方がオウムやカメよりも長生きだよ。

Ｂさん：まあねえ。……でも、縄文杉が樹齢《じゅれい》3000年って、どうやって調べたんだろう。年輪を3000本数えたのかな？

Ａくん：年輪って何？

Ｂさん：丸太の断面とか、見たことない？　木の断面を見ると、バウムクーヘンみたいに、内側から外側に向けて、大きさの違《ちが》う円をいくつも重ねたような模様が現れるでしょ（図１）。

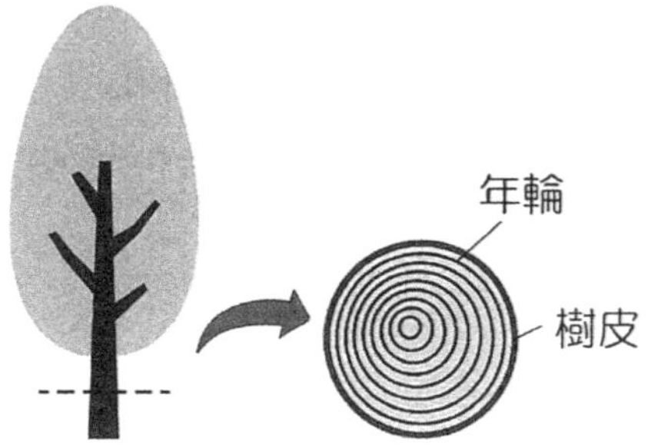

図１　木の年輪

Ａくん：あー、あれか。あの模様ってどうしてできるの？

Ｂさん：多くの木では、樹皮のすぐ下に、「形成層」っていう幹を太く成長させる部分があるんだ。

Ａくん：その形成層っていう部分から、新しい部分が次から次につくられていくってことか。

Ｂさん：具体的には、「細胞《さいぼう》」という小さなかたまりがたくさんつくられることで、幹は太くなっていくんだ。細胞は、色がついた外側の部分と、無色透明《とうめい》な中身とでできているんだけれど（図２）、周りの環境《かんきょう》が変わると、外側と中身のバランスが異なる細胞がつくられるっていう特徴《とくちょう》があるんだ。①<u>日本では、光合成が盛んに行われる春から夏には中身が大きくて外側が薄《うす》い細胞がつくられて、反対に光合成があまり行われなくなる夏から秋は中身が小さくて外側が厚い細胞がつくられる。</u>

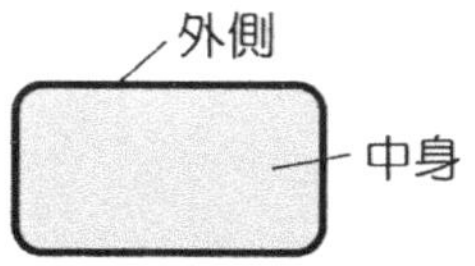

図２　細胞の断面

Ａくん：だから、（　②　）の時期につくられた部分が線になって見えるんだね。……ってことは、一年に一本ずつ線が増えていくってことになるのか。だから、年輪っていうのか。

問１　下線部①について、次の問いに答えなさい。

(1)　春から夏にかけての時期の方が、夏から秋にかけての時期よりも盛んに光合成が行われる理由として適切なものを、次のア～エから１つ選び、記号で答えなさい。

ア　春から夏にかけての時期の方が、夏から秋にかけての時期よりも空気中の水分が多いから。

イ　春から夏にかけての時期の方が、夏から秋にかけての時期よりも気温が高いから。

ウ　春から夏にかけての時期の方が、夏から秋にかけての時期よりも空気中の二酸化炭素が多いから。

エ　春から夏にかけての時期の方が、夏から秋にかけての時期よりも日照時間が長いから。

(2)　冬の時期には、形成層による幹の成長はどうなると考えられますか。都内の公園でよくみられる木の一つであるサクラを例に、「光合成」の言葉を使って説明しなさい。

問２　文中の（　②　）に当てはまるものとして適切なものを、次のア～エから１つ選び、記号で答えなさい。

ア　春から夏　　イ　夏から秋　　ウ　秋から冬　　エ　冬から春

問３　赤道付近の地域を熱帯といいます。熱帯の森林に生えていた、ある樹木の断面を調べたところ、はっきりとした年輪が見られませんでした。ところが、同じ樹木でも日本で成長した樹木では、はっきりとした年輪が見られました。熱帯で育った樹木に年輪が見られない理由を説明しなさい。

Ｂさん：ちなみに、年輪は成長線とも呼ばれるんだよ。隣《とな》り合う年輪の幅《はば》は、１年間に成長した量に比例するからね。

Ａくん：木にも成長線があるんだね。

Ｂさん：え、他の生き物にもあるの？

Ａくん：うん。例えば、ホタテやアサリみたいな貝の貝殻《かいがら》にも成長線はあるんだよ（図３）。貝殻は炭酸カルシウムっていう物質でできているんだけれど、貝は貝殻のふちに新しく炭酸カルシウムをくっつけて、貝殻を大きくするんだ。ただ、環境が悪くなると、貝殻の成長がとてもゆっくりになる。このときに成長線ができるんだ。

図３　貝殻の成長線。弧を描くような筋が成長線

Ｂさん：へえ。じゃあ、成長線が５本ある貝なら、５年生きた貝ってことなんだね。

Aくん：うーん、③そうとも言い切れないんだよね。確かに、ホタテみたいに成長線が年輪になる貝もいるんだ。でも、アサリみたいに海岸付近の浅い海に生きている貝は、そうならない。

Bさん：そうか。水深が浅い場所だと、潮の満ち引きの影響《えいきょう》があるからだ。

問4　海水面の高さは、高くなったり低くなったりするのを繰《く》り返しています。海水面が上がりきった状態を満潮、下がりきった状態を干潮といって、満潮のおよそ6時間後に干潮になり、さらにそのおよそ6時間後には次の満潮になります。表1は、シブヤ海岸における、ある1日の海水面の高さの変化をまとめたものです。なお、海水面の高さは「基準面」からどれくらい高いか、または低いか、で表されます。

表1　ある1日の干潮時・満潮時の海水面の高さ（シブヤ海岸）

時刻	海水面の高さ
0：05	基準面より101（　）高い
5：17	基準面より198（　）高い
12：22	基準面より 8 （　）低い
19：25	基準面より192（　）高い

(1)　表1の空欄《くうらん》にあてはまる長さの単位を答えなさい。

(2)　表1に示された日における満潮の時刻として適切なものを次のア～エから**すべて**選び、記号で答えなさい。

ア　0：05　　イ　5：17　　ウ　12：22　　エ　19：25

(3)　シブヤ海岸にほど近いシブマク海岸では、地形の影響で、シブヤ海岸に比べて海水面の高さの変化が1.25倍大きいことが分かっています。表1と同じ日におけるシブマク海岸での海水面の高さの変化は、最大で何mですか。必要があれば四捨五入をして、小数第1位まで求めなさい。

問5　海水面の高さは月とも大きな関係があります。新月の日と満月の日には、満潮時の海水面がいつもより高く、干潮時の海水面がいつもより低い、「大潮」という現象が起こります。それに対して、上弦《じょうげん》の月の日や下弦の月の日は、満潮時の海水面がいつもより低く、干潮時の海水面がいつもより高い「小潮」が起こります。

(1)　図4はアサリが多く分布する場所を図示したものです。図中の点線**あ**～**え**は、それぞれ満潮時・干潮時の海水面の高さを示したものです。この点線の説明として適切なものを、次のア～エから1つ選び、記号で答えなさい。

ア　大潮の日の海水面の高さは、満潮時は点線**あ**の高さになり、干潮時は点線**う**の高さになる。

イ　大潮の日の海水面の高さは、満潮時は点線**あ**の高さになり、干潮時は点線**え**の高さになる。

ウ　大潮の日の海水面の高さは、満潮時は点線**い**の高さになり、干潮時は点線**う**の高さになる。

エ　大潮の日の海水面の高さは、満潮時は点線**い**の高さになり、干潮時は点線**え**の高さになる。

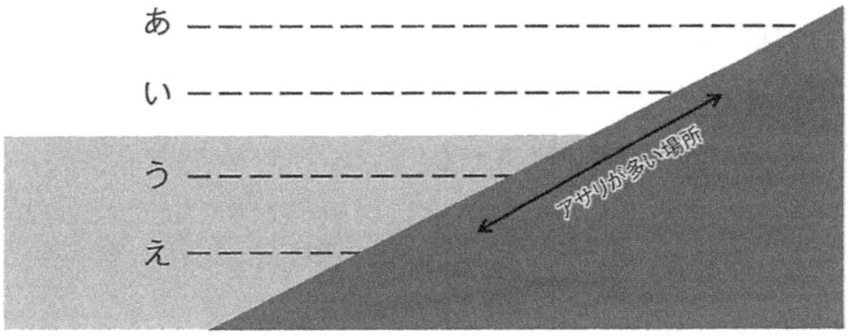

図4　アサリの分布と海水面の高さの変化

(2)　アサリに成長線ができるタイミングとその理由を述べた文として適切なものを、次のア～エから1つ選び、記号で答えなさい。

ア　大潮の日は他の日よりも水面下にいる時間が長いので、成長線ができる。

イ　小潮の日は他の日よりも水面下にいる時間が長いので、成長線ができる。

ウ　大潮の日は他の日よりも水面より高い場所にいる時間が長いので、成長線ができる。

エ　小潮の日は他の日よりも水面より高い場所にいる時間が長いので、成長線ができる。

(3)　下線部③について、Ａくんが言いたかったことを説明した文としてもっとも適切なものを、次のア～エから１つ選び、記号で答えなさい。

ア　アサリの成長線が１本できるのに必要な時間は分からないので、アサリの成長線は年輪にならないということ。

イ　アサリの成長線が１本できるのに必要な時間は１年より長いので、アサリの成長線は年輪にならないということ。

ウ　アサリの成長線が１本できるのに必要な時間は１年より短いので、アサリの成長線は年輪にならないということ。

エ　アサリの成長線が１本できるのに必要な時間は１年だが、成長線ができる理由がホタテとは異なるということ。

Ａくん：あと、カルシウムつながりで言えば、貝殻《かいがら》だけじゃなくて骨にも成長線があるんだよね。

Ｂさん：ふうん。じゃあ、化石しか残っていない動物でも寿命《じゅみょう》が分かるんじゃない？

Ａくん：すでに恐竜《きょうりゅう》で研究が行われているよ。恐竜が一生のうちにどんな成長をしたかとか、ティラノサウルスは30年くらいまでしか生きられなかったとか、そういうことが分かってきているんだ。

Ｂさん：すごいなあ。生き物の体には、いろんな情報がつめこまれているんだね。

Ａくん：ただ、恐竜の骨の成長線は化石の断面を見ないとわからないから、貴重な化石を壊《こわ》さないといけないっていう問題はあるんだよね。

Ｂさん：それは悩《なや》ましい問題だなあ。大切な化石だからこそ、それを壊したおかげで明らかになった事実を使って、しっかりと研究してもらわないとね。

問6　表2は、ある恐竜の化石の中心から成長線までの距離《きょり》を図5のように測定してまとめたものです。恐竜の骨は外側にカルシウムが付着することで大きくなること、冬などの成長に適さない時期に骨の成長がゆっくりになることで成長線ができることを踏《ふ》まえて、以下の問いに答えなさい。

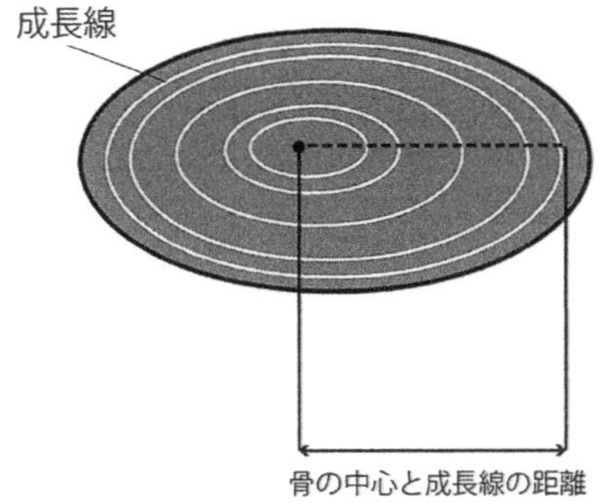

図5　骨の成長線の測定方法

表2　骨の成長線の測定結果

測った部分	1本目	2本目	3本目	4本目	5本目
長さ（mm）	4	21	67	94	100

(1)　この恐竜の骨では成長線が5本でしたが、このことから「この恐竜が5年生きた」と断言することはできません。その理由として適切なものを次のア～エから1つ選び、記号で答えなさい。

ア　恐竜の成長線が1年に1本できるかどうかが分からないから。

イ　恐竜の寿命は30年くらいあると考えられるから。

ウ　恐竜が生きていた時代は、今と大陸の形が異なるから。

エ　この恐竜が肉食なのか植物食なのかが分からないから。

(2)　表2をもとに、この恐竜の骨の成長の様子をグラフにしなさい。グラフは、下の例1、2のように点をはっきりと書き、1本の直線またはなめらかな曲線で書きなさい。また、グラフの縦軸《たてじく》、横軸が何を表しているかが分かるようにすること。答えは解答用紙に書きなさい。

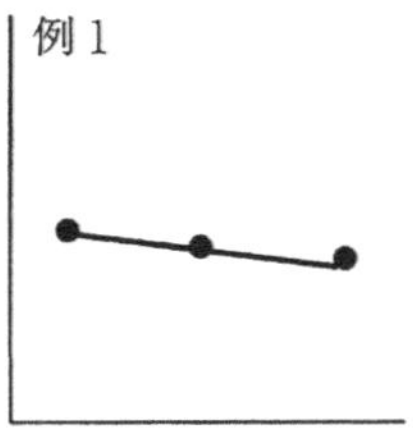

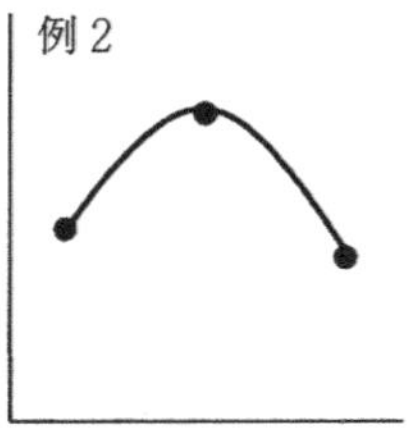

(3)　この恐竜《きょうりゅう》では、成長線ができるペースが一定であったとします。また、恐竜の体が成長するペースは、骨が成長するペースと比例すると考えられます。(2)のグラフをもとに、この恐竜の成長がどのようなものであったのかを、「成長の速さ」という言葉を使って説明しなさい。

（計算用紙）

社会　令和６年度　渋谷教育学園渋谷中学校入学試験問題　（30分）

注　・答えはすべて解答らんにおさまるように記入して下さい。
・字数の指定がある問題については、次の①と②に注意して下さい。
①句点（「。」）や読点（「、」）は、それぞれ１字として数えます。
②算用数字を用いる場合は、数字のみ１マスに２字書くことができます。
例１）「２０２４年」と書く場合　| 20 | 24 | 年 |
例２）「３６５日」と書く場合　| 36 | 5 | 日 |　または　| 3 | 65 | 日 |

1　次の文章を読んで、各問に答えなさい。

1970年に①沖縄で数体の旧石器時代の人骨が発見されました。港川人と呼ばれるこの人骨は約20,000年前のものと推定されました。つまり、旧石器時代には、琉球に人が住んでいたのです。紀元前7,000年頃になると、琉球に九州から縄文文化が伝わりました。琉球の時代区分でいえば貝塚時代の始まりのことになります。その後、琉球独自の文化が発展していきますが、貝塚時代の琉球の人々は海で貝や魚を捕る漁労生活をしており、琉球で②農耕が開始されたのは11世紀頃になります。そして、当時から琉球は、日本本土や諸外国と交流していたようです。琉球で出土した土器や貝、③明刀銭（紀元前の中国で一時期用いられていた貨幣）などからそのことがわかります。

農耕社会へと変化した琉球では、家畜を飼い、鉄器を用いるようにもなります。人々は本格的に定住生活をするようになりました。そして各地に「按司（あじ）」と呼ばれる支配者が現れます。按司は小高い丘に「グスク」と呼ばれる砦を築き、勢力を広げようとしました。14世紀になると、沖縄本島には北から北山、中山、南山の三つの勢力が成立し、互いに争うようになります。15世紀に中山が他の勢力をおさえて統一を果たし、④ここに琉球王国が誕生しました。この少し前から、⑤琉球は海外との交易を盛んに進めるようになります。しかし、16世紀に入ると交易は衰え、さらに17世紀には薩摩藩の侵攻を受けることになります。こうして琉球王国は1879年までの約260年間を薩摩藩の支配下に置かれることになりました。

明治政府の下で日本領となった沖縄は、太平洋戦争敗戦後も長くアメリカの施政下に置かれました。⑥1972年に沖縄は日本に復帰しますが、その後も現在にいたるまで、この地域の抱える問題は未解決のままに残されています。

問１．下線部①について、以下の設問に答えなさい。

(1)「おきなわ」という呼び名は、貴族で文人の淡海三船（生没年 722～785）による『唐大和上東征伝』に「阿児奈波」と記されたのが最初とも言われます。この『唐大和上東征伝』は753年に「阿児奈波」に漂着した経験を持つ「ある人物」の伝記ですが、この「ある人物」とは誰か、以下のア～エより、正しいものを１つ選び、記号で答えなさい。

ア．小野妹子　　イ．鑑真　　ウ．坂上田村麻呂　　エ．空海

(2) 「沖縄」という字については、江戸時代の新井白石が、1719年の『南島志』において「沖縄」と記しているのが始まりとされています。江戸時代に関する以下の資料ア～エを、古いほうから順番に正しく並べ替えなさい。

【資料ア】

『南島志』　地理第一
沖縄島。○ 中山国のことである。この島は南北に長く東西に狭く、周囲はおよそ七十四里である。

【資料イ】

日本橋に、大衆に知らせる掲示板が立てられた。内容は、最近、あちらこちらで名前を書かずに細かい事柄を文にして訴えてくる者がいる。そこで、この八月から、毎月二日、十一日、二十一日に評定所に箱を置くことにする。政治に利益となること、役人の不正、訴訟がなかなか進んでいないなどのことがあれば、訴えるべき内容を奉行所に伝えて箱に投函すること。

【資料ウ】

一、捨て子を見つけた場合は、すぐに届け出ることはない。見つけた者が大事にして養うか、または欲しい者がいるなら、ゆずってよい。そのことについて速やかに届け出る必要はない。
一、犬だけに限らず全て生き物に対して、人々は慈悲の心をもってあわれみ慈しむことが大切である。

【資料エ】

出羽（今の秋田県）、陸奥（今の青森県）の両国は、いつもは豊かな国であるが、天明四年はいつもに比べると特に穀物が実らず、南部地方、津軽地方にいたってはさらに厳しく･･･（中略）･･･。去年から今年にかけて、全国で飢え死にした者は何万人いるかわからず、恐ろしい年であった。

※資料ア　『蝦夷志 南島志』（新井白石 著、原田信男 校注、東洋文庫865、平凡社）より。
資料イ　『史料による日本の歩み　近世編』（大久保利謙、児玉幸多、箭内健次、井上光貞 編、吉川弘文館）より作成。
資料ウ、エ　『日本史史料［3］近世』（歴史学研究会 編、岩波書店）より作成。

問２．下線部②に関連して、日本列島では３世紀頃に農耕社会に移行したと言われています。この時代になると集落に首長が出現します。なぜ首長が出現したのか、以下のア～エの説明文より、誤っているものを１つ選び、記号で答えなさい。

ア．小規模なムラから大規模なクニへの拡大の記録を残すためにリーダーが必要だったから。

イ．用水路をつくるなど、共同で作業することがよりいっそう必要となり、みなをまとめるリーダーが必要だったから。

ウ．土地の開墾や収穫を管理し、食糧の分配を指図するためのリーダーが必要だったから。

エ．土地をめぐる争いが起きるようになり、集落同士で戦うことがあり、住民を守るためのリーダーが必要だったから。

問３．下線部③について、下の【メモ】は、琉球で出土した明刀銭についてわかっていることをまとめたものです。この【メモ】から「沖縄出土の明刀銭がどこから運ばれてきたか」についての下の【仮説】が導き出せます。【仮説】の空らん（　１　）、（　２　）に当てはまる、いずれも漢字２字の語句を答えなさい。

【メモ】

・出土したのは、那覇市と沖縄本島南端の八重瀬町の２カ所である。
・那覇市の出土場所からは縄文晩期の九州地方の特徴を備えた土器が見つかっている。
・琉球で出土した２例以外に、今のところ日本での明刀銭の出土例はない。

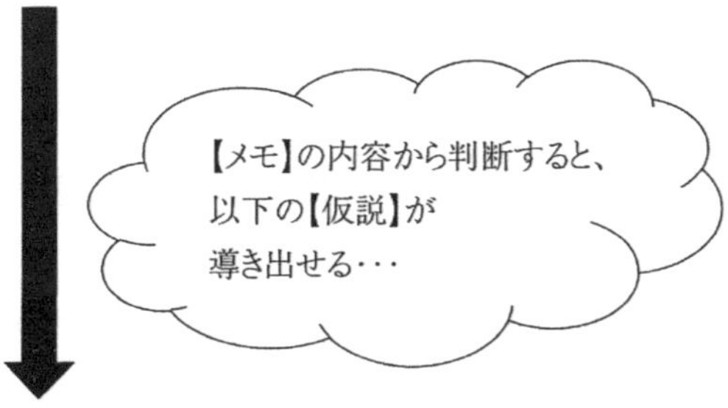
【メモ】の内容から判断すると、
以下の【仮説】が
導き出せる・・・

【仮説】

明刀銭は直接（　１　）から琉球にもたらされたとも考えられるが、あるいは、（　２　）に伝わり、その後に琉球にもたらされた可能性も否定できない。

問４．下線部④について、琉球王国の中心地であった首里城そばに、鎌倉の円覚寺を模した同名の寺院が存在しました。鎌倉円覚寺が建立された1282年頃の日本の政治の仕組みを示したものとして最もふさわしいものを、以下の図ア～エより１つ選び、記号で答えなさい。

（ア）

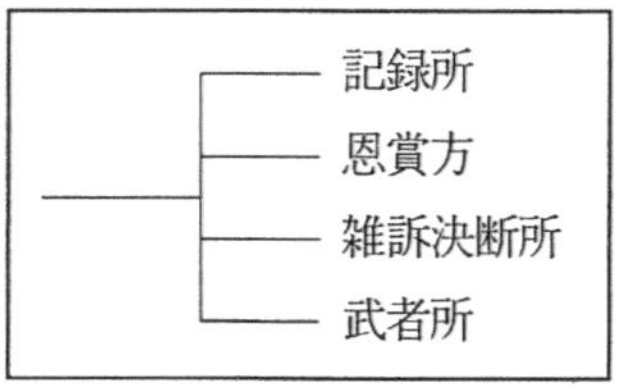

（イ）

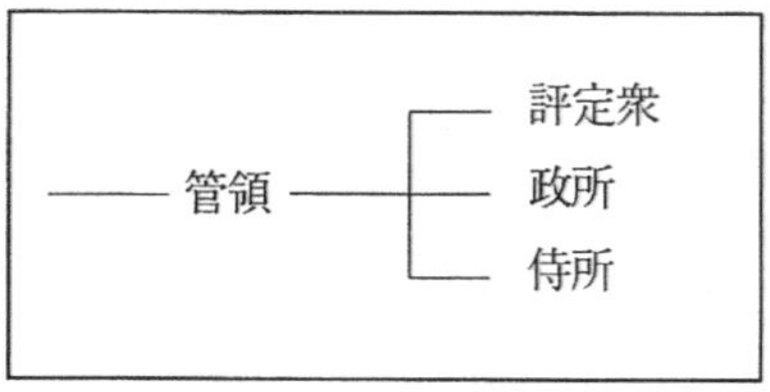

（ウ）

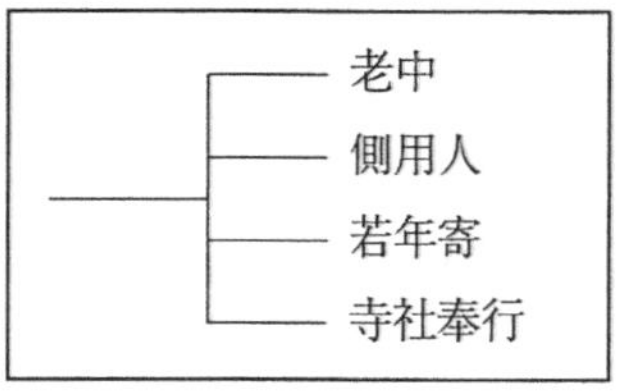

（エ）

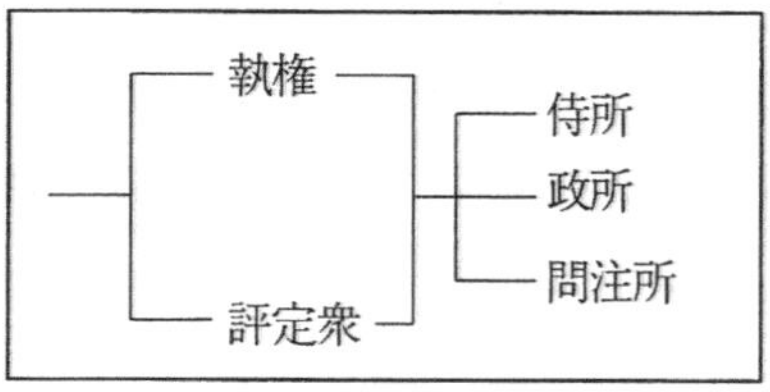

問５．下線部⑤について、下の表は、『明実録』に示された明に対する諸国の朝貢した回数を多い順に並べたものです。表を見て、以下の設問に答えなさい。

順位	国名	回数
1	（　A　）	95
2	琉　球	70
3	シャム（タイ）	46
4	安南（ヴェトナム北中部）	35
5	占城（ヴェトナム中南部）	30
6	爪　哇	20
7	（　B　）	14
7	真臘（カンボジア）	14

※『明実録』は、明の初代から13代皇帝までの詔勅や政治・経済・文化などを明の朝廷が記録したもの。表の回数は、明代初期（1369～1405年）のデータ。

（教養講座『琉球・沖縄史』、沖縄歴史教育研究会、新城俊昭、編集工房 東洋企画、2014年）より作成。

(1)　表中の（　A　）と（　B　）に当てはまる国を、以下のア～エより１つずつ選び、記号で答えなさい。

ア．渤海　　イ．日本　　ウ．宋　　エ．高麗

(2)　表中第６位の爪哇について、現在この地域にある国は、2022年から2045年にかけて新しい首都を建設する計画を実施しています。世界最大のイスラーム国家であり、太平洋戦争期には日本が植民地支配を行ったこともある、この国の現在の名称を答えなさい。

問６．下線部⑥について、以下の資料は、1972年５月15日に行われた沖縄復帰記念式典での屋良朝苗沖縄県知事（当時）のあいさつ文の一部です。文中の下線部に注目すると、沖縄復帰が、沖縄の住民にとって必ずしも手放しで喜べるものではなかったことがうかがえます。資料中にある「これらの問題」「沖縄に内包する問題」「沖縄問題」は、いずれも同じ問題のことを示しており、現在もそれは続いていると言えます。その問題とは何か、解答らんの言葉に続けて30字以内で答えなさい。

資料

………（前略）

さて、沖縄の復帰の日は、疑いもなくここに到来しました。しかし、沖縄県民のこれまでの要望と心情に照らして復帰の内容をみますと、必ずしも私どもの切なる願望が入れられたとはいえないことも事実であります。（中略）

しかし、沖縄県民にとって、復帰は強い願望であり、正しい要求でありました。また、復帰とは、沖縄県民にとってみずからの運命を開拓し、歴史を創造する世紀の大事業でもあります。

その意味におきまして、私ども自体が先ず自主主体性を堅持してこれらの問題の解決に対処し、一方においては、沖縄がその歴史上、常に手段として利用されてきたことを排除して県民福祉の確立を至上の目的とし、平和で、いまより豊かでより安定した、希望のもてる新しい県づくりに全力をあげる決意であります。

しかしながら、沖縄に内包する問題はなお複雑なものがあります。幸い、私ども沖縄県民は名実とも日本国民としての地位を回復いたしましたし、政府ならびに全国民の皆さまにおかれては、沖縄問題を新しい立場から共通の課題として止揚していただき、その完全・全面的解決のためこれまで以上のご関心とご協力を賜わりますよう念願するものであります。

………（後略）

（沖縄県公文書館ホームページ「あの日の沖縄」）より作成。

2　日本一高い山である富士山は、古くから日本人に慕われていて、日本各地はもとより、海外にも「郷土富士」があります。「郷土富士」に関する各問に答えなさい。

問１．薩摩富士について、以下の設問に答えなさい。

(1)　次のＡ～Ｃの表は薩摩富士のある都道府県（あ）が上位にくる農畜産物（2021年もしくは2022年の統計値）の、全国に占める割合を上位５位まで表したものです。Ａ～Ｃを使った料理を（ア）～（ウ）より１つずつ選び、記号で答えなさい。

A		
順位	都道府県	(%)
1	(あ)	20.2
2	宮崎	19.8
3	岩手	15.2
4	青森	5.8
5	北海道	3.7

B		
順位	都道府県	(%)
1	北海道	77.5
2	(あ)	4.2
3	長崎	3.8
4	茨城	2.3
5	千葉	1.4

C		
順位	都道府県	(%)
1	(あ)	28.4
2	茨城	28.1
3	千葉	12.9
4	宮崎	10.6
5	徳島	4.0

『地理データファイル2023年度版』（帝国書院）より作成。

（ア）

（イ）

（ウ）

(2)　（あ）でＣの生産が盛んになった理由を、30字以内で説明しなさい。

令和六年度

国語解答用紙

渋谷教育学園渋谷中学校

※らんには記入しないこと

240210

↓ここにシールを貼ってください↓

受験番号
番

氏名

合計得点
※
※100点満点（配点非公表）

一

問一

①

②

③

④ らか

問二

問三

問四

問五

問六

※

※

※

※100点満点
（配点非公表）

↓ここにシールを貼ってください↓

				番	氏名	

240220

4

(1)	cm^2
(2)	式・考え方 答え cm^2
(3)	式・考え方 答え cm^2

問 1	(1)						
	(2)						
問 2							
問 3							
問 4	(1)		(2)		(3)	m	
問 5	(1)		(2)		(3)		
問 6	(1)						
	(2)		(3)				

K 教英出版

2	問1	(1)	A		B		C			
		(2)								
	問2	(1)	①	あ		郷土富士				
			②	い		郷土富士				
			③	う		郷土富士				
		(2)	（a）		（b）		（c）		（d）	
		(3)	（a）		（d）					
	問3	(1)	①	郷土富士	富士	出来事				
			②	郷土富士	富士	分布図				
		(2)								
		(3)								
		(4)	大統領							

↓ここにシールを貼ってください↓

240230

※50点満点
（配点非公表）

令和６年度　社会解答用紙　渋谷教育学園渋谷中学校

受験番号						番	氏名	

1

問１	(1)					
	(2)	→ → →				
問２						
問３	1			2		
問４						
問５	(1)	A		B		
	(2)					
問６	復帰後も					

【解答

※50点満点
（配点非公表）

↓ここにシールを貼ってください↓

240240

令和６年度　理科解答用紙　渋谷教育学園渋谷中学校

受験番号						番	氏名	

1

問1		問2	a		g	
問3						
問4	(1)					
	(2)	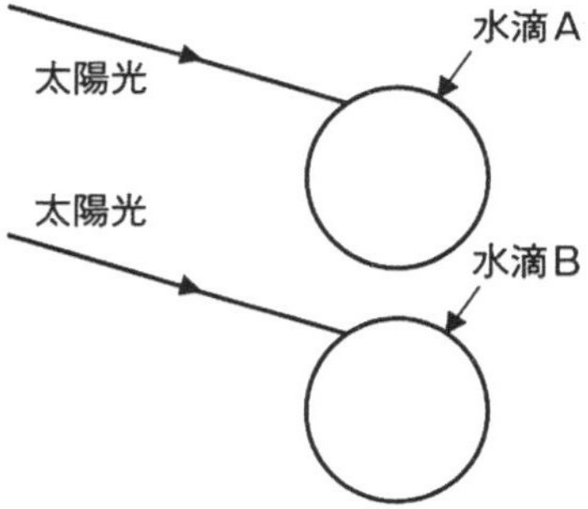				
問5						

【解答

令和６年度　**算数解答用紙**　渋谷教育学園渋谷中学校

1

(1)		(2)	A　　%	B　　%	(3)	度

(4)	第１問	第２問	第３問	第４問	第５問	(5)	m

(6)	式・考え方 答え

2

(1)	10時　　分	(2)	時　　分	(3)	秒後

3

(1)	点	(2)	最も大きい　　点	最も小さい　　点
(3)	B・C・D・E・F・G・H			

二

問一

①

②

③

④

問二

問三

問四

50

51

60

問五

問六

61

70

60

問七

※ ※ ※ ※ ※ ※

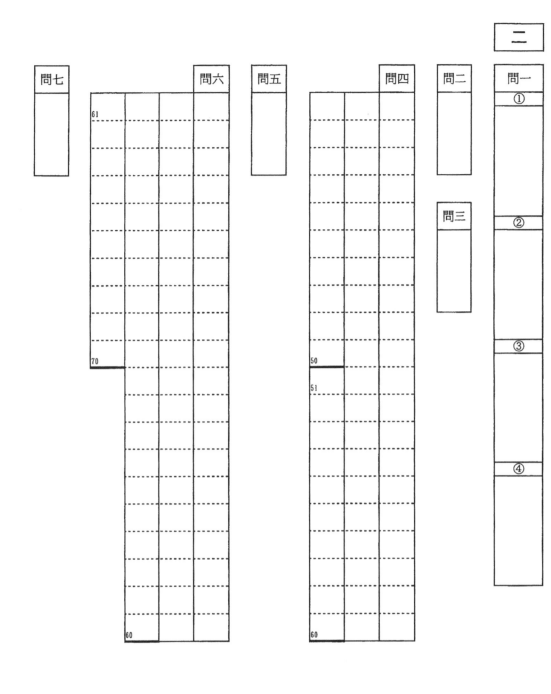

問２．地図中の（ａ）～（ｄ）の郷土富士について、以下の設問に答えなさい。

(1)　次の文章①～③は、地図中の（ａ）～（ｄ）のいずれかの郷土富士について述べたものです。文中のカッコに適する語句を入れ、該当する郷土富士を記号で答えなさい。ただし、（　あ　）の解答はひらがなでもよい。

①　この山は、山頂が斜めに欠けていて、米粒の形に似ていることから飯野山と名づけられた。伝統工芸品である（　あ　）で有名な丸亀市のシンボルである。

②　この山の正式名称は、この地に元々住んでいた人々の地名に由来し「シリベシ山」という。この山の北に位置する港町は、大正時代につくられた（　い　）が今では観光名所となっている。

③　この山は、古くから信仰の対象とされていて、「大蛇になった黒姫」という伝説が名称の由来とも言われている。この山の南に位置する県庁所在地は、七年に一度の御開帳で有名な（　う　）の門前町として発展してきた。

(2)　次の表は、地図中の（a）～（d）の郷土富士がある道県の人口、人口密度、65歳以上人口割合、産業別人口構成を表したものです。（a）～（d）の郷土富士がある道県を表中の（ア）～（エ）より1つずつ選び、記号で答えなさい。

	人口（万人）	人口密度（人/㎢）	65歳以上人口割合（%）	産業別人口構成（%）		
				第1次産業	第2次産業	第3次産業
（ア）	55	156	32.6	8.3	22.4	69.3
（イ）	515	62	32.5	6.1	17.4	76.5
（ウ）	95	507	31.9	4.8	25.8	69.4
（エ）	202	149	32.4	8.5	28.8	62.7

『データブック　オブ・ザ・ワールド2023年版』（二宮書店）より作成。

(3)　次のグラフは、地図中の（a）～（d）の郷土富士がある道県の県庁所在地の月別降水量を表したものです。（a）と（d）の郷土富士がある道県庁の所在地に当てはまるグラフを（ア）～（エ）より1つずつ選び、記号で答えなさい。

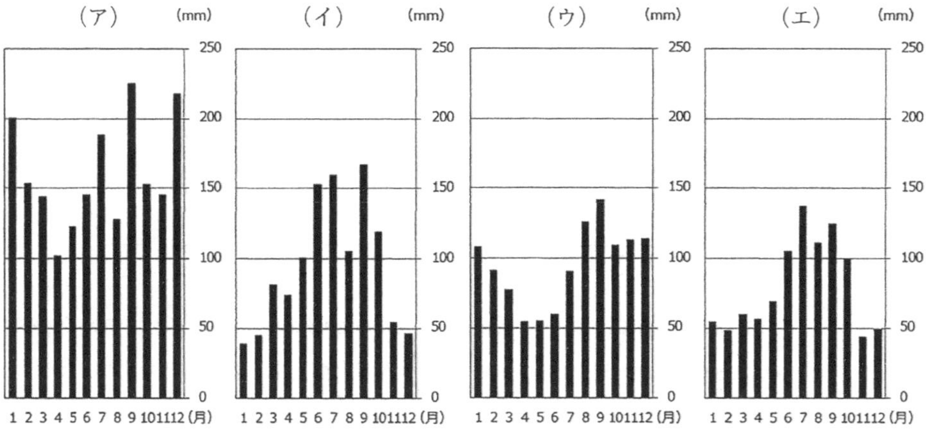

気象庁ホームページより作成。

問3．海外にある郷土富士について、地図を見て以下の設問に答えなさい。

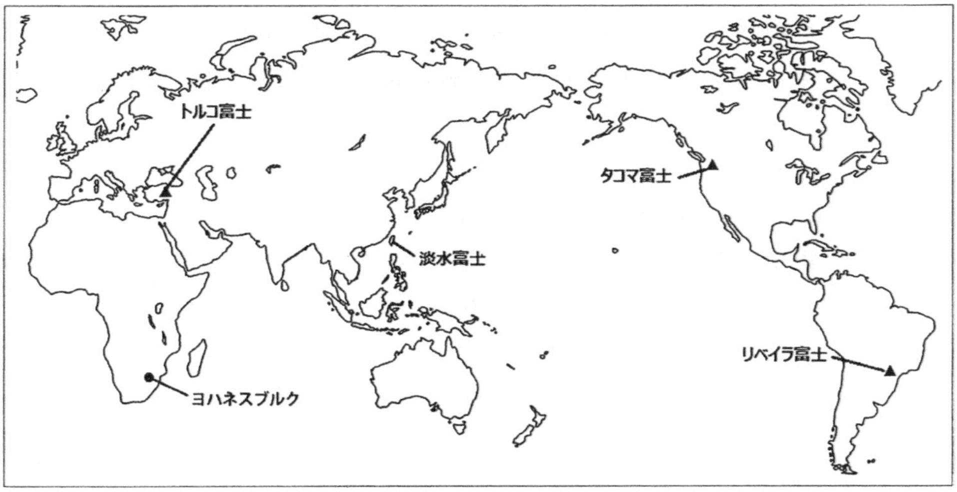

(1)　海外の郷土富士は日本からの移民によって命名されたものと考えられます。

①　ある出来事の始まりにより収容所への移住を強制されるなど、移民が迫害を受けることもありました。このような国の郷土富士を、地図中より選びなさい。また、迫害されるきっかけとなった出来事を答えなさい。

②　移民先から、のちの世代の人々が日本に働きに来ることもあります。1990年代以降、そのような人が増えた国に該当する郷土富士を、地図中より選びなさい。また、その国の人達が住んでいる都道府県の分布図として適当なものを（ア）～（ウ）より１つ選び、記号で答えなさい。

（ア）

（イ）

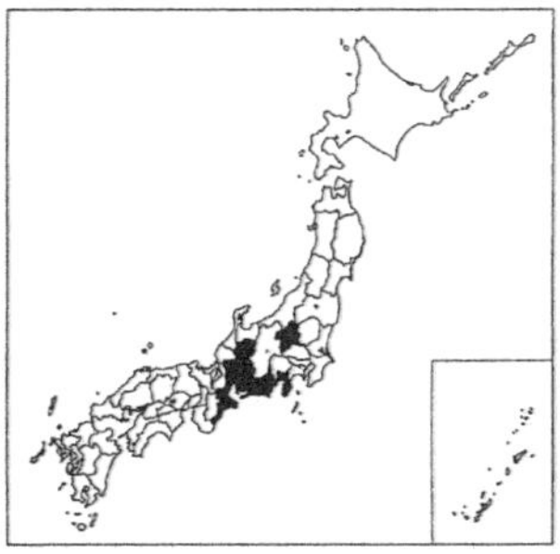

（ウ）

法務省「在留外国人統計」2020年より作成。

※人数の多い上位５都道府県を示している。

(2)　リベイラ富士のある国は、2023年８月末に地図中の都市ヨハネスブルクで開催された新興５カ国（BRICS）首脳会談に参加しました。当初、この会談にロシアのプーチン大統領が対面での参加を希望していましたが、結局オンラインでの参加となりました。なぜプーチン大統領はオンライン参加となったのか、その理由を次の【資料１】～【資料３】をもとに説明しなさい。

【資料１】東京新聞web（2023年３月18日）

国際刑事裁判所（ICC、本部オランダ・ハーグ）は17日、ロシアが侵攻中のウクライナから子どもの連れ去りに関与した疑いがあるとして、プーチン大統領に戦争犯罪の容疑で逮捕状を出した。

東京新聞ホームページより。

【資料２】国際刑事裁判所に関するローマ規程

第58条　第５項

裁判所は、逮捕状に基づき、第九部の規定により被疑者の仮逮捕又は逮捕及び引渡しを請求することができる。

第59条　第１項

仮逮捕又は逮捕及び引渡しの請求を受けた締約国は、その国内法及び第九部の規定に従い、被疑者を逮捕するための措置を直ちにとる。

第九部　国際協力及び司法上の援助

第86条　協力を行う一般義務

締約国は、この規定に従い、裁判所の管轄権の範囲内にある犯罪について裁判所が行う捜査及び訴追において、裁判所に対し十分に協力する。

外務省ホームページ掲載資料より抜粋。

【資料3】

国際刑事裁判所（ICC）の主な締約国（全123か国）

地域	加盟国数	主な加盟国
アフリカ諸国	33	セネガル、南アフリカ、ギニア
アジア太平洋諸国	19	モンゴル、韓国、日本
東ヨーロッパ	18	ポーランド、ハンガリー、チェコ
ラテンアメリカおよびカリブ海諸国	28	アルゼンチン、ペルー、ブラジル
西ヨーロッパおよびその他の国	25	オーストラリア、カナダ、フランス、イタリア、イギリス

国際刑事裁判所のホームページより作成。

(3)　トルコ富士について、昨年（2023年）2月にトルコで発生した大規模自然災害をもたらしたものは何か答えなさい。

(4)　トルコでは、昨年（2023年）5月に決選投票を経て、エルドアン大統領が再選されました。エルドアン氏は勝利宣言に際し、「2国間、地域、世界の課題について、建設的な対話を続ける用意がある」と述べました。「2国」とは、ロシアとウクライナを指しています。この2国の大統領のうち、昨年（2023年）5月の広島サミットに参加した大統領の名前を答えなさい。

問題は以上です。

（計算用紙）

（計算用紙）

令和五年度　（第二回）

渋谷教育学園渋谷中学校　入学試験問題

国語

（50分）

※　解答は、必ず解答用紙の指定されたところに記入しなさい。

※　「〇〇字で」、または「〇〇字以内で」、という指示がある場合は、「。」「、」「かっこ」なども一字と数えます。

一

次の文章を読んで後の問いに答えなさい。本文の上にある数字は行数を表します。

【両親の離婚《りこん》により、母に連れられ、祖母の住む街に引っ越《こ》した小学六年生の宮本草児《そうじ》。転校初日にクラスメイトから「しゃべり方が変」だと笑われ、それ以来学校で孤立《こりつ》している草児は、近所の博物館に通いつめていた。】

「シフトの都合」で予定外の休みをもらった母は、同じ理由で休みがなくなった。十連勤だなんて冗談《じょうだん》じゃないよとぼやいていたのは最初の数日だけで、①ナカば頃《ごろ》になると家にいる時は無言でテーブルにつっぷしているだけの、物言わぬ生物になった。祖母はなんだか近頃調子が悪いといって、日中も寝《ね》てばかりいた。

古生代の生物たちも、こんなふうに干渉《かんしょう》し合うことなく、暮らしていたのかもしれない。同じ家の中にいても、ほとんど言葉を交《か》わさない。母や祖母の気配だけを感じつつ、ひとりで食卓《しょくたく》に置かれたパンや釜《かま》めしを食べた。味がぜんぜんわからなかった。給食もそうだ。甘《あま》いとも辛《から》いとも感じない。(1)誰《だれ》かと同じ空間にいても、人間は簡単に「ひとり」になるものだと、こんなふうになるずっと前から知っていた。

博物館の前に立ち、「本日休館日」の立て札を目にするなり、動けなくなってしまった。今日は木曜日だということをすっかり忘れていた。一色の絵の具で塗《ぬ》りつぶしたような毎日の中で、曜日の感覚が鈍《にぶ》っていたのかもしれない。

ワチャーというような声が頭上から降ってきて、振《ふ》り返った。このあいだムササビの骨格標本を見上げていた男が草児のすぐ後ろに立っていた。今日は灰色のスーツを着ている。男の指がすっと持ち上がって、立て札を指す。ちょっと異様なぐらいに長く見える指だった。

「きみ知ってた？　今日休みって」

「うん」

男があまりに情けない様子だったので、つい警戒心《けいかいしん》がゆるみ「知ってたけど忘れてた」と反応してしまう。

「そうかあ」

中に入れないのならば、帰るしかない。背を向けて歩き出すと、男も後ろからついてくる。公園から出るには同じ方向に向かうしかないからあたりまえのことなのだが、気になって何度も振り返ってしまう。

「どうしたの?」

草児の視線を受けとめた男が、ゆったりと口を開く。なにを勘違《かんちが》いしたものか「なに? 腹減ってんの?」と質問を重ねる。違う。とっさに答えたが、嘘《うそ》だった。腹は常に減っている。

男のアクセントはすこしへんだった。このあたりの人とも、草児とも違う。そのくせ、すこしも恥《は》じてはいないようだ。

「あ、これ食う?」

書類やノートパソコンが入っていそうな鞄《かばん》から、※蒲焼《かばや》きさん太郎《たろう》が出てきた。差し出されたそれを草児が黙《だま》って見ていると、男はきまりわるそうに下を向き、②ボウソウを破いて、自分の口に入れた。

「そうだよな、あやしいよな。知らないおじさんが手渡《てわた》してくる蒲焼きさん太郎なんか食べちゃだめだ」

しっかりしてるんだな、えらいな、うん、と勝手に納得《なっとく》し、男はベンチに座《すわ》った。(2)鞄から、つぎつぎとお菓子《かし》が取り出される。いくつかのお菓子には見覚えがあり、そのほかははじめて目にする。うまい棒とポテトスナックは知っているが、なんとかボールと書いてあるお菓子は知らない。

「あの、なんで、そんなにいっぱいお菓子持ってるの」

おそるおそる問う。この男は草児が知っているどの大人とも違う。男はすこし考えてから「さあ?」と首を傾《かし》げた。自分自身のことなのに。

「安心するから、かな」

うまい棒を齧《かじ》りながら、男は「何年か前に出張した時に」と喋《しゃべ》り出した。帰りの新幹線が事故で何時間もとまったまま、という体験をしたのだという。いつ動き出すのかすらまったくわからなくて、不安だった。でも、新幹線に乗る前に売店で買ったチップスターの筒《つつ》を握《にぎ》りしめていると、なぜか安心した。その時、思いもよらないものが気持ちを支えてくれることもあるんだな、と知った。あれは単純に「食料がある」という安心感ではなかった、たとえば持っていたのが乾《かん》パンなどの非常食然としたものだったらもっと違った気がする、だからお菓子というものは自分の精神的な命綱《いのちづな》のようなものだと思ったのだ、というようなことをのんびりと語る男に手招きされて、草児もベンチに座った。いつでも逃《に》げられるように、すこし距離《きょり》をとりつつ。

草児が背負っていたリュックからオレンジマーブルガムのボトルを出すと、男は「なんだよ、持ってるじゃないか」とうれしそうな顔をする。

自分のガムはただのおやつであって、命綱なんかではない。

やっぱへんなやつだ、と身を引いた拍子《ひょうし》に、手元が狂《くる》った。容器の蓋《ふた》が開いてガムがばらばらと地面にこぼれ落ちる。草児は声を上げなかった。男もまた。映画館で映画を観《み》るように、校長先生の話を聞くように、唇《くちびる》を結んだまま、丸いガムが土の上を転がっていくのを見守った。

(3)気づいた時にはもう、涙《なみだ》があふれ出てしまっていた。頬《ほお》を伝っていく滴《しずく》は熱くて、でも顎《あご》からしたたり落ちる頃には冷たくなっていた。

どうして泣いているのか自分でもよくわからなかった。ガムの容器の蓋をちゃんとしめていなかったこと。博物館の休みを忘れていたこと。男が蒲焼きさん太郎を差し出した時に蘇《よみがえ》った、※文《ぶん》ちゃんと過ごした日々のこと。

楽しかった時もいっぱいあった。

それなのに、どうしても文ちゃんに嫌《いや》だと言えなかったこと。嫌だと言えない自分が恥ずかしかったこと。別れを告げずに引っ越ししてしまったこと。

父が手紙をくれないこと。自分もなにを書いていいのかよくわからないこと。

今日も学校で、誰とも口をきかなかったこと。算数でわからないところがあったこと。でも先生に訊《き》けなかったこと。

母がいつも家にいないこと。疲《つか》れた顔をしていること。祖母から好かれているのか嫌《きら》われているのかよくわからないこと。

いつも自分はここにいていいんだろうかと感じること。

男は泣いている草児を見てもおどろいた様子はなく、困惑《こんわく》するでもなく、かといって慰《なぐさ》めようとするでもなかった。ただ「いろいろ、あるよね」とだけ、言った。

「え」と訊きかえした時には、涙はとまっていた。

いろいろ、と言った男は、けれども、草児の「いろいろ」をくわしく聞きだそうとはしなかった。

「いろいろある」

草児が繰《く》り返すと、男は食べ終えたうまい棒の袋《ふくろ》を細長く折って畳《たた》みはじめる。

「ところできみは、なんでいつも博物館にいるの?」

「だよね、いつもいるよね?」と質問を重ねる男は、草児がいつもいるとわかるほど頻繁《ひんぱん》に博物館を訪れているのだ。

「恐竜《きょうりゅう》とかが、好きだから」

大人に好きなものについて訊かれたら、かならずそう答えることにしている。嘘ではないが、太古の生物の中でもとりわけ恐竜を好むわけではない。にもかかわらずそう言うのは「そのほうがわかりやすいだろう」と感じるからだ。そう答えると、大人は「ああ、男の子だもんね」と勝手に納得してくれる。

他の大人の前では言わない続きが、するりと口から出た。

「あと、もっと前の時代のいろんな生きものにも、いっぱい、いっぱい興味がある」

エディアカラ紀、海の中で、とつぜんさまざまなかたちの生物が出現しました。

体はやわらかく、目やあし、背骨はなく、獲物《えもの》をおそうこともありませんでした。

エディアカラ紀の生物には、食べたり食べられたりする関係はありませんでした。

図鑑《ずかん》を暗誦《あんしょう》した。

草児は、(4)そういう時代のそういうものとして生まれたかった。同級生に百円をたかられたり、喋っただけで奇異《きい》な目で見られたり、こっちはこっちでどう見られているか気にしたり、そんなんじゃなく、静かな海の底の砂の上で静かに生きているだけの生物として生まれたかった。

「行ってみたい？　エディアカラ紀」

唐突《とうとつ》な質問に、うまく答えられない。この男は「エディアカラ紀」を観光地の名かなにかだと思っているのではないか。

「タイムマシンがあればなー」

でも操縦できるかな。ハンドルを左右に切るような動作をしてみせる。

「バスなら運転できるんだけどね。おれむかし、バスの運転手だったから」

男の言う「むかし」がどれぐらい前の話なのか、草児にはわからない。わからないので、黙って頷《うなず》いた。むかしというからには今は運転手ではなく、なぜ運転手ではないのかという理由を、草児は訊《たず》ねない。男が「いろいろ」の詳細《しょうさい》を訊かなかったように。

男がまた、見えないハンドルをあやつる。

一瞬《いっしゅん》ほんとうにバスに乗っているような気がした。バスが、長い長い時空のトンネルをぬけて、しぶきを上げながら海に潜《もぐ》っていく。いくつもの水泡《すいほう》が、窓ガラスに不規則な丸い③モヨウを走らせる。

視界が濃《こ》く、青く、④ソまっていく。

海の底から生えた巨大《きょだい》な葉っぱのようなカルニオディスクス。楕円形《だえんけい》にひろがるディッキンソニア。ゆったりとうごめく生きものたち。自分はそれらをいちいち指さし、男は薄《うす》く笑って応じるだろう。バスは音も立てずに進んでいく。砂についたタイヤの跡《あと》はやわらかいカーブを描《えが》き、その上を、図鑑には載《の》っていない小さな生きものが横断する。

そこまで想像して、でも、と呟《つぶや》いた。

「(5)もし行けたとしても、戻《もど》ってこられるのかな?」

タイムマシンで白亜紀《はくあき》に行ってしまうアニメ映画を、母と一緒《いっしょ》に観たことがある。その映画では、途中《とちゅう》でタイムマシンが恐竜に踏《ふ》み壊《こわ》されていた。その場面は強烈《きょうれつ》に覚えているのに、主人公が現代に戻ってきたのかどうかは覚えていない。

男が「さあ」と首を傾げる。さっきと同じ、他人事のような態度で。

「戻ってきたいの?」

そりゃあ、と言いかけて、自分でもよくわからなくなる。

「だって、えっと……戻ってこなかったら、心配するだろうから」

草ちゃんがどこにでも行けるように、と母は言ってくれるが、タイムマシンで原生代に行って二度と帰ってこなかったら、きっと泣くだろう。

「そうか。だいじな人がいるんだね」

おれもだよ、と言いながら、男はゆっくりと、草児から視線を外した。

「タイムマシンには乗れないんだ。仕事をさぼって博物館で現実逃避《とうひ》するぐらいがセキノヤマなんだ、おれには」

「さぼってるの?」

男は答えなかった。意図的に無視しているとわかった。そのかわりのように「ねえ、だいじな人って、たまにやっかいだよね」と息を吐《は》いた。

「なんで?」

「やっかいで、だいじだ」

空は藍色《あいいろ》の絵の具を足したように暗く、公園の木々は、ただの影《かげ》になっている。きみもう帰りな、とやっぱりへんな、すくなくとも草児にはへんだと感じられるアクセントで言い、男が立ち上がる。うまい棒のかけらのようなものが空中にふわりと舞《ま》い散った。

いつもと同じ朝が、今日もまた来る。

トースターに入れたパンを焦《こ》がしてしまって、家を出るのがすこし遅《おく》れた。教室に入って宿題を出し、椅子《いす》に腰《こし》を下ろすと同時に担任が教室に入ってきた。あーー！　誰かが甲高《かんだか》い叫《さけ》び声を上げる。担任はいつものジャージを穿《は》いていたが、上は黒いTシャツだった。恐竜の絵が描かれている。

「ティラノサウルス！」

誰かが指さす。せんせーなんで今日そんなかっこうしてんのー、と別の誰かが笑う。彼らは先生たちの変化にやたら敏感《びんかん》で、髪《かみ》を切ったとか手をケガしたとか、そういったことにいちいち気づいて指摘《してき》せずにはいられないのだ。

「ちがう」

声を発したのが自分だと気づくのに、数秒を要した。みんながこちらを見ている。心の中で思ったことを、いつのまにか口に出していた。

担任から促《うなが》されて立ち上がる。椅子が動く音が、やけに大きく聞こえる。

「ちがう、というのはどういう意味かな？　宮本さん」

「……それはアロサウルスの絵だと思います」

「なるほど。どう違うか説明できる？」

「時代が違います。ティラノサウルスは白亜紀末に現れた恐竜で、アロサウルスは、ジュラ紀です」

すべて図鑑の[1]だった。

「続けて」

「えっと、どちらも肉食ですが、ティラノサウルスよりアロサウルスのほうが頭が小さい、という特徴《とくちょう》があります」

ずっと喋らないようにしていた。笑われるのは無視されるよりずっとずっと嫌なことだった。おそるおそる目線だけ動かして教室を見まわしたが、笑っている者はひとりもいなかった。何人かは驚《おどろ》いたような顔で、何人かは注意深く様子をうかがうように、草児を見ている。

「ありがとう。座っていいよ。宮本さん、くわしいんだな。説明もわかりやすかったよ」

感心したような声を上げた担任につられたように、誰かが「へー」と声を漏《も》らすのが聞こえた。

「じゃあ、国語の教科書三十五ページ、みんな開いて」

なにごともなかったように、授業がはじまる。

国語の次は、体育の授業だった。体操服に着替《きが》えて体育館に向かう。体育館はいつも薄暗く、壁《かべ》はひび割れ、床《ゆか》は傷だらけで冷たい。草児はここに来るたび、うっすらと暗い気持ちになる。

体育館シューズに履《は》き替えていると、誰かが横に立った。草児より小柄《こがら》な「誰か」はメガネを押《お》し上げる。

「恐竜、好きなの？」

「うん」

草児が頷くと、メガネも頷いた。

「ぼくも」

そこで交わした言葉は、それだけだった。でも誰かと並んで立つ体育館の床は、ほんのすこしだけ、冷たさがましに感じられる。

（寺地はるな『タイムマシンに乗れないぼくたち』文藝春秋刊より）

※蒲焼きさん太郎……お菓子の商品名。以下「うまい棒」「ポテトスナック」「チップスター」「オレンジマーブル」も同様にお菓子の商品名。

※文ちゃん……引っ越す前に近所に住んでいた幼なじみの文太《ぶんた》という少年をさす。文ちゃんのお小遣《こづか》いが足りなくなると、草児は、強制されたわけではないが、無言の圧力を感じ、一日百円だった自分のお小遣いを文ちゃんに差し出していた。文ちゃんも当然のようにそれを受け取っていた。70行目の「同級生」は文ちゃんのことを指す。

問一　――線①～④のカタカナを漢字に直しなさい。漢字は一画ずつていねいに書くこと。

問二　――線⑴「誰かと同じ空間にいても、人間は簡単に『ひとり』になるものだ」とありますが、それはどういうことですか。最もふさわしいものを次の中から一つ選び、記号で答えなさい。

ア　実際には自分の周りに人がいたとしても、その人たちが自分の存在に気付かなければ、一緒にいる意味が容易に失われるということ。

イ　実際には自分の周りに人がいたとしても、その人たちを自分が無視していれば、あっという間に自分も無視されるようになるということ。

ウ　実際には自分の周りに人がいたとしても、その人たちと喋らなければ、一人でいる時間が自然と増えていってしまうということ。

エ　実際には自分の周りに人がいたとしても、その人たちとの精神的な繋《つな》がりを感じられなければ、たやすく孤独な状態に陥《おちい》るということ。

オ　実際には自分の周りに人がいたとしても、その人たちとの物理的な距離があるうちは、精神的な距離も簡単には縮まらないということ。

問三　――線(2)「鞄から、つぎつぎとお菓子が取り出される」とありますが、「男」はなぜお菓子をたくさん持っているのですか。最もふさわしいものを次の中から一つ選び、記号で答えなさい。

ア　「男」は草児が知っている他の大人と違い、お菓子を食べることが大好きな、子供のような精神の持ち主だから。

イ　「男」は草児が知っている他の大人と違い、精神が不安定で、お菓子を鞄に入れていないと落ち着かないから。

ウ　「男」にとってのお菓子は、心のよりどころのようなもので、精神の安定をもたらしてくれるものだから。

エ　「男」にとってのお菓子は、困った時に自分の命をつないでくれる、必要不可欠で役に立つ存在だから。

オ　「男」にとってのお菓子は、単純に「食料」という枠《わく》には収まりきらない、別の価値を持つものだから。

問四　――線(3)「気づいた時にはもう、涙があふれ出てしまっていた」とありますが、この場面における草児についての説明として最もふさわしいものを次の中から一つ選び、記号で答えなさい。

ア　いつでも逃げられるように少し距離をとりつつ、警戒しながら「男」と話をしているときに、突然手元が狂ってガムが地面にこぼれ落ちてしまったことで緊張《きんちょう》が極限に達して、思わず涙があふれ出てしまった。

イ　容器の蓋が開いてガムが地面にこぼれ落ちていく様子を見ているうちに、自分の中に蓄積《ちくせき》されてきた、思うようにならなかった様々な記憶や経験が一気によみがえってきて、自然と涙があふれ出てしまった。

ウ　「男」のことをへんなやつだと思っていたが、ガムがこぼれ落ちたときに、自分と同じように「男」も声をあげなかったことで何となく共感し合えた気になり、つい気がゆるんで涙があふれ出てしまった。

エ　涙が頬を伝わるときは熱かったのに顎からしたたり落ちる頃には冷たくなっていたという感覚が、かつて自分の内にある熱い思いを口に出したときに受けた周囲からの冷たい反応と重なり、よけいに取り乱してしまっていた。

オ　知らない「男」の前でどうして泣いているのか自分でもよくわからず、早く涙を止めなければいけないと焦《あせ》ってしまい、身の回りに起こったいろいろな出来事を思い出すことで何とか気を紛《まぎ》らわそうとしていた。

問五　――線(4)「そういう時代のそういうものとして生まれたかった」とありますが、草児が「エディアカラ紀の生物」として生まれたかったと思うのはなぜですか。草児の置かれた状況《じょうきょう》にふれながら七十六字以上八十五字以内で説明しなさい。

問六　――線(5)「もし行けたとしても、戻ってこられるのかな?」とありますが、これ以降の「男」と草児とのやりとりの部分についての説明としてふさわしいものを次の中から二つ選び、記号で答えなさい。

ア　「主人公が現代に戻ってきたのかどうかは覚えていない」という映画についての草児の回想には、バスを運転するかのようにタイムマシンを操縦する振りをする呑気《のんき》な「男」とは対照的な、物事を悲観的に捉《とら》えがちな草児の性格が表れている。

イ　「戻ってきたいの?」という「男」の言葉は、今の生活が嫌でつまらないものだと思っていた草児に、自分にも捨てることのできない大切なものがあるのかもしれない、という気付きを与《あた》えるきっかけとなっている。

ウ　「タイムマシンには乗れないんだ」という「男」の言葉には、面倒《めんどう》で逃げ出してしまいたい現実があったとしても、「だいじな人」がいるこの世界から本当に逃げることはできない、という意味が込《こ》められている。

エ　「意図的に無視している」という「男」の態度は、冷たいようではあるが、最も触《ふ》れられたくないプライベートな領域に草児が立ち入ってしまったことで、すぐに返答ができなくなってしまった「男」のとまどいを示している。

オ　「やっかいで、だいじだ」という「男」の言葉からは、「だいじ」であるのに「やっかい」でもあるという相反する感情を抱《いだ》く相手が複数いるということが表現されており、「男」の背後にある複雑な人間関係が感じとれる。

カ　「すくなくとも草児にはへんだと感じられるアクセントで」という草児の感想は、「男」の一風変わったこれまでの言動によって、アクセントまでもが「へん」に聞こえてしまっている草児の思い込みを表している。

問七　[1]には、「他人の意見や学説をそのまま自分の説のようにして述べること」を意味する、漢字とひらがなの交じった四字からなる語句が入ります。その語句を、次の中から二つの漢字を用いて答えなさい。

買・売・取・出・受・言・入

問八　次のア〜オは、この作品を読んだ生徒たちの感想です。作品の解釈《かいしゃく》として明らかな間違いを含《ふく》むものを一つ選び、記号で答えなさい。

ア　「笑われるのは無視されるより」（122行目）嫌なことだと思って喋らないでいた草児が、みんなの前で恐竜の説明を始めたところに一番心を動かされたよ。その直前にある「いつもと同じ朝」（105行目）という表現によって、草児の中の何かが変化したことで結果的に「いつもと同じ」ではない日になったことがより印象づけられていると思ったよ。

イ　草児が出会った「男」に興味があるな。泣いている草児を見てもその理由を聞き出そうとはせずに「いろいろ、あるよね」（52行目）と言ったのは、「男」の方にも何か事情があるのだということを示唆《しさ》している感じがした。「だいじな人」（95行目）の話のときに「おれもだよ」と言いながら「草児から視線を外した」（96行目）というところからもそれがうかがえるよね。

ウ　「男」と草児との関係性が興味深いね。互《たが》いに境遇《きょうぐう》を探ったりしない、距離感を保ったやりとりなのに、「男」と草児は互いに通じ合う部分を持っている感じがするよ。「男」が草児に寄り添《そ》った言動をしている部分が所々に見られるけれど、「男」が大人としての自覚をもって子供である草児を力づけようとしているわけではなさそうだよね。

エ　クラスメイトの態度に注目してみたよ。草児が恐竜について説明し始めたときにクラスのみんなが「驚いたような顔で」「注意深く様子をうかがうように」（123行目）見ていたのは、先生を味方につけて孤立した状況を変えようとしている草児の勇気に感心しながらも、草児のことを笑い者にしたことを先生に指摘されるのではないかという警戒心のあらわれだと思ったよ。

オ　体育の時間に草児が「誰か」から話しかけられた場面が印象的だね。体育館に来るたび「うっすらと暗い気持ち」（129行目）になっていた草児が、言葉を交わした後に体育館の床が「ほんのすこしだけ、冷たさがましに感じられ」（135行目）たのは、草児の孤独感が少しやわらいだことを表しているし、この「誰か」と仲良くなっていくのかな、ということも予感させられるよね。

（問題は次のページに続きます）

二　次の文章は、企業《きぎょう》などの組織における「インクルージョン（組織内の誰《だれ》もが仕事に参画でき、平等に機会が与《あた》えられている状態のこと）」について考察したものです。これを読んで後の問いに答えなさい。なお、出題の都合上、省略した箇所《かしょ》や表記を改めた箇所があります。

インクルージョンを実現するために、決定的に必要な要素があります。それは「心理的安全性」です。心理的安全性は、英語ではPsychological Safetyといいますが、文字通りに解釈《かいしゃく》すれば「一人ひとりが安心して発言・行動できる」ことを意味します。心理的安全性が欠けると、自分が言ったりやったりしたことによって罰《ばっ》せられる恐怖《きょうふ》がつきまといます。心理的安全性はもちろん個々人の※ウェルビーイングにとっても大事ですが、組織が※イノベーションを生み、変化に柔軟《じゅうなん》に対応し、進化し続けるためにも必須《ひっす》要素となります。

【中略】

心理的安全性を阻害《そがい》する最も大きな要因の一つとして、アンコンシャス・バイアス（Unconscious Bias）が挙げられます。アンコンシャス・バイアスは、「無意識の偏見《へんけん》」「無意識の思い込《こ》み」などと訳されますが、自分ではまったく自覚しておらず、そんなつもりもないのに、実際にはえこひいきをしたり、差別につながるような歪《ゆが》んだ見方をしたりすることを指します。年齢《ねんれい》・性別・身体的特徴《とくちょう》・①シュウキョウ・人種など、あらゆる「自分たちとは違《ちが》う」グループに対して持つ、不公平な偏見である場合が多いといわれています。

現代社会では、明確な差別については様々な方法でそれらを禁止したり、取り除いたりする策が存在しますが、残念なことに、差別に反対する平等主義の人でさえ、無意識の偏見に基づいた判断をしてしまうことがあります。バイアスとは「偏《かたよ》り」のことを指しますが、人の無意識の選択《せんたく》や行動の中に、事実に基づかない偏り――偏見や思い込み――が存在し、私たちの暮らしや人間関係にいつの間にか影響《えいきょう》を与えているのです。

人は行動の90％以上を無意識で行っているといわれています。自転車に乗るとき「今、右足でこいだから、次は左足」といったふうに考えながら乗る人はいないでしょう。ご飯を食べるときも、無意識に箸《はし》が動いているという場合が多いのではないでしょうか。そうすると、人は無意識に、また無自覚にいろんなことを選択していることになります。

たとえば電車に乗ったときに、いくつか座《すわ》る場所が空いていたとしたら、瞬間《しゅんかん》的に座る場所を選んでいませんか。筆者の場合は自分と同性の、かつ同じくらいの年齢の人の隣《となり》に座ることが多いです。これを「親近感バイアス」といいます。私たちは自分と属性や経歴、興味や経験などが似た人に安心感を覚える傾向《けいこう》があり、無意識にそのような人の近くを選んでしまうのです。

また、災害時など、普段《ふだん》は起きるはずのないことが起きたとき、「まさかこんなことが起きるわけがない」「自分だけは大丈夫《だいじょうぶ》」といった思い込みに基づき行動する人が多いといわれています。これは「正常性バイアス」と呼ばれ、人が②ヨキしない事態に直面したとき、「ありえない」という思い込みから、起きていることが正常な範囲《はんい》内だと自動的に考えてしまう心の働きを指します。このバイアスによって、災害時に正しい状《じょう》況《きょう》把握《はあく》や身を守るための行動が取れず、避難《ひなん》行動が遅《おく》れてしまうといった事態がよく起きるのです。

このように、人は無意識のうちに偏見に基づいた行動をとってしまう、というのがアンコンシャス・バイアスの困ったところなのですが、これがどのようにインクルージョンの実現を阻《はば》むかということをご説明したいと思います。

たとえば仕事で新しいプロジェクトの担当者や自分の後任、あるいは、会議の参加者などを選ぶ際はどうでしょう。[1]。また、そのような人がいたら、今度は自分の見解や期待を裏づける情報を無意識に探す「確証バイアス」が働き、自分の選択を裏づけるために、その人のよいところばかりを探し、反対意見や反証する情報を無視したり集めようとしなくなったりします。

有名大卒、有名企業出身、というブランドに圧倒《あっとう》されて、優秀《ゆうしゅう》な人材と思い込む「ハロー効果」というバイアスもあります。「〇〇大学出身だから優秀に違いない」といったような決めつけです。逆を「ホーン効果」といいます。たとえば、有名校ではない学校の出身者を③カショウ評価するなどし、その人が持つ※ポテンシャルを真《ま》っ直《す》ぐに見る目を曇《くも》らせてしまう、というやっかいなバイアスです。

こういったアンコンシャス・バイアスが、様々な人の機会を奪《うば》っているケースが非常に多くあります。そしてそれらが折り重なって、今の社会に存在する格差や階層がどんどん再生産されていくという状況をつくり出している、といえるでしょう。

ところでアンコンシャス・バイアスについて調べると、その例として以下のようなものをよく目にします。

・女性は細やかな心遣《こころづか》いができる
・女性は管理職を望んでいない
・短時間勤務の社員は仕事より家庭が大事
・女性は生まれつき、数学の能力が男性より低い
・男性は家事が下手

・　シニアはパソコンが苦手

　これらは無意識の領域に存在する偏見でしょうか。いえいえ、私たちが生活する社会に明示的に存在する価値観です。「固定観念」や「※ステレオタイプ」といってもよいでしょう。そのほか、「思い込み」「先入観」「レッテル」なども無意識の領域に存在するかもしれませんが、同時に非常に意識的に行っている場合がたくさんあります。たとえば「女性のほうが細やかな心遣いができるから、お客様対応を担当してもらおう」という上司は多いですが、これは明示的に、意識的に選んでいます。すなわち、バイアスは、アンコンシャスなものと※コンシャスなものがあり、それらは※潜在《せんざい》意識と顕在《けんざい》意識の両方に存在し、その境界は意外と曖昧《あいまい》であるといえます。そして(1)これらの固定観念が「らしさ」に形を変え、他者や自分自身を縛《しば》る鎖《くさり》となり、自由な選択を阻害する要因となっていることも大変多いのです。

「女性は細やかな心遣いができる」という固定観念は、「細やかな心遣いができない女性は女性らしくない」に変わり、「男性は家事が下手」という固定観念は、「男らしい男性は家事などしなくてよい」に変わります。このような固定観念に基づいて選択、行動していると、現在の枠《わく》から出ることが難しくなり、既存《きそん》の役割に他者や自分を当てはめてしまうことを無意識に、日々重ねてしまいます。また、これらの固定観念は社会的少数派を排除《はいじょ》する方向に働くという特質を持っており、インクルージョンを阻害する非常に大きな要因となります。

　アンコンシャス・バイアスの中でも、このように言語化できるものについてはむしろ、「固定化され、放置された、見直されないステレオタイプ」というふうにも、表現できるかもしれません。人はそれぞれ、様々な思い込みや偏見を持っています。これがバイアスです。それらについて本当かどうか考えたり、確認したり、検証したり、見直したりといったことをしない状態――いってみれば、頭の中に野良《のら》犬がウロウロしている、という状態を想像してみてください。そして、同じような野良犬を頭の中に放置している人が周りにもいるということが意識化されると、(2)その野良犬が飼い犬になってしまい、そのまま飼い続けることによって、どんどん大きくなってしまいます。また、他の人も飼っているという安心感から、頭の中の野良犬の存在自体に疑問を持たない状態が生まれ、同じ野良犬を飼っている人同士の連帯も生まれます。この野良犬を、「女性は無知であり男性より劣《おと》っている」や「肌《はだ》は白いほうが美しい」、または「黒人は白人よりも学力が低い」といった偏見に置き換《か》えて考えてみてください。

　このように、潜在的な価値観、ものの見方が顕在化され、それが共有されることによって正当化されるプロセス、これが差別の構造を強化し、再生産しているといえるのではないでしょうか。このプロセスの存在が、ジェンダーや人種といった格差の問題の解決をより難しくしているのです。

【中略】

「え、これって何がだめなの？」と言われた炎上《えんじょう》事例が、特に企業広告においてこれまでにもたくさんありました。その一例として、２０１７年に公開されたユニ・チャームのおむつ「ムーニー」のウェブ動画ＣＭについて取り上げたいと思います。

このＣＭでは、初めての子育てに孤軍奮闘《こぐんふんとう》する一人の母親の姿が描《えが》かれています。父親が登場するのは、わずか2シーンで、時間にすれば約4秒。いわゆる「※ワンオペ育児」そのものが描かれ、これまでおむつのＣＭで描かれてきた幸せいっぱいの子育てから一歩進んだ、「ママのリアル」を描いた広告でした。多くの女性が共感するであろう広告ですが、(3)最後に「その時間が、いつか宝物になる。」というコピーを入れてしまったのです。

この一言について、まったく何も感じない人もいるでしょう。でも一歩引いて考えてみてください。これはワンオペ育児を賛美し、肯定《こうてい》している言葉です。頑張《がんば》れ、いつか報《むく》われるときが来る、と。しかし、そもそもワンオペ育児は肯定されるべき現象でしょうか。産後女性の死亡原因の一位は自殺です。女性だけが家事、育児を担当しなければならない、という価値観は「ジェンダーバイアス」です。

この価値観に疑いを持たず、問いを立てることをせずに、あのコピーを採用してしまった制作チームの中には、「お父さんはどこで何をしているの？」と疑義を唱える人がいなかったのでしょうか。そのような問いを立てる人がチームにいたら、あるいはそういうことを発言できる心理的安全性が確保されていたら、あのような広告にはならなかったかもしれません。

アンコンシャス・バイアス自体、無意識の認知活動であるため、完全に排除することはほぼ不可能です。前述したとおり、人は行動の90％を無意識に行っているといわれていますから、無理もありません。しかし、アンコンシャス・バイアスが原因で構造的な差別が起きている場合、(4)積極的にアンコンシャス・バイアスが入る可能性を排除することが必要です。その場合に有効なのが、デザインの介入《かいにゅう》です。つまり、構造的にアンコンシャス・バイアスが入り込む余地をできるだけなくすための仕組みを用意するのです。

アメリカのオーケストラでは、長年団員が男性ばかりという状態が続いていましたが、１９７０年代に入り、オーディションの際に審査《しんさ》員と音楽家の間にカーテンを取りつけ、演奏している人が見えないような仕組みを施《ほどこ》したところ、女性団員の比率が飛躍《ひやく》的に伸《の》びました。ゴールディンとルースという研究者たちが実際のオーディションのデータを使って分析《ぶんせき》したところ、目隠《めかく》しをすることで、女性がオーディションの次の段階に進む確率が50%増加し、最終的に女性の候補者が選ばれる確率は7倍になったという結論を出しています。

また、ユニリーバ・ジャパン社は、2020年に採用選考におけるアンコンシャス・バイアスを取り除く目的で、同社の採用選考の過程で、顔写真の提出や応募《おうぼ》者への性別に関する一切《いっさい》の項目《こうもく》を排除し、個人の適性や能力のみに焦点《しょうてん》を当てた採用をしていくと発表しました。これもデザインの介入のもう一つの例です。

次に、個人レベルで自分が持っている様々な思い込みを問い直し続けることが重要です。つまり、今持っている様々な思い込みを一つひとつ検証しようとする姿勢を持ち続けることです。「今考えていることは、根拠《こんきょ》がある事実だろうか」「今言おうとしていることは、言われた相手を傷つけないだろうか」「今自分が下そうとしている決断に、偏見は含《ふく》まれていないだろうか」といったような具合に、自問自答する姿勢が大切です。

そして、誰かが、特に上に立つ人が間違った思い込みに基づいた言動を取っていると気づいたときに、それを誰かが指摘《してき》できるような雰囲気《ふんいき》を積極的につくっていくことも必要です。ここでは前述した心理的安全性の確保という点を思い出してください。「これを言ったら罰せられるかもしれない」と思ってしまう環境《かんきょう》ではなく、「言ってくれてありがとう」と言ってもらえる職場をつくりたいですね。そのために、いろいろな階層の人が安心して発言できるように気を配ったり、(5)ピアボーナス制度を導入したりと、心理的安全性を確保していく方法はいくらでもあります。

(吉村美紀「個を尊重し活かすインクルーシブ社会の実現」(『SDGs思考社会共創編』所収)より)

※ウェルビーイング……肉体的、精神的、社会的にすべてが満たされた状態。健康で幸福な生活を送ることができていること。
※イノベーション……革新。新たな考え方や技術を取り入れて新たな価値を生み出し、変革をもたらすこと。
※ポテンシャル……表面にあらわれてはいないが内部に秘められている、可能性としての力。
※ステレオタイプ……行動や考え方が型にはまっていること。
※コンシャス……意識的であること。気づいていること。「アンコンシャス」の反対の意味。
※潜在意識と顕在意識……「潜在意識」は、活動はしているが自覚されない意識のこと。それに対して「顕在意識」は、はっきりと自覚している意識のこと。
※ワンオペ……「ワンオペレーション」の略。一人ですべての仕事をこなす状況。

問一　――線①～③のカタカナを漢字に直しなさい。漢字は一画ずつていねいに書くこと。

問二　[1]に入る表現として最もふさわしいものを次の中から一つ選び、記号で答えなさい。

ア　親近感バイアスの影響を受け、無意識に自分と似た経歴の人、自分の属性に近い人を選びがちです

イ　正常性バイアスの影響を受け、いかなる事態にも正常な判断を下すことのできる人を無意識に選びがちです

ウ　確証バイアスの影響を受け、自分がよいと思っている人を無意識に選び、そうでない人は選ばなくなりがちです

エ　ハロー効果の影響を受け、無意識に自分と同じ大学や有名校の出身者ばかりを選びがちです

オ　ホーン効果の影響を受け、実力はあっても有名大卒でないという理由だけで、無意識に選ばなくなりがちです

問三　――線(1)「これらの固定観念が『らしさ』に形を変え、他者や自分自身を縛る鎖となり、自由な選択を阻害する要因となっている」とありますが、その具体例としてふさわしくないものを次の中から一つ選び、記号で答えなさい。

ア　「女性は管理職を望んでいない」という固定観念が、「管理職を希望する女性は女性らしくない」に変わり、出世して管理職になろうと努力する女性に対して、同僚《どうりょう》が「そんなに無理してバリバリ働かなくていいのに」と言ってしまう。

イ　「短時間勤務の社員は仕事より家庭が大事」という固定観念が、「仕事を大事にするなら長時間働くべきだ」に変わり、短時間で成果を上げようとしている社員に対して、上司が「長時間働けないなら辞めてもらうしかないな」と言ってしまう。

ウ　「女性は生まれつき、数学の能力が男性より低い」という固定観念が、「女性らしい女性は数学など学ばなくてよい」に変わり、理系の研究職を志す娘《むすめ》に対して、母親が「理系数学はあなたには難しいから、文系を志望するほうがいいよ」と言ってしまう。

エ　「男性は家事が下手」という固定観念が、「自分らしさを大切にしたいから、ぼくは家事を極めるぞ」に変わり、家事をしようとする妻に対して、夫が「あなたよりぼくの方が家事に向いているから、あなたは仕事に専念してほしい」と言ってしまう。

オ　「シニアはパソコンが苦手」という固定観念が、「高齢者はパソコンなど扱《あつか》わなくてよい」に変わり、パソコン業務の担当者となった六十代の社員に対し、若手社員が「これは分かりにくい作業なので、私がやっておきますね」と言ってしまう。

問四　――線(2)「その野良犬が飼い犬になってしまい」とありますが、「野良犬」が「飼い犬」になるとはどのようなことをたとえているのですか。二十六字以上三十五字以内で説明しなさい。

問五　――線(3)「最後に『その時間が、いつか宝物になる。』というコピーを入れてしまった」とありますが、このCMの何がいけなかったのですか。その説明として最もふさわしいものを次の中から一つ選び、記号で答えなさい。

ア　母親によるワンオペ育児の姿を描く一方で、父親が登場するシーンを少しも挟《はさ》まなかったことで、おむつのCMには女性を登場させるべきだというジェンダーバイアスに結果として同調してしまったこと。

イ　父親不在のワンオペ育児の現実を、従来のCMでは描かれてこなかった手法で描いたことで、女性にとって子育ては幸せに満ちた仕事であるというジェンダーバイアスを結果として否定してしまったこと。

ウ　男性不在のワンオペ育児の過酷《かこく》さに問題意識を持つことなく、それを賛美し肯定する表現をしたことで、家事や育児は女性がやっていればよいというジェンダーバイアスを結果として後押《あとお》ししてしまったこと。

エ　母親によるワンオペ育児を美化する一方で、産後女性の死亡原因について触《ふ》れなかったことで、男性よりも女性のほうが育児に向いているというジェンダーバイアスを結果として認めてしまったこと。

オ　女性によるワンオペ育児の問題点を、視聴者《しちょうしゃ》に理解してもらうことができなかったことで、女性だけが家事や育児を担当しなければならないというジェンダーバイアスを結果として助長してしまったこと。

問六　――線(4)「積極的にアンコンシャス・バイアスが入る可能性を排除する」とありますが、組織としてそれを実現するために必要となるのはどのようなことですか。七十一字以上八十字以内で説明しなさい。

問七　本文中で述べられた「アンコンシャス・バイアス（Unconscious Bias）」に関する説明としてふさわしくないものを次の中から一つ選び、記号で答えなさい。

ア　人の行動の九割以上は無意識によるものであるため、自分の持っているアンコンシャス・バイアスを意識的に完全に排除することはほとんど不可能である。

イ　アンコンシャス・バイアスは、自分たちとは異なる集団に属する様々な人の機会を奪うことがあり、それが積み重なることが、格差や階層を再生産する原因となっている。

ウ　アンコンシャス・バイアスとともにコンシャスなバイアスもあり、両者の境界を厳密に区別することが、自分が差別をしないで済むようになるために必要なことである。

エ　アンコンシャス・バイアスが顕在化され人々に共有されるようになると、社会的少数派を排除する方向に働くことがあり、それもインクルージョンの実現を阻む一因である。

オ　差別に反対する平等主義者ですらアンコンシャス・バイアスに影響されるため、自分は大丈夫と思わず、自分の持つ思い込みについて常に検証し続ける姿勢が必要だと言える。

（問題は次のページに続きます）

問八　――線(5)「ピアボーナス制度」とありますが、これについて気になったSさんは、インターネット上で【記事】を見つけ、その一部を抜粋《ばっすい》し、授業で発表しました。その後交わされた【会話】の X ～ Z について、後の【設問】（1）～（3）に答えなさい。

【記事】

ピアボーナスは、会社から従業員に報酬《ほうしゅう》を贈《おく》るのではなく従業員同士で報酬を贈り合える仕組みです。報酬といってもお金をやり取りするのではなく、アプリやシステム上で、感謝や評価のメッセージを添《そ》えてポイントを送り合います。貯《た》まったポイント（ボーナス）は、会社の用意した商品・特典と交換《こうかん》できたり、インセンティブ制度として毎月の給与《きゅうよ》とは別に支払《しはら》われます。

働き方改革の推進により、従業員を取り巻く環境や、従業員の持つ価値観は日々変化しています。そして変わりゆく環境に適応し、人材の定着・離職《りしょく》の防止を実現するために、企業には組織文化の醸成《じょうせい》が求められています。このような状況の中、企業が直面している組織改革や人材定着に効果がある施策《しさく》としてピアボーナスが注目を集めています。

Google は強いチームを作るために、ピアボーナスを導入しました。チームを強くするために重要なことは「心理的安全性が高いこと」であると、Google のピープルアナリティクスチームが「Project Aristotle」と名付けられたプロジェクト内で結論づけています。その「心理的安全性が高い状態（チーム内で自身をさらけ出し、思ったままに発言できる状態）」を作り出すために、Google では従業員同士がピアボーナスで承認しあっています。Google のピアボーナスは16，000円ほどの現金です。また、ピアボーナスの運用ルールも明確に決まっています。

Google のピアボーナスのルール例

・自分の直属の上司に対してピアボーナスを送ることはできない。
・上司は自分の部下にピアボーナスを送ることはできない。
・ある人にピアボーナスを送った場合、同じ人には6ヶ月間送れない。
・ピアボーナスをもらった人に対しては、6ヶ月間ピアボーナスは送れない。

（株式会社スタメンのHP《ホームページ》記事「ピアボーナス制度とは？　4つのメリット・2つのデメリット、企業の導入事例、ツールをご紹介《しょうかい》」による）

【会話】

Mさん：なるほど、ピアボーナス制度を導入すると、組織のメンバーは自分の言動によって[X]かもしれないと考えてびくびくすることが減りそうだね。それよりも、思い切って提案や批判をしたことで、上司や同僚、部下たちから[Y]が届くかもしれないわけだから、安心して自分らしく、組織への貢献《こうけん》につながる振《ふ》る舞《ま》いができるようになりそうだね。

Sさん：うん。それにGoogle社による実際の運用例も興味深いよ。[Z]。

Mさん：本当だ。これなら、ピアボーナス制度を意識しすぎるあまりかえって身動きがとれなくなってしまう、なんてこともなさそうだね。

【設問】

（1）[X]に入る語句を、本文13ページの中から五字で抜き出して答えなさい。

（2）[Y]に入る表現を、【記事】の文章中から十一字で抜き出して答えなさい。

（3）[Z]に入る表現として最もふさわしいものを次の中から一つ選び、記号で答えなさい。

ア　各自が送れるポイント（ボーナス）は月額16，000円と、かなり高額なんだ

イ　心理的安全性を高めるための方策を考えるプロジェクトを、わざわざ立ち上げたんだ

ウ　ポイント（ボーナス）を送れる相手を、自分と同等の役職にある従業員に限定しているんだ

エ　直接の上下関係にある人には互《たが》いにポイント（ボーナス）を送れないようにしているんだ

オ　ポイント（ボーナス）を一度送った人やもらった相手には、二度と送れないようにしているんだ

（問題は以上です）

算数　令和５年度　渋谷教育学園渋谷中学校入学試験問題　（50分）

注　解答はすべて解答用紙に記入すること。
定規，コンパスは使用しないこと。

1 次の問いに答えなさい。ただし，(6) は答えを求めるのに必要な式，考え方なども順序よくかきなさい。

(1) 次の □ にあてはまる数を答えなさい。

$$\left(1\frac{1}{7}-\square\right)\times 0.875=5\div\left\{19\times 4-10\div\left(\frac{1}{2}-\frac{1}{3}\right)\right\}$$

(2) 渋男さんは家を7時40分に出発して，自転車で時速12kmの速さでA駅に向かいました。A駅に到着した3分後に電車に乗ってB駅で降り，B駅から歩いて学校に向かい，8時16分に学校に到着しました。電車に乗っていた時間は，自転車に乗っていた時間の2倍で，歩いた時間の3倍でした。家からA駅までの距離は何mですか。

(3) 長方形のテープを端と端がぴったり重なるように，図のような形に折り曲げました。㋐の角の大きさは何度ですか。

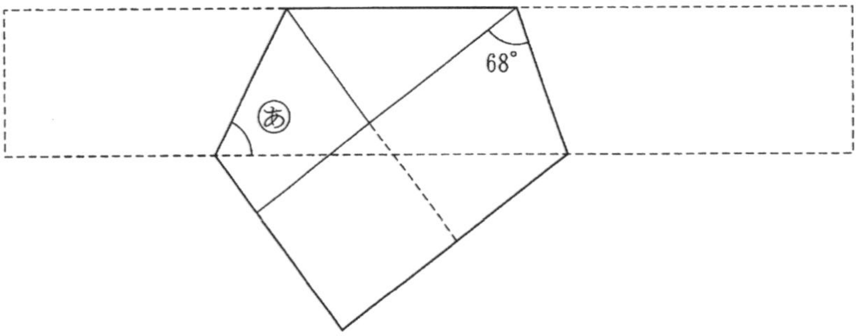

(4) 3種類の食塩水A，B，Cがあります。AとBを重さの比が1:2となるように混ぜると，濃さが6%の食塩水になります。BとCを重さの比が1:2となるように混ぜると，濃さが7%の食塩水になります。CとAを重さの比が1:2となるように混ぜると，濃さが10%の食塩水になります。同じ重さのAとBとCを混ぜると，濃さは何%になりますか。

1 は2ページに続きます。

(5) 下の図は，1辺の長さが5cmの正方形を底面とし，高さが15cmの直方体ABCD-EFGHです。点Iは辺BF上の点で，BIの長さが10cm，点Jは辺CG上の点で，CJの長さが7cmです。

3点D，I，Jを通る平面で直方体を切ったとき，点Gを含む立体の体積は何cm^3ですか。

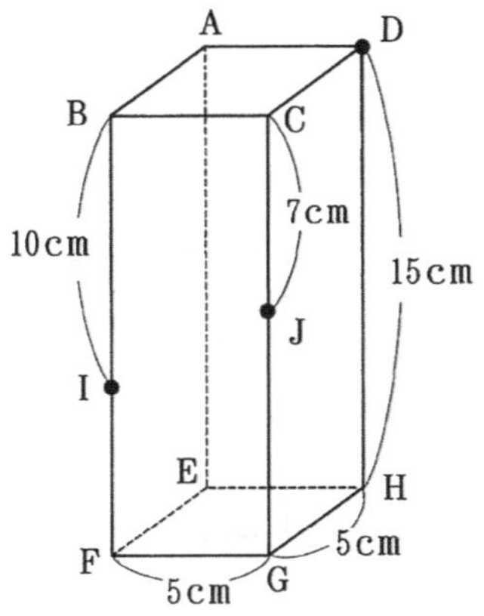

(6) ある整数Aを3回かけた数 A×A×A と 66×66×66＋88×88×88＋110×110×110 は等しくなります。整数Aを求めなさい。

2　2枚の板(あ)，(い)とスクリーンがあります。(あ)は縦の長さが10cm，横の長さが11cmの長方形で，(い)は1辺の長さが40cmの正方形で，スクリーンは縦の長さが1m，横の長さが5mの長方形です。図1のように，(あ)には点Aが，(い)には点Bが，スクリーンには点Cがあります。図2のように，平らな床の上の点Pに光源があり，直線PCの上に，点Aと点Bがくるように(あ)，(い)を置きます。スクリーンと(あ)と(い)は平らな床の上に垂直に立っていて，(あ)と(い)はそれぞれスクリーンと平行です。PCの長さは1m20cmです。光源から影をスクリーンにうつすとき，次の問いに答えなさい。

図1

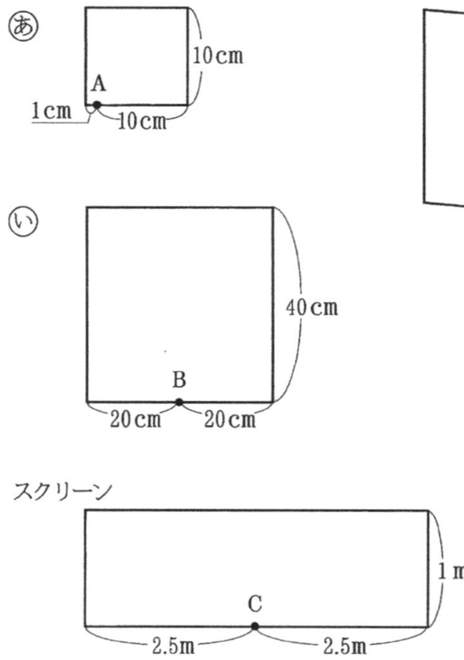

図2

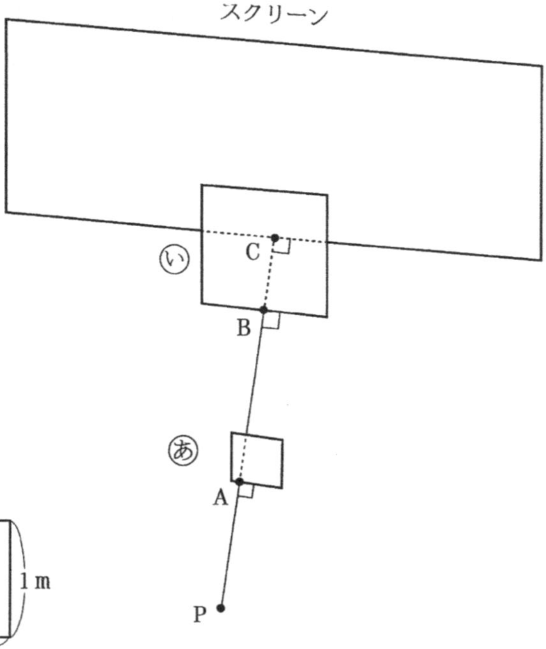

(1) PAの長さが40cmで，PBの長さが60cmのとき，2枚の板によってできるスクリーン上の影の面積は何cm^2ですか。

(2) PAの長さが40cmで，PBの長さが1mのとき，2枚の板によってできるスクリーン上の影の面積は何cm^2ですか。

(3) PBの長さが1mのとき，(あ)と(い)によってできるスクリーン上の影の面積は16932cm^2でした。このとき，(あ)の影はスクリーンの上からはみ出していました。このとき，PAの長さは何cmですか。

（計算用紙）

3

ジョーカーを除いた1組52枚のトランプがあります。ただし，Aは1，Jは11，Qは12，Kは13として考えます。
トランプを同時に3枚選び，数が小さい方から順に並べます。このとき，同じ数があった場合は，♤♡◇♧の順に並べます。次の問いに答えなさい。

(1) 3枚のカードにかかれた数がすべて同じである並べ方は何通りありますか。

(2) 3枚のカードにかかれた数がすべて異なり，同じマークで3つの数が連続する並べ方は何通りありますか。例えば，◇3，◇4，◇5や♤10，♤J，♤Qのような並べ方です。ただし，KとAは連続するとは考えません。

(3) 3枚のマークがすべて異なり，どの隣り合うカードにかかれた数も同じであるか連続する並べ方は何通りありますか。例えば，♡8，◇9，♧10や◇2，♧2，♤3のような並べ方です。ただし，KとAは連続するとは考えません。

（計算用紙）

4　図1のような階段の形をした器具Xがあります。図2はXを横から見た図です。Xはプラスチックでできており，中は空どうです。

図1

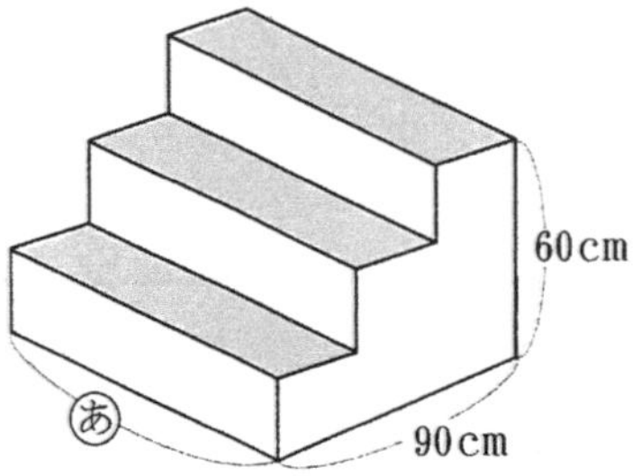

図2

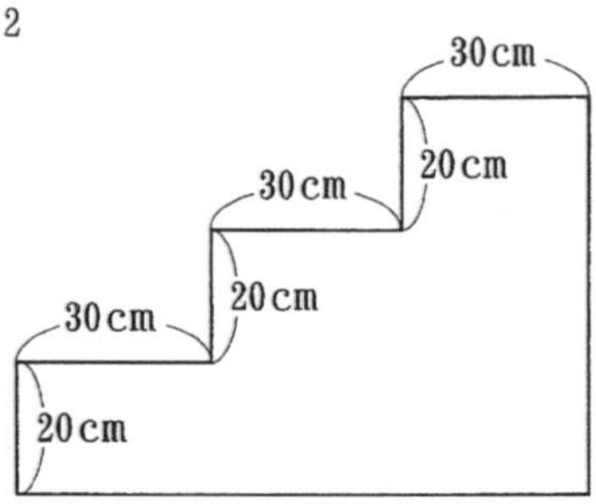

（辺と辺のなす角はすべて90°）

また，縦1m，横2.5m，深さ1mの直方体の形の水そうがあります。
図Aのように，空《から》の水そうの中にXが浮かないように底に固定し，毎分$0.02m^3$の水を入れていきます。
グラフAは，水を入れた時間と水そうの水面の高さとの関係を調べたものです。

図A

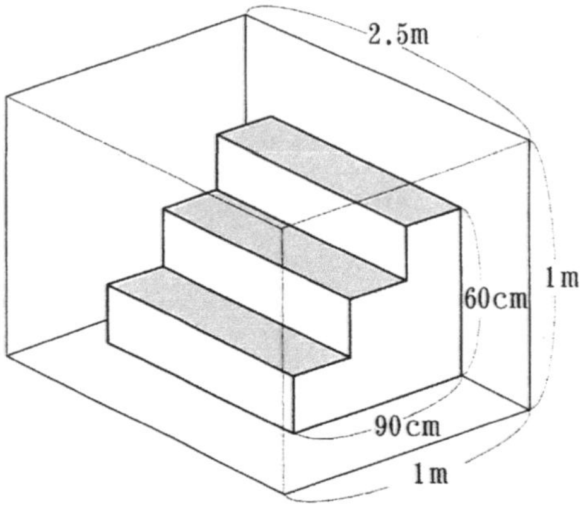

グラフA

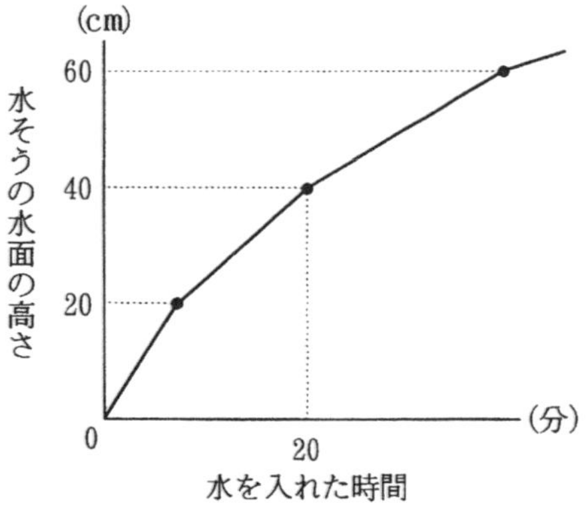

次の問いに答えなさい。ただし，答えを求めるのに必要な式，考え方なども順序よくかきなさい。

(1) 図1のあの長さは何mですか。

器具Xと同じ大きさ，形，材質の器具Yがあります。
Yは，図3のように面の1か所に穴があいています。
Yを，空の水そうの中に浮かないように底に固定して，毎分$0.02m^3$の水を入れていきます。
しばらくして，穴からYの中に一定の割合で水が入っていきました。この穴の大きさは考えないものとします。

図3

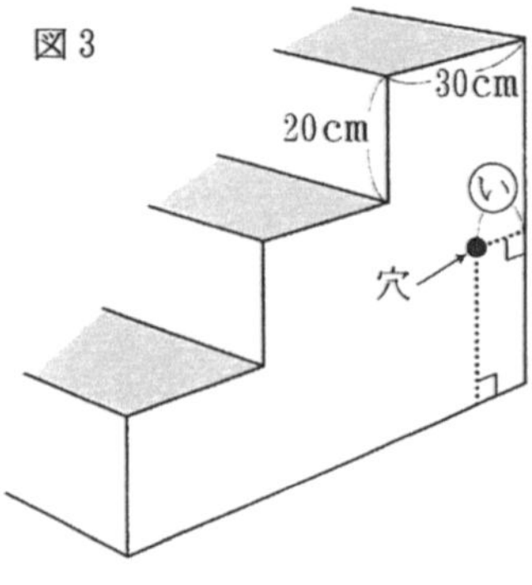

4 は8ページに続きます。

グラフBは，Yを図Bのように置いて，水を入れた時間と水そうの水面の高さとの関係を調べたものです。

図B

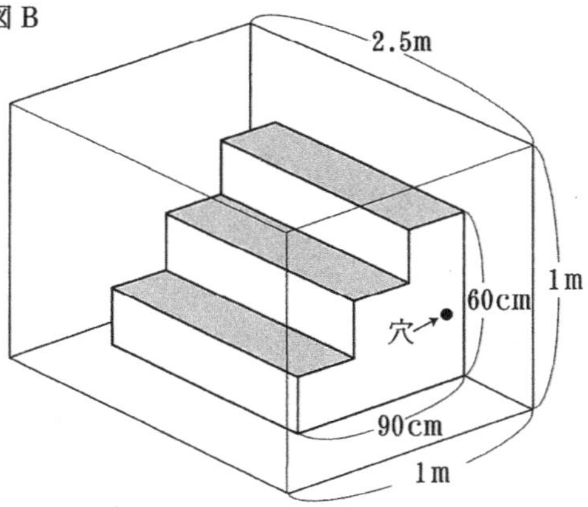

グラフB

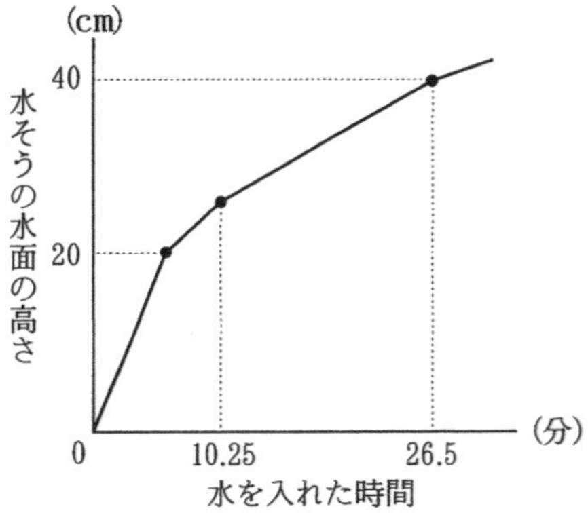

(2) Yの中に穴から入っていった水は毎分何 m^3 ですか。

Yを図Cのように置いて，水を入れた時間と水そうの水面の高さとの関係を調べたものがグラフCです。

図C

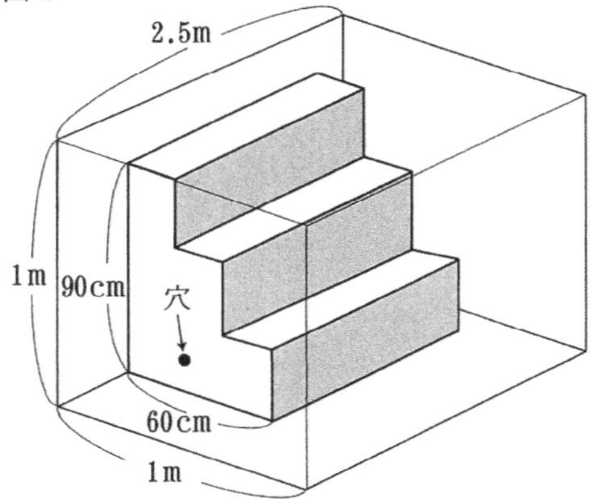

グラフC

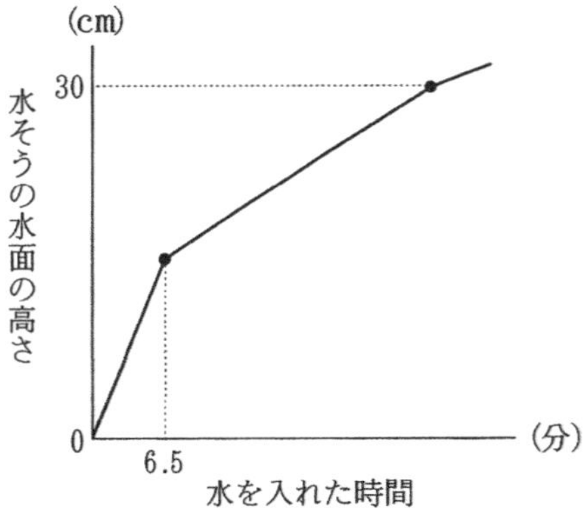

(3) 図3の(い)の長さは何cmですか。

〔問題は以上です。〕

（計算用紙）

理科　令和５年度　渋谷教育学園渋谷中学校入学試験問題　（30分）

注　答えはすべて解答用紙に記入しなさい。

1 次の会話文を読み、問いに答えなさい。

母：アイスクリーム買って来たわよ。最近は保冷剤《ざい》をつけるお店もあるけど、ドライアイスをつけてくれたわ。

子：やったあ。暖房《ぼう》のきいた部屋でアイスを食べるというのが冬はまたいいんだよね。ドライアイスって、二酸化炭素が固体になったものだよね。すごく冷たいでしょ。さわったら危ない？①冷凍《とう》庫から出した氷をさわったときみたいにくっついちゃうのかな。

母：確かドライアイスは－78℃くらいね。さわるとやけどをする危険があるから、つかむときは軍手をはめて扱《あつか》うなど注意が必要よ。

子：うわっ、こわいなあ。でも、気をつけて扱うから②コップに水とドライアイスを入れてみていい？面白くて見入っちゃうんだよね。

母：いいわよ。せっかくなら楽しんだ方がいいものね。ドライアイスは、③そのままの状態で置いておいたら、そのうちなくなってしまうのよ。

問１　下線部①について、冷凍庫から出した氷をさわると瞬《しゅん》間的に指がくっつくのはなぜですか。以下の文章中の（あ）（い）それぞれに、適切な文を５文字以上15文字以内で入れなさい。

冷凍庫から出したばかりの氷はとても低い温度で冷たいが、指で直接さわると、（　あ　）水になる。しかし氷がとても冷たいので（　い　）。この時、氷が接着剤のようなはたらきをして、指がくっついてしまうのである。

問２　下線部②について、コップに水とドライアイスを入れると、どのような様子が観察できますか。

問３　問２の様子はドライアイスが残っていてもしばらくすると見られなくなりますが、それはなぜか、理由を答えなさい。また、問２の様子を再び起こすにはどうすればよいですか。

問４　下線部③について、なくなってしまうとはどういうことか説明しなさい。

子：ドライアイスといえば理科の授業で、簡単な実験と水に関する調べ学習をしたよ。④２本のやわらかいペットボトルの１本には冷たい水を、もう１本にはあたたかいお湯を、それぞれ３分の２くらい入れて、残りの３分の１に二酸化炭素を満たして、ふたをしてよく振《ふ》ったんだ。

調べ学習のメモ

- 地球上の水の総量は、およそ14億立方キロメートル。そのうち、⑤約97.5%が海水で残りの約2.5%は淡《たん》水である。
- 淡水の大部分は南極の氷で、残りの淡水は地下水。全体のおよそ0.014%の量が淡水の液体の水として湖沼《こしょう》や河川など私たちのまわりにある。それを利用しながら私たちの生活が営まれ、私たち人間を含《ふく》む生き物の生命が維持《いじ》されている。
- 地球温暖化が進み海水温が上がると、大気中の二酸化炭素を吸収しにくくなる。
- 私たち人間のからだの約60%は水分である。
- 海水や淡水には酸素がとけていて、水中の生物に使われる。水中の酸素は水面からとけこむだけでなく、植物プランクトンの光合成からも供給される。
- 水１cm^3あたりの重さは温度によって変わり、一番重いのはおよそ４℃のときである。
- 水はあたたまりにくくさめにくい。

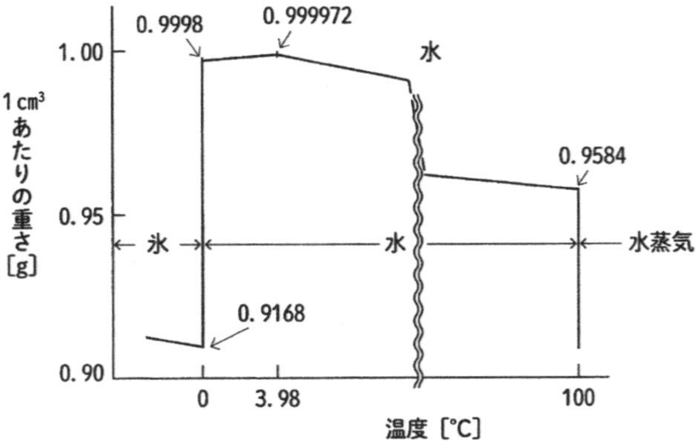

図　水１cm^3あたりの重さと温度の関係

母：それは簡単だけどいい実験ね。調べ学習も楽しそう。水は他の多くの一般的な物質と違《ちが》って、特徴《とくちょう》的な性質があるのよね。身近な水だからこそ、古来から⑥水にまつわる言い回しもたくさんあるのよ。「湯水のように～」なんて言い方もあるけど、生活用水として使える水はほとんどないとすると、きちんと節水を心掛《が》けながら大切な水を使わないとね。

新型コロナウイルスが出現してから３年になるけれど、ニュースで「感染者数は氷山の一角です」ということばをよく聞いたわね。ちょっと風邪《かぜ》っぽくても罹患《りかん》したかもしれない、と不安になったわ。

子：そうそう、運動した後や夏の暑い日って体もほてるから、熱があるんじゃないかって思ったことがあるよ。むしろ⑦たいして体温が上がらないのは不思議だね。

「氷山の一角」ということばはネットニュースで見て知ってるよ。これも水に関する言い回しかあ。物事のごく一部が外に現れていることのたとえでしょ。でも⑧外に現れているのってどれくらいの割合なんだろう。

母：それを考えるヒントになるのが「アルキメデスの原理」ね。

問５　下線部④について、どのようなことが観察されましたか。最も適切なものを次のア～エから１つ選び、記号で答えなさい。

ア　冷たい水を入れたペットボトルの方が、お湯を入れたペットボトルよりもへこむ。

イ　お湯を入れたペットボトルの方が、冷たい水を入れたペットボトルよりもへこむ。

ウ　どちらのペットボトルも同じくらいへこむ。

エ　どちらのペットボトルも変化は見られない。

問６　下線部⑤について、海水のままでは飲料として使えません。海水から淡水を取り出す方法を20字以内で答えなさい。

問７　氷の１cm^3の重さが1.00ｇ以上であったとした場合、現状と比べて自然界にどの様な変化が起こるかを考えてみます。実験や調べ学習を参考に、湖沼《こしょう》において最も**起こりそうにない**事柄を次のア～エから１つ選び、記号で答えなさい。

ア　湖沼の底に氷がたまっていくので、底に住む生物が繁殖《はんしょく》しにくくなる。

イ　水の温度が低くなるので二酸化炭素がとけにくくなり、光合成もおこりにくくなる。

ウ　冬に凍った氷は、春になってもとけにくくなる。

エ　湖沼全体が凍りやすくなる。

問８　下線部⑥について、「水」を使った言い回しを「水」という語を含め７文字以内で答えなさい。

問９　下線部⑦について、運動をすることで体内に大量の熱が発生しても私たちの体温が急上昇しない理由を、水の性質の観点から答えなさい。

問10　下線部⑧について、「アルキメデスの原理」とは、アルキメデスが発見した物理学の法則で、『液体中の物体は、その物体が押しのけている液体の重さと同じ大きさで上向きの浮《ふ》力を受ける』というものです。

(1)　次の文中の（　う　）（　え　）にあてはまる言葉の組み合わせを、【語群】ア～エから１つ選び、記号で答えなさい。

氷山の海面上に出ている部分の体積は、アルキメデスの原理で求められる。海水中の氷山は、その氷山自体が押《お》しのけている（　う　）の重さに等しい大きさの浮力をうけており、（　え　）の重さとこの浮力がつりあっている状態にある、と考えられる。

【語群】ア（う　海水　　え　海水）　　イ（う　氷山　　え　海水）
　　　　ウ（う　海水　　え　氷山）　　エ（う　氷山　　え　氷山）

(2)　グリーンランドの海に、海面上の体積が2023 m^3の氷山がある。海面下の氷山の体積を考えたい。ただし、1 cm^3の氷の重さは0.917 g、海水の重さは1.02 gとする。

このとき、

氷山の重さ［g］＝海面下の氷山の体積［cm^3］×（　お　）

と表される。

したがって、海面下の氷山の体積は氷山全体のおよそ（　か　）%となる。

（　お　）（　か　）に入る数値を小数第２位までで答えなさい。必要があれば小数第３位を四捨五入すること。

2 渋谷教育学園渋谷高等学校に通う姉と小学生の弟が会話をしています。以下の会話文〔Ⅰ〕、〔Ⅱ〕を読み、問1～4に答えなさい。

会話文〔Ⅰ〕

弟：ただいま～　今日は、クラスで新型コロナウイルス感染症《しょう》のクラスターが発生して、学級閉鎖《さ》になったよ。またしばらくオンライン授業だ…

姉：あら、だから早く帰ってきたのね。

弟：クラスターかクラスターじゃないかって、どのように判断しているのかなあ？

姉：厳密にクラスターか否かを判定するのは難しいね。厚生労働省によると、同一の場において、5人以上の感染者の接触《しょく》歴等が明らかとなっている状況を、「クラスター」と呼ぶそうだけど、これはある特定の人が、その場にいた周囲の人にウイルスをうつしあったと考えられるという間接的な証拠《こ》を集めているだけだから、本当にそうなのかは分からないよね。

弟：朝と夕方に満員電車に乗っているから、そこでうつっている可能性もあると思うんだけどなあ。

姉：その可能性はもちろん否定できないね。

弟：クラスターかどうかを厳密に調べる方法はないのかな？

姉：それぞれの感染者から検出されたウイルスのRNA（リボ核《かく》酸）の配列を調べれば、どの人がどの人に感染させた可能性があるのかが分かることがあるよ。

弟：RNA？　配列？　どういうこと？

姉：順番に説明していくね。まず、ウイルスは、図1のように自身の設計図を$_{(ア)}$RNAという物質として持っていて、それが$_{(イ)}$殻《から》に包まれているという構造をしているんだ。RNAは、アデノシン一《いち》リン酸（記号A）、グアノシン一リン酸（記号G）、ウリジン一リン酸（記号U）、シチジン一リン酸（記号C）という4種類の小さな物質がいくつも鎖状に連なった長い構造を持つ物質だ。この$_{(あ)(ウ)}$A、G、U、Cの4種類の物質の並べ方が、ウイルスの設計図の情報になっているんだね。

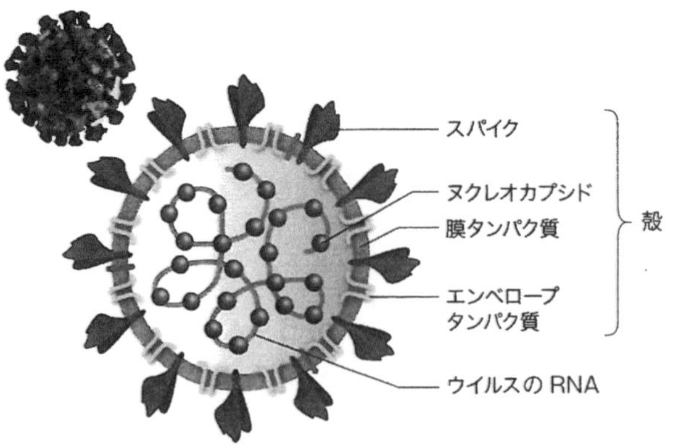

図1　コロナウイルスの構造

図1の引用元：http://www.jiu.ac.jp/academic-covid-19/detail/id=11298より改変

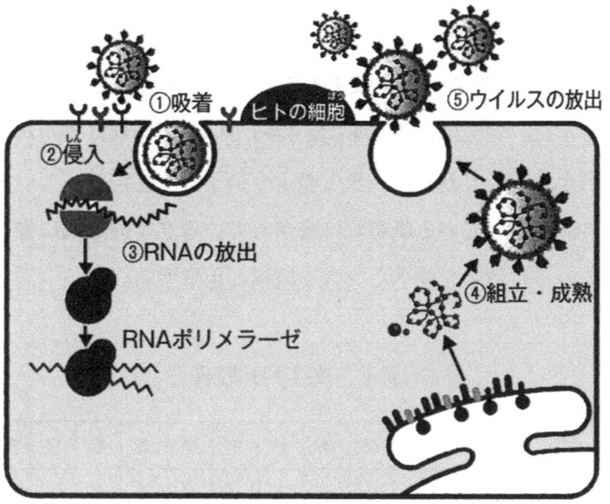

図2　コロナウイルス複製サイクル

図2の引用元：http://www.jiu.ac.jp/academic-covid-19/detail/id=11298より改変

姉：ウイルスがヒトなどの細胞《ぼう》に吸着し、侵《しん》入すると、図2のようにいくつかの過程を経て、ウイルスのRNAが複製（コピー）されるんだ。つまり、ウイルスがもともと持っているRNAのA、G、U、Cの並び方と同じ並び方を持った新しいRNAができるということだね。このRNAを複製する物質を(エ)「RNAポリメラーゼ」と言うよ。

そして、このRNAが殻に包まれて、複製されたウイルスができあがるんだ。

弟：そんな仕組みになっているんだね。面白い！　でも、新型コロナウイルスの感染者から検出されたウイルスのRNAの配列を調べて、なぜ感染経路がたどれる可能性があるの？

姉：それは、RNAポリメラーゼが、ある一定の確率で間違えてしまうからなんだ。

弟：どういうこと？

姉：すこし難しいから、「伝言ゲーム」にたとえて考えてみよう。伝言と言っても、文字で伝える伝言ゲーム。ここに、「渋谷教育学園渋谷中学高等学校」と書かれた紙きれが封筒《ふうとう》に入っている。ある子どもが、この文字列を別の子どもに伝えるということを考える。そして、その子どもが今度はまたさらに別の子どもにこの文字列を伝える。この子どもたちは小学校低学年で、まだ習っていない漢字もあるから、伝えられた漢字を書き写すときに漢字を別の漢字に間違えてしまったり、分からない漢字を抜かして書いてしまったりしてしまうんだ。

弟：書き写すときに新たな漢字を挿《そう》入することはないということだね。具体的な事例を考えてみたいな。

姉：そうね。子ども①が「渋谷教育学園渋谷中学高等学校」と書かれた紙きれを封筒の中に持っていて、その紙きれを子ども②、③に見せる。子ども②はその紙きれを見て書き写すが、間違えて「渋谷教育学円渋谷中学高等学校」と書いてしまう。子ども③も、子ども①の紙切れを書き写すが、「教」という漢字が分からずに抜かして書いてしまい、「渋谷育学園渋谷中学高等学校」と書いてしまう。つまり、こういうことね。

	持っている紙切れに書かれている文字列
子ども①	渋谷教育学園渋谷中学高等学校
子ども②	渋谷教育学円渋谷中学高等学校
子ども③	渋谷育学園渋谷中学高等学校

弟：それぞれ、間違《ちが》いは間違いだけど、子ども②、子ども③のどちらが間違いの程度が大きいのだろう？

姉：「アラインメント」（文字列を並べて比較《かく》すること）という方法を用いれば、「似ている度合い」を調べることができるんだ。例えば、子ども①が持っている紙切れに書かれている文字列と、子ども②が書き写した文字列を比較してみるね。表１のように子ども①が持っている紙切れに書かれている文字列を横に、子ども②が持っている紙切れに書かれている文字列を縦に書いてみる。そして、このように１ずつ減らしていった数字を並べたマスを縦横に用意する。

表１　文字列比較表

		渋	谷	教	育	学	園	渋	谷	中	学	高	等	学	校
	15	14	13	12	11	10	9	8	7	6	5	4	3	2	1
渋	14	A													
谷	13														
教	12														
育	11														
学	10														
円	9														
渋	8														
谷	7														
中	6														
学	5														
高	4														
等	3														
学	2														
校	1														

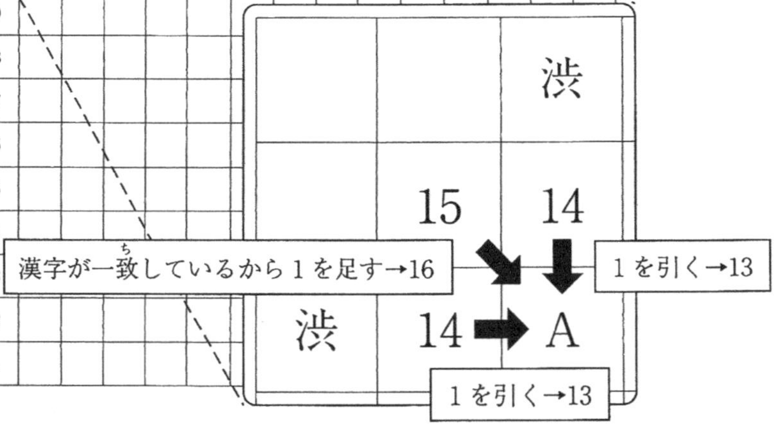

姉：まず、Aと書いてあるマスに埋《う》める数字を考えてみよう。Aの数字は、上、左、左上の３つの数から、次のようなルールで比較をして決める。まず、Aの上のマス(14)から、Aのマスに下ろしたとき、「１」を引くんだ。つまり、「13」だね。同様に、Aの左のマス(14)から、Aのマスに移動するときも「１」を引くんだ。これも、「13」だね。Aの左上のマス(15)からAのマスに斜《なな》めに下ろすとき、Aのマスの左の漢字と、Aのマスの上の漢字が、一致《ち》しているか異なるかを確認する必要がある。一致している場合、１を足すルール、一致していない場合は、何も足したり引いたりしない。今回は、「渋」と「渋」で一致しているから、１を足して、「16」だね。このとき、上からの「13」、左からの「13」、左上から計算した「16」を比較して、もっとも大きな数字が、Aのマスに当てはまる数字なんだ。この16は左上から計算した数字だから、左上から右下への矢印だけ残しておこう。もし複数の方向から計算した数字が同じ数字で最大であれば、矢印は複数残しておいても良い。

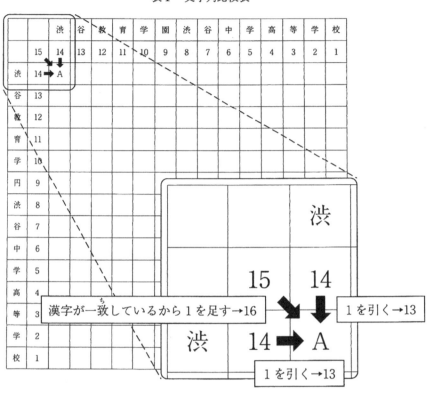

姉：この作業をすべてのマスについて繰《く》り返すと、表２のようになるね。

表２　子ども①、子ども②の文字列の比較

		渋	谷	教	育	学	園	渋	谷	中	学	高	等	学	校
	15	14	13	12	11	10	9	8	7	6	5	4	3	2	1
渋	14	16	15	14	13	12	11	10	9	8	7	6	5	4	3
谷	13	15	17	16	15	14	13	12	11	10	9	8	7	6	5
教	12	14	16	18	17	16	15	14	13	12	11	10	9	8	7
育	11	13	15	17	19	18	17	16	15	14	13	12	11	10	9
学	10	12	14	16	18	20	19	18	17	16	15	14	13	12	11
円	9	11	13	15	17	19	20	19	18	17	16	15	14	13	12
渋	8	10	12	14	16	18	19	21	20	19	18	17	16	15	14
谷	7	9	11	13	15	17	18	20	22	21	20	19	18	17	16
中	6	8	10	12	14	16	17	19	21	23	22	21	20	19	18
学	5	7	9	11	13	15	16	18	20	22	24	23	22	21	20
高	4	6	8	10	12	14	15	17	19	21	23	25	24	23	22
等	3	5	7	9	11	13	14	16	18	20	22	24	26	25	24
学	2	4	6	8	10	12	13	15	17	19	21	23	25	27	26
校	1	3	5	7	9	11	12	14	16	18	20	22	24	26	28

姉：ここで、一番右下の数字が「似ている度合い」をあらわす数字になる。子ども①が持っている紙切れに書かれている文字列と、子ども②が持っている紙切れに書かれている文字列の「似ている度合い」は「28」であることが分かった。(い)同じようにして、子ども①と③、子ども②と③の文字列を比較してみて、「似ている度合い」を計算してみよう。

表3　子ども①、子ども③の文字列の比較《かく》

		渋	谷	教	育	学	園	渋	谷	中	学	高	等	学	校
	15	14	13	12	11	10	9	8	7	6	5	4	3	2	1
渋	14														
谷	13														
育	12														
学	11														
園	10														
渋	9														
谷	8														
中	7														
学	6														
高	5														
等	4														
学	3														
校	2														

表4　子ども②、子ども③の文字列の比較

		渋	谷	教	育	学	円	渋	谷	中	学	高	等	学	校
	15	14	13	12	11	10	9	8	7	6	5	4	3	2	1
渋	14														
谷	13														
育	12														
学	11														
園	10														
渋	9														
谷	8														
中	7														
学	6														
高	5														
等	4														
学	3														
校	2														

弟：子ども①と②の持っている文字列の似ている度合いが最も大きく、その次に子ども①と③が大きいね。一方で、子ども②と③の持っている文字列の似ている度合いはもっとも小さい。

姉：そのとおり！　だから、子ども②と③どうしで紙切れを見せあった可能性は最も低いことが分かる。もし、どの子どもがどの子どもに紙切れを見せたのかが分からなかったとしても、結果として持っている文字列を比較して、似ている度合いを計算することで、どの子どもがどの子どもに紙切れを見せたのかを推定することができるんだ。

問1　下線部（あ）に関して、A、G、U、Cの４種類の物質を３つ並べる並べ方は64通りです。それでは、A、G、U、Cの４種類の物質を６つ並べる並べ方は何通りですか。整数で答えなさい。

問2　6ページの波線部「紙きれ」「封筒《ふうとう》」「子ども」「文字列」は、それぞれ下線部（ア）～（エ）のどれをたとえたものであると考えられますか。（ア）～（エ）の記号で答えなさい。

問3　下線部（い）について、子ども①と③（表3）、子ども②と③（表4）の「似ている度合い」をそれぞれ計算して整数で答えなさい。

問題は次のページに続きます。

会話文〔Ⅱ〕

姉：それではさらに、子どもを増やして実験してみることを考えよう。図3のように、体育館に31人の子どもが等間隔《かく》に整列している。31人の子どもは先ほどと同様、封筒《ふうとう》に入った紙切れを見せて書き写すという伝言ゲームをした。中心にいる子どもⒶが「渋谷教育学園渋谷中学高等学校」と書かれた紙切れを持っており、Ⓐは周りの子どもⒷ、Ⓒ、Ⓓ、Ⓔ、Ⓕ、Ⓖの6人に伝言している。その後の伝言は、点線で結ばれた子ども同士でしか行われない。そして、子どもⒽは子どもⒷと子どもⒸのどちらからも紙切れを見せてもらえることができるが、実際には子どもⒷと子どもⒸのどちらか一方からしか紙切れを見せてもらっていない。伝言は**最大3回まで行われ**、伝言ゲーム終了後にそれぞれの子どもが封筒の中に持っていた紙切れの文字列は、図3の通り。

弟：状況《きょう》は分かったよ。

姉：それでは、(う)この伝言ゲーム終了後にそれぞれの子どもが封筒の中に持っていた紙切れの文字列を見て、どの子どもがどの子どもに伝言したかを推定することはできる？

問４　下線部（う）について、図３中のⓌ、Ⓨ、Ⓩの子どもは、どの子どもから伝言を受けた可能性が最も高いと考えられますか。Ⓐから順番にたどって、１番目、２番目に伝言を受けた子どもを答えなさい。ただし、文字列比較《かく》表における「似ている度合い」を解答する必要はない。

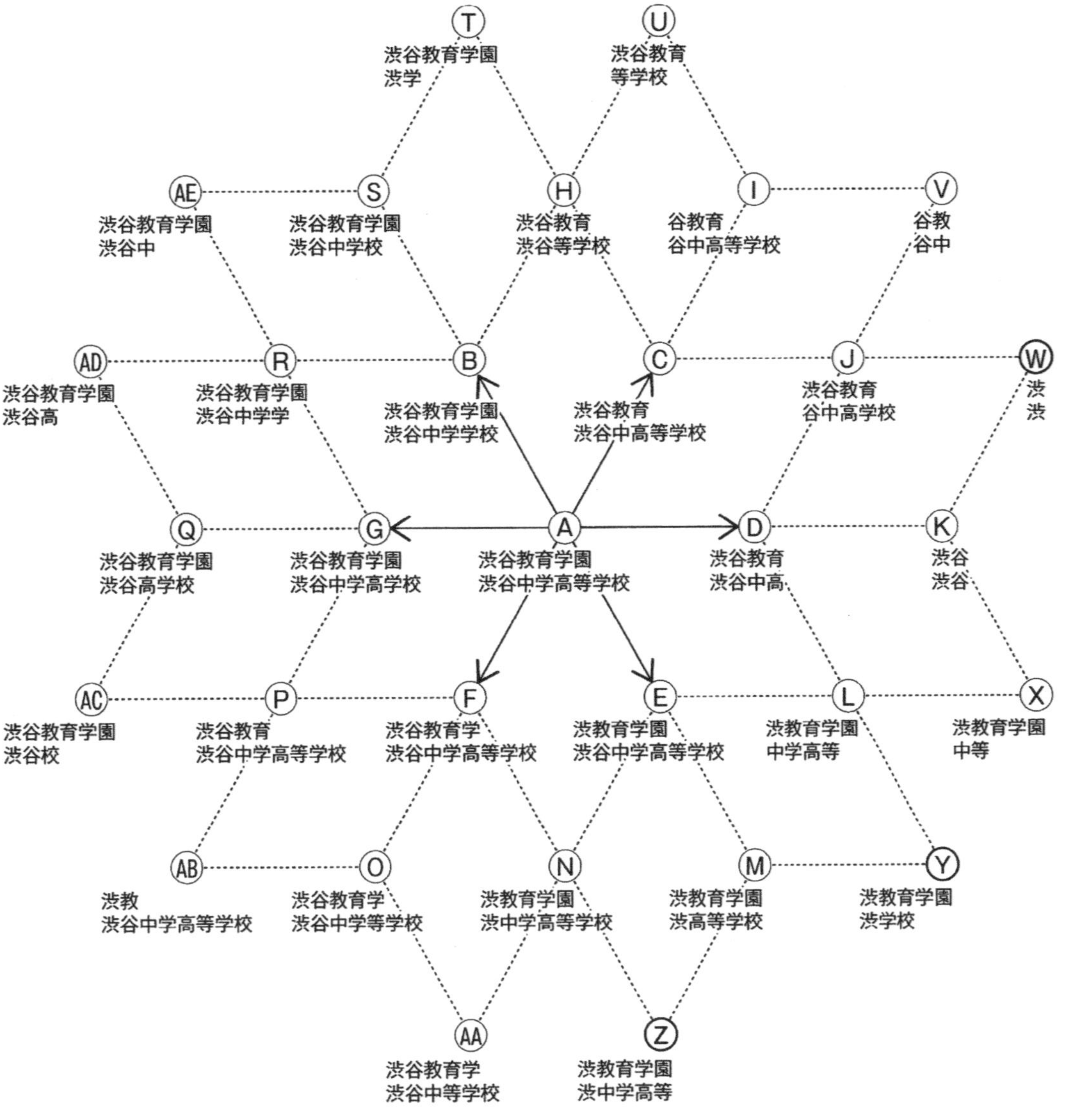

図３　体育館に整列している子どもの並び順と、ゲーム終了後にそれぞれの子どもが持っている文字列

問題は以上です。

社会　令和５年度　渋谷教育学園渋谷中学校入学試験問題　(30分)

注
・答えはすべて解答らんにおさまるように記入して下さい。
・字数の指定がある問題については、次の①と②に注意して下さい。
①句点（「。」）や読点（「、」）は、それぞれ１字として数えます。
②算用数字を用いる場合は、数字のみ１マスに２字書くことができます。
例１）「２０２３年」と書く場合 | 20 | 23 | 年 |
例２）「３６５日」と書く場合 | 36 | 5 | 日 | または | 3 | 65 | 日 |

1

「なら歴史芸術文化村」HPより

上の図は2022年３月に開村された「なら歴史芸術文化村」という文化施設です。従来の単に見学するだけに終わらせず、専門家や他の参加者と対話しながら、五感で感じることによって「なぜ？」という新たな問いを生み出すことを大切に、知を探求していく楽しさを提供することをコンセプトに設立されました。特に文化財の修復現場を公開するという試みは、日本初のもので大きな話題となっています。

渋谷教育学園渋谷中学・高等学校では、開村前からこの施設で行われるイベントへのアイディアを提供してきました。また奈良の地は中学３年生の時に、「宿泊研修」として訪れる場所でもあります。

そもそも伝統というものは、習慣とは違って、見つけ出そうという努力をしなければ、存在しないものです。伝統と創造、復元と再生について、考えてみる機会があるといいと思います。

奈良や伝統や復元に関する以下の問いに答えなさい。

問１　現在の奈良県がある近畿地方には、邪馬台国が存在したのではないか、という説があります。次の設問に答えなさい。

(1)　渋谷君は、邪馬台国の場所については特定されておらず、学説も畿内説と九州説があることを知り、それぞれの根拠について調べることにしました。

次の資料１は、「魏志倭人伝」に書かれている内容を図で示したものです。これにしたがうと、邪馬台国は、太平洋上にあったことになり、畿内説も九州説も主張することはできません。邪馬台国が日本に存在したと主張するには、「魏志倭人伝」のどこかが間違えていることになります。資料２はこれらの情報を地図に示したものです。

それでは、畿内説と九州説を主張する場合には、「魏志倭人伝」の文章のどの要素が間違っているというのでしょうか。資料１、２を参考にしながら、文中（　X　）・（　Y　）にあてはまる言葉をそれぞれ４字以内で答えなさい。ただし解答は平仮名でもよい。

なお、奴国までは渋谷君は矛盾を感じませんでした。

資料１

帯方郡
南や東に7000余里行く
狗邪韓国
南（？）に1000余里行く
対馬国
（現在の長崎県対馬）
南に1000余里行く
一支国
（現在の長崎県壱岐）
南に1000余里行く
末盧国
（現在の長崎県松浦附近）
東南に500里行く
伊都国
（現在の福岡県糸島附近）
東南に100里行く
（現在の福岡県博多附近）
奴国
東に100里行く
不弥国
南に船で20日間行く
投馬国
南に船で10日間、陸を一月間行く
邪馬台国

資料２

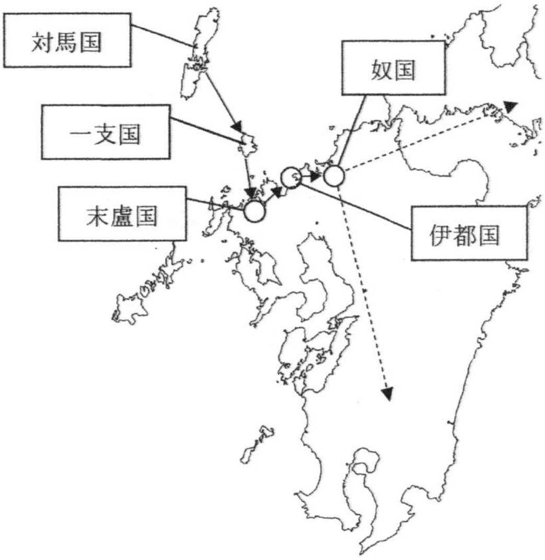

畿内説であれば（　X　）が正しく、（　Y　）が間違っていると思われ、九州説であれば（　Y　）が正しく、（　X　）が間違っていると思われる。

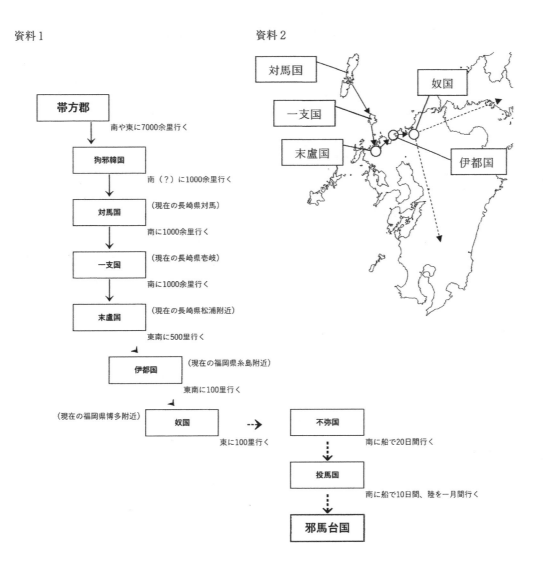

(2)　渋谷君は、畿内説と九州説の根拠を、文字による資料と出土した資料から整理することにしました。表の①～⑥にあてはまるものを、以下のア～エの文章からそれぞれ一つずつ選び、記号で答えなさい。あてはまるものがない場合は×をつけること。

ただし、ア～エの文章自体は、正しいものとして答えなさい。

	畿内説	九州説	どちらともいえない
文字による資料だけの推測	①	②	③
文字による資料と出土した資料をあわせての推測	④	⑤	⑥

ア.「魏志倭人伝」には、「魏の皇帝は景初２年（238年）に卑弥呼に銅鏡100枚を贈った」という記述があるが、魏の年代を刻んだ銅鏡が全国から10枚、畿内から５枚出土している。ただ、その中には景初４年という実在しない年号を書いているものもある。また三角縁神獣鏡という銅鏡は、日本全土から400～500枚ほど出土しているが、中国からは全く出土していない。

イ.「魏志倭人伝」には、「宮室や物見やぐら、城柵があり、武装した兵士が守っている」という記述があるが、弥生時代後期の大規模な環濠集落である吉野ケ里遺跡からは、壕の内外で木柵、土塁、逆茂木といった敵の侵入を防ぐものが出土し、物見やぐらが複数設置されていたことがわかる。

ウ.「魏志倭人伝」には、卑弥呼がなくなった後、倭国が大乱になったとあるが、その記述は「古事記」にはない。また「古事記」には、女性で政治的に活躍した人物は神功皇后しかいないが、彼女は４世紀の人であるし、「古事記」には魏に使いをおくったという記述はない。

エ.「魏志倭人伝」の文章にある「邪馬台国」は「やまと」と読める。また「隋書」では、聖徳太子が遣隋使を送ったときに、倭国の都の位置を邪靡堆（やまと）と書き、「魏志倭人伝でいう邪馬臺（やまと）なるものなり」と断定している。

問２　奈良にある東大寺は何度も自然災害や戦災にあいましたが、そのたびに再建され現在に至っています。次の設問に答えなさい。

(1)　東大寺の大部分は、1181年に焼き討ちにあい焼失しましたが、1195年に大仏殿が再建されました。その完成を祝う式典に、関東の最高権力者が参列しています。この人物は誰か、答えなさい。

(2)　東大寺南大門は、962年に台風で倒壊しましたが、1199年に再建され、金剛力士像が納められました。平成元年（1989年）に金剛力士像が解体･修理されたときに、複数の仏師がかかわっていたことがわかりました。この金剛力士像の制作を指揮した人物は誰か、一人答えなさい。

問３　奈良県南部では林業がさかんです。次の表は、県内に林業がさかんな地域がある秋田県、静岡県、長野県、奈良県における65歳以上人口の割合、第２次産業人口の割合、平均通勤･通学時間、ゴルフ場の数、重要文化財の数を示したものです。秋田県と静岡県に当てはまるものを、表中ア～エの中からそれぞれ一つずつ選び、記号で答えなさい。

	65歳以上人口の割合（2019年）	第２次産業人口の割合（2017年）	平均通勤・通学時間（2016年）	ゴルフ場の数（2021年）	重要文化財の数（2022年）
ア	31.3%	23.1%	37分	33	1328
イ	31.9%	28.7%	26分	70	190
ウ	37.2%	25.5%	22分	15	41
エ	29.9%	33.4%	28分	88	224

『データでみる県勢2022』、平成28年社会生活基本調査、文化庁資料より作成

問4　東大寺にある正倉院には正倉院文書と呼ばれるものが納められています。その中には奈良時代に用いられた紙を再利用したものが残されています。文書を残そうとした側としては、後から書いた内容の方が大切なのですが、先に書かれていた文章も今となっては貴重なものです。

それでは、先に書かれていた文章の内容として**誤っているもの**を、次のア～エの中から一つ選び、記号で答えなさい。

ア．守護の横暴なふるまいに対する訴え

イ．保存期間をすぎたある村の戸籍

ウ．万葉仮名で書かれた和歌

エ．お経を写す役人が書いた落書き

問5　平治物語絵巻は、平治の乱について書かれた「平治物語」を絵巻化したものです。下の絵はその中の「六波羅合戦図」です。この絵はその一部が切り取られ、その断片14片が発見されましたが、転売が繰り返されました。残された白黒の模写をもとに修復作業が行われ、甲冑の組紐から当時の色合いを復元していくことができました。

この乱をおさめて権力をにぎった人物の行ったことで正しいものを、次のア～エの中から一つ選び、記号で答えなさい。正しいものがない場合はオと答えなさい。

ア．外国と貿易を行い、経済的な基盤をつくった。

イ．３代にわたり繁栄したが、源氏と対立して滅んだ。

ウ．西国の水軍と組んで、皇室に反乱を起こした。

エ．六波羅を制圧して、鎌倉と対立した。

問6　煤竹（すすだけ）とは、古い茅葺屋根の屋根裏や天井からとれる竹建材のことを言います。囲炉裏の煙でいぶされて独特な風合いを持ち、茶道具や花生けに使われます。現在、維持できなくなった古民家から出る煤竹は、非常に貴重なものとなっています。

以下の文章にあてはまる、茶人としても知られる人物の名前を答えなさい。

大名の14番目の男子として生まれたため、32歳まで不遇の生活を送る。この間、学芸全般に親しみ、特に熱心に茶道を学んで茶人として大成する。跡継ぎの兄と藩主が相次いで病死したため大名となり、後に幕府の政治の中心的な役割を果たした。困難な政局と外交を強権によって対処したため、反発を買い江戸城に登る際に暗殺された。

問題は次のページに続きます

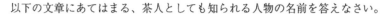

問7　名護屋城は豊臣秀吉がある目的をもって、佐賀県につくった城です。その後に壊されましたが、その建材は唐津城に再利用され、大手門は仙台城へ移築され、石垣は名古屋城に使用されたと伝わっています。次の設問に答えなさい。

仙台城大手門
仙台城は伊達政宗が1601年に築城。
大手門と脇櫓は国宝に指定されたが、1945年の仙台空襲で焼失した。
仙台市は政宗没後400年である2036年を目標に大手門の再建を目指す方針とのこと。

「政宗公　ワールドプロジェクト」HPより（写真は空襲で焼ける前の仙台城）

(1)　豊臣秀吉がこの目的をとげるために行ったことを漢字4字で答えなさい。

(2)　次の【図】は、関ケ原の戦いの直前の大名配置を表したものです。
豊臣秀吉が【図】のように大名を配置した意図を60字以内で答えなさい。

【図】関ヶ原の戦いの直前の大名配置

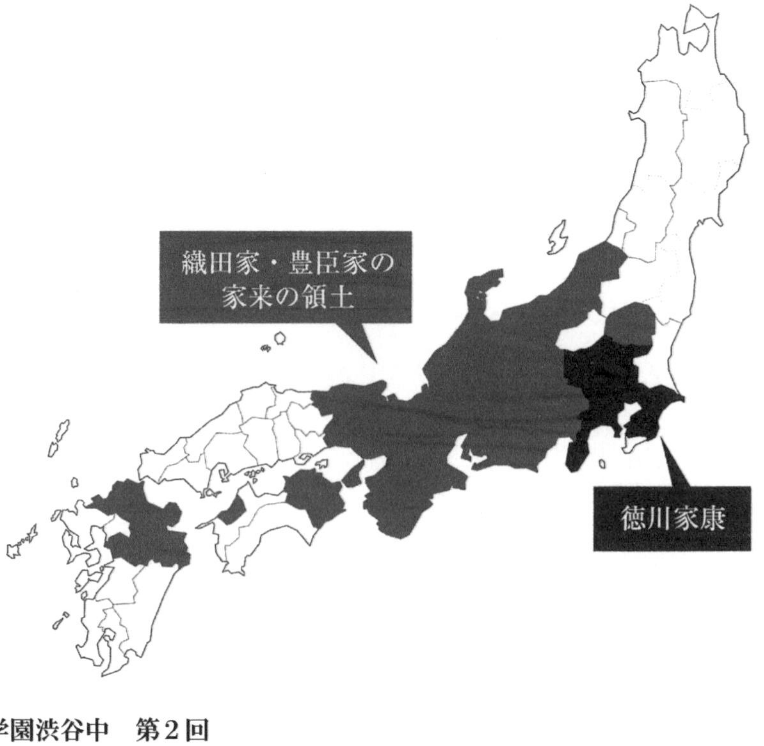

問８　熊本城は2016年に起こった熊本地震で大変な被害をうけましたが、2037年の全面復旧にむけて努力が続いています。

熊本城は、築城の名手である加藤清正が建てた城郭として有名ですが、彼の存命中には実際の戦闘は起きませんでした。しかし明治時代に起きた戦乱で、彼の力量が再確認されました。1877年に起きた日本最後の内戦の名称を答えなさい。

問題は次のページに続きます。

問９　現在では衣服のリサイクルの必要性がよく言われます。江戸時代の越後屋は呉服店として知られましたが、創業者の三井高利の母は非常に倹約家で、捨てられた草鞋を壁に使い、底の抜けたすり鉢を樋の受け筒にした、と言われます。このような倹約により越後屋の発展の基礎を築いたとされます。

江戸時代の町人の文化や生活について、**誤っているもの**を、次のア～エの中から一つ選び、記号で答えなさい。誤っているものがない場合はオと答えなさい。

ア．連歌から発展した俳諧が広がり、川柳・狂歌も親しまれた。

イ．歌舞伎が人気となり、江戸や大坂で名優が活躍した。

ウ．「ものぐさ太郎」「浦島太郎」などの物語がつくられた。

エ．都市が拡大したために、水の確保が必要となり、上水道がつくられた。

問10　明治時代は、日本の文化財が見直された時代でした。文化財の修復も重要視され、1898年には、岡倉天心が美術院国宝修理所のもととなる組織をつくっています。次のⅠ～Ⅲは明治時代のできごとです。古い順に並べ替えたものとして、正しいものを、次のア～カの中から一つ選び、記号で答えなさい。

Ⅰ．イギリスとの交渉で、治外法権（領事裁判権）が撤廃された。

Ⅱ．与謝野晶子が「君死にたまふことなかれ」を発表した。

Ⅲ．憲法に基づいて、第一回帝国議会が開かれた。

ア．Ⅰ→Ⅱ→Ⅲ　　イ．Ⅰ→Ⅲ→Ⅱ　　ウ．Ⅱ→Ⅰ→Ⅲ

エ．Ⅱ→Ⅲ→Ⅰ　　オ．Ⅲ→Ⅰ→Ⅱ　　カ．Ⅲ→Ⅱ→Ⅰ

令和五年度

230210

国語解答用紙

渋谷教育学園渋谷中学校

※らんには記入しないこと

↓ここにシールを貼ってください↓

受験番号
番

氏名

合計得点
※
※100点満点 （配点非公表）

一

問一

①　ば

②

③

④　まって

※

問二

問三

問四

※

問五

75

76

85

※

↓ここにシールを貼ってください↓

※100点満点
（配点非公表）

230220

番	氏名

4

(1) 式・考え方

答え　　　　m

(2) 式・考え方

答え　毎分　　　　m^3

(3) 式・考え方

答え　　　　cm

問9					
問10	(1)				
	(2)	お		か	

2

問1	通り							
問2	紙切れ		封《ふう》 筒《とう》		子ども		文字列	
問3	子ども①と③		子ども②と③					
問4	Ⓐ → → → Ⓦ							
	Ⓐ → → → Ⓨ							
	Ⓐ → → → Ⓩ							

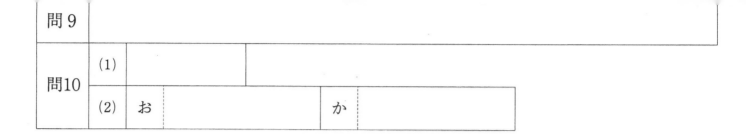

問12	(1)	年　月　日	(2)		
問13					
問14	(1)				
	(2)	a）	ア　　イ　　ウ		
		b）			
	(3)	沖縄県		北海道	

2

問1	あ		い			
問2	（庁）					
問3	X		Y	（%）		
問4		問5		問6		

230230

↓ここにシールを貼ってください↓

※50点満点
（配点非公表）

令和５年度　社会解答用紙　渋谷教育学園渋谷中学校

受験番号						番	氏名	

1

問１	(1)	X		Y	
	(2)		畿内説	九州説	どちらともいえない
		文字による資料だけの推測	①	②	③
		文字による資料と出土した資料をあわせての推測	④	⑤	⑥
問２	(1)		(2)		
問３	秋田県		静岡県		
問４		問５		問６	
問７	(1)				
	(2)				

【解答

230240

↓ここにシールを貼ってください↓

※50点満点
（配点非公表）

令和５年度　**理科解答用紙**　渋谷教育学園渋谷中学校

受験番号						番	氏名	

1

問１	あ	（15マス：5, 10, 15）
	い	（15マス：5, 10, 15）
問２		
問３	理由	
	再び起こすには	
問４		
問５		
問６		（20マス：5, 10, 15, 20）

令和５年度　**算数解答用紙**　渋谷教育学園渋谷中学校

1

(1)		(2)	m	(3)	度
(4)	%	(5)	cm^3		
(6)	式・考え方 答え				

2

(1)	cm^2	(2)	cm^2	(3)	cm

3

(1)	通り	(2)	通り	(3)	通り

二

問一
①
②
③

問二

問三

問四
25
26
35

問五

問六
70
71
80

問七

問八
①
②
③

※ ※ ※ ※ ※ ※ ※

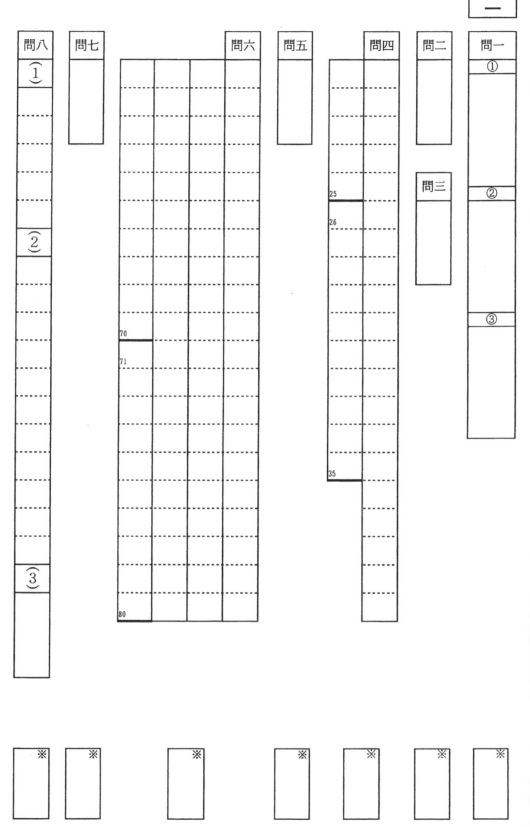

問11　関東大震災は大正時代に起こり、多大な被害を与えました。次の写真は、震災直後の鎌倉の鶴岡八幡宮です。現在の鶴岡八幡宮は再建されたものです。

大正時代についての文章として**誤っているもの**を、次のア～エの中から一つ選び、記号で答えなさい。

『図説　鎌倉年表』

ア．世界大戦に参加して日本の地位は上がり、国際連盟に加入した。

イ．動力源が石炭から石油にかわり、農業国から工業国へと転換した。

ウ．サラリーマンが現れ、バスガールやタイピストなどの職業婦人が登場した。

エ．全国水平社が結成され、きびしい差別に反対する運動が起きた。

問12　第二次世界大戦は、多くの文化財を失わせました。次の設問に答えなさい。

(1)　ヨーロッパの復元が破壊された都市の復元を基本とする一方、広島の復興は整然としたモダン都市への再生を図りました。その象徴が広島平和記念公園です。原爆で壊滅した中島地区を整地して作られました。

広島に原爆が投下された年月日を、西暦は使わず元号を用いて答えなさい。

(2)　第二次世界大戦で名古屋城、和歌山城は焼失しました。名古屋城、和歌山城は徳川家の御三家の城として知られていますが、もう一つの御三家の所在地を、地図の中のア～エから選び、記号で答えなさい。

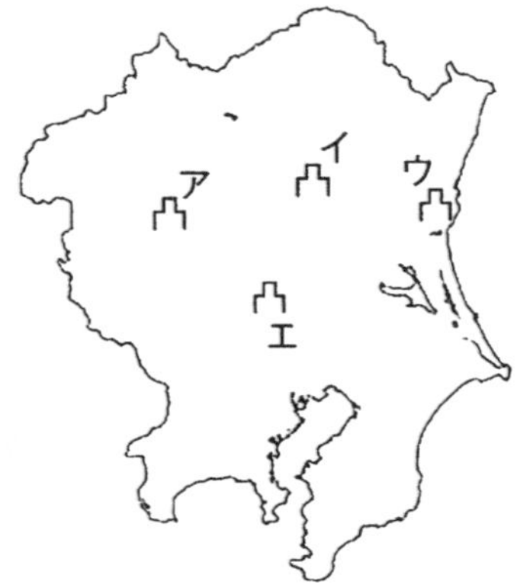

問13　東日本大震災の復興に関してのNHKニュース（2022年７月５日）を読んで、問いに答えなさい（文章は一部改変しています）。

> 東松島市（宮城県）では、震災の直後、年間に出る一般廃棄物の110年分にあたる109万トン余りのがれきが発生しました。処理に悩む自治体も多い中、東松島市は、地元の建設業者などと協力し、がれきを土砂や木材、コンクリート、プラスチック、金属、家電など19種類に分別させ、およそ97%を土木資材などに再利用することに成功しました。市は３年間でがれきの処理を完了し、当初はおよそ730億円かかると見込んでいた費用を150億円ほど抑えることができました。また、期間中は震災で職を失った人など、およそ800人をがれき処理の作業員として採用し、雇用の受け皿としても機能させました。
>
> 東松島市復興政策課の大久課長は、
>
> 「ごみの分別は世界のどこでも通用すると思うので、［　　　　　　］の復興にも役立つ。震災の時に助けられた恩返しとして、我々の経験を伝えたい」と話していました。

文中の［　　　　　　］にあてはまる国を、地図の中のア～エから選び、記号で答えなさい。

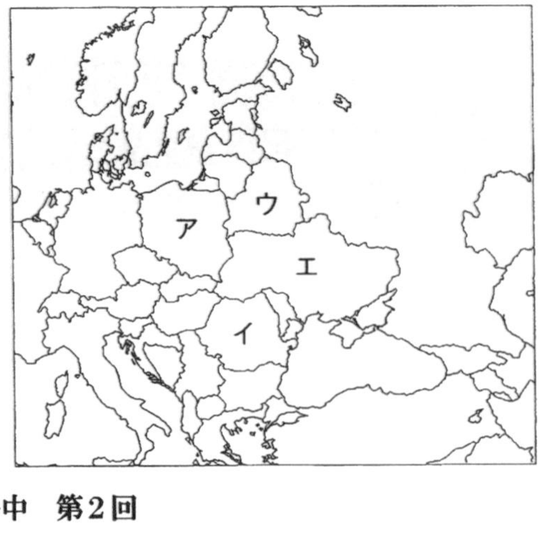

問14　復元したものがまた失われるという悲劇もあります。首里城は、琉球王朝の王城としてその壮麗さをほしいままにしてきましたが、沖縄戦のときに焼失し、1992年に再建されました。しかし、2019年10月に焼失しました。

沖縄について、次の設問に答えなさい。

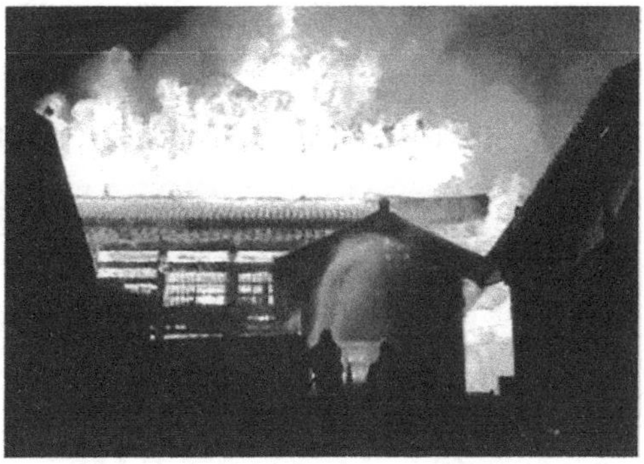

「首里城公園」HPより

(1)　次のア～エは、岡山、高知、那覇、福井のいずれかにおける月別降水量を示したものです。那覇に当てはまるものを、ア～エの中から一つ選び、記号で答えなさい。

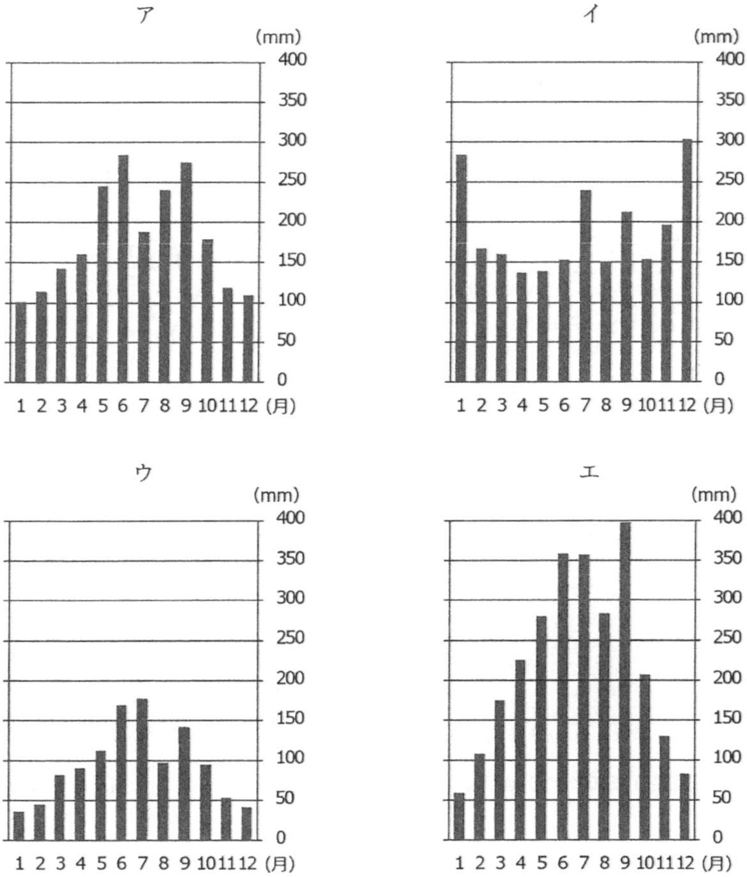

『理科年表2022』より作成

(2)　沖縄島の近くには多くの島があります。その島の一つである古宇利島（こうりじま）について、次の資料をもとに、問ａ）・ｂ）に答えなさい。

資料１　古宇利島と周辺の地図（令和４年）

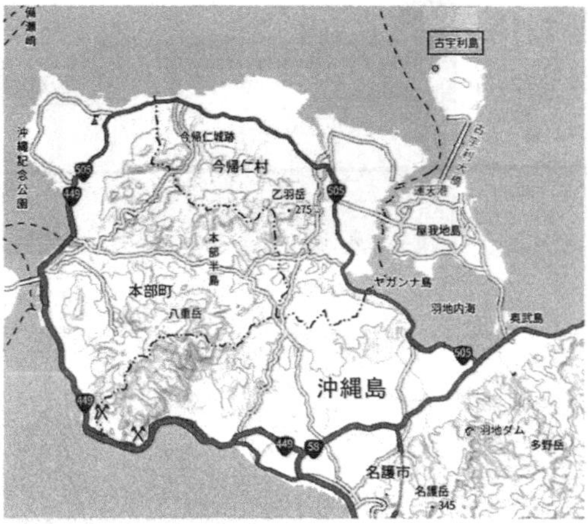

地理院地図より（一部改変）

資料２　古宇利島の人口の推移

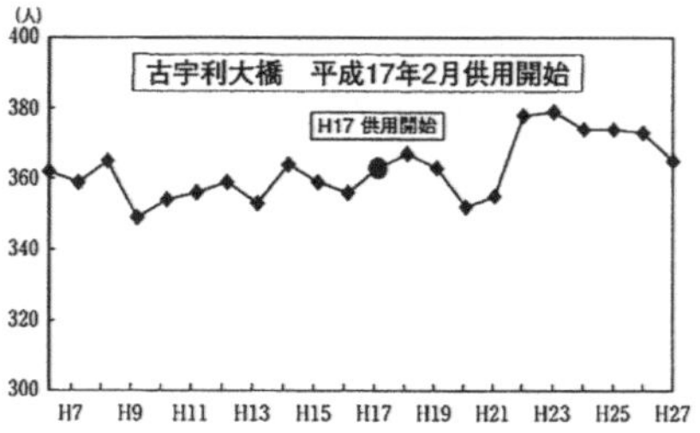

沖縄県発行資料より

資料３　平成14年の地形図

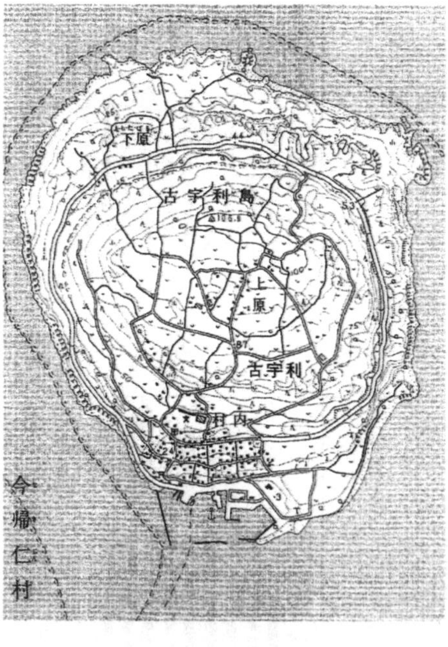

国土地理院発行 25000分の１地形図『大宜味』より

（一部改変）

資料４　令和４年の地形図

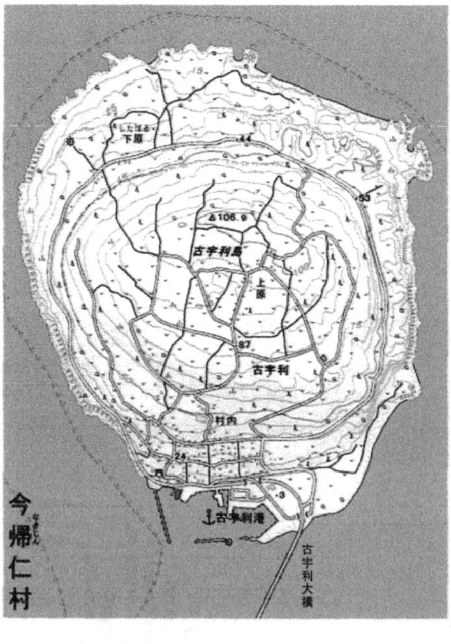

電子地形図25000より（一部改変）

a） 古宇利島における平成14年以降の変化について、次のア～ウのうち、資料から読み取れることや推測できることとして適当なものには○、適当ではないものには×で答えなさい。

ア. 古宇利港を発着していた渡船（定期船）が廃止された。

イ. 古宇利島から島外に移住する人が増え、人口減少が続いている。

ウ. 小学校が廃校になり、小学生は島外に通うようになった。

b） 次の表から読み取れる変化を、資料１～資料４を参考にして、その変化の要因にふれて40字以内で説明しなさい。

表　古宇利島への観光客数（人）

平成7年度	平成14年度	平成25年度
4,499	5,723	252,835

沖縄県発行資料より作成

(3) 「工業統計調査」によると、令和元年の砂糖類の出荷額において、都道府県の中で最も南に位置する沖縄県は「粗糖（精製されていない糖のこと）」の出荷額が全国１位である一方、最も北に位置する北海道は「精製糖（国内産の甘味資源作物から一貫して製造加工したもの）」の出荷額が全国１位です。沖縄県と北海道で生産される砂糖類の主な原料となる農作物の写真として適当なものを、次のア～エの中からそれぞれ一つ選び、記号で答えなさい。

ア.

イ.

ウ.

エ.

2　次の文章を読み、以下の問いに答えなさい。

第208回国会（常会）では、内閣提出法律案61件、衆議院提出法律案15件、参議院提出法律案２件が成立しました。次の表は、内閣法制局のホームページに掲載されているこの国会で成立した内閣提出法律案の一部を抜粋・改変した一覧です。

閣法番号	法律案名	主管省庁
9	国家公務員の【あ】休業等に関する法律及び【あ】休業、【い】休業等【あ】又は家族【い】を行う労働者の福祉に関する法律及び雇用保険法の一部を改正する法律の一部を改正する法律案	内閣官房
13	裁判官の【あ】休業に関する法律の一部を改正する法律案	法務省
38	【う】設置法案	内閣官房

表中の【あ】・【い】は、これまで固定的な性別役割分担意識や無意識の思いこみから主として女性の役割とされていましたが、このような社会的な性差は【X】と呼ばれ、社会的な性差を象徴する用語として定着しています。近年では【あ】・【い】についても男女が等しく役割を担うものとの認識が進み、徐々に法律の整備が進められています。【X】については、国連が推進するSDGsの17のゴールのうち、「【X】平等を実現しよう」が５番目のゴールとして掲げられています。

①日本での性差の解消に関するこれまでの取り組みとして、「男女雇用機会均等法」（1985年制定・1986年施行）や「男女共同参画社会基本法」（1999年制定・施行）を挙げることができます。男女共同参画社会基本法の第２条には「男女が、社会の対等な構成員として、自らの意思によって社会のあらゆる分野における活動に参画する機会が確保され、もって男女が均等に政治的、経済的、社会的及び文化的利益を享受することができ、かつ、共に責任を担うべき社会を形成する」と規定されています。

こうした取り組みの一方、世界経済フォーラム（WEF）が発表している「【X】・ギャップ指数」の2022年版で、日本の指数は「0.650」とされ、調査対象146カ国中、116位となりました（同指数は、「０」が完全不平等、「１」が完全平等で表されます）。主要先進国の中では最下位だと報じられています。同指数は、「教育」・「健康」・「政治」・「経済」の４分野からなり、日本は、「教育」・「健康」については世界トップクラスであるものの、「政治」と「経済」分野で世界に後れをとっています。

政治分野に関して言えば、国会議員の男女比、閣僚の男女比、最近50年における行政府の長の在任年数の低さが指標を下げる大きな要因です。

第208回国会閉会後の2022年７月10日に実施された第26回参議院議員選挙では、過去最多の35名の女性候補者が当選したことが話題となりました。全当選者に占める女性当選者の割合は、28％となり、非改選の女性議員とあわせると64名となり、参議院議員全体の割合ではおよそ【Y】％となります。

2018年には「政治分野における男女共同参画の推進に関する法律」が制定・施行され、男女の候補者を均等とすることが掲げられましたが、2020年に閣議決定された「第５次男女共同参画基本計画」（21～25

年度）では、衆議院選挙および参議院選挙における女性候補者の割合については、35％以上を努力目標として設定されています。なお、さきの参議院選挙における女性候補者の割合は33％で、当面の目標に近づきましたが、均等の候補者数を平等とするならば、まだまだその実現には遠い状態にあることに変わりはありません。

今回の選挙後の報道では、［Z］を主張する勢力が３分の２以上の議席を獲得したことから、大きな話題となりました。この背景には、［Z］を主張する勢力が衆議院でも３分の２以上の議席を有していることに加えて、現在の日本をとりまく外交・安全保障上の懸念もあり、［Z］が現実的な政治課題となりつつある状況を反映しているものと考えられます。日本の将来の形を大きく変える可能性を持つ政治課題について、男性議員の数が多い現状の国会で議論されるのは少し残念な気持ちを抱きます。

これからの社会を担う皆さんはこれからどのように社会に参画していきますか。皆さんには問題意識を持って中学・高校生活を送ることを期待しています。

問１　表中の空らん［あ］・［い］に入る適語をそれぞれ漢字２字で答えなさい。

問２　表中の空らん［う］には、こどもを育てる支援やこどもの権利利益をまもる事務を行う内閣府の外局として設置される庁の名称が入ります。この庁名を答えなさい。

問３　本文中の［X］にあてはまる語句と［Y］にあてはまる数字をそれぞれ答えなさい。［Y］は小数点第１位を四捨五入すること。

問４　下線①に関連して、従業員を雇用する事業者側が配慮するべき行動として適切なものを、次のア～エの中から一つ選び、記号で答えなさい。

ア．出勤、退勤が危険なので深夜の時間帯の仕事は、男性従業員のみに限定する。
イ．女性の採用面接で「子どもが生まれたらどうするのか」と質問する。
ウ．子育てをする女性は大いに社会貢献をしており、昇進面で優遇する。
エ．妊娠・出産のための通院について会社を休むことを認める。

問５　第26回参議院議員選挙について、女性の候補者と当選者を政党別にまとめた次の表から読みとった内容の正誤の組み合わせとして正しいものを、次のア～エの中から一つ選び、記号で答えなさい。

（人）

	全立候補者数			女性候補者数			女性当選者数		
政党	選挙区	比例区	合計	選挙区	比例区	合計	選挙区	比例区	合計
自由民主党	49	33	82	9	10	19	8	5	13
立憲民主党	31	20	51	16	10	26	5	4	9
日本維新の会	20	26	46	9	5	14	1	2	3
公明党	7	17	24	2	3	5	2	0	2
国民民主党	13	9	22	6	3	9	2	0	2
日本共産党	33	25	58	15	17	32	0	2	2
れいわ新選組	5	9	14	3	2	5	0	0	0
社会民主党	4	8	12	1	4	5	0	1	1
ＮＨＫ党	73	9	82	19	0	19	0	0	0
参政党	45	5	50	16	1	17	0	0	0
その他	52	17	69	14	4	18	0	0	0
無所属	35	—	35	12	—	12	3	—	3
合計	367	178	545	122	59	181	21	14	35

（総務省ＨＰで公表されている選挙結果より作成）

Ｘ：政党別の全立候補者に対する女性候補者の割合が、半数を超えるのはすべて野党である。
Ｙ：選挙区、比例区ともに最多の女性当選者を出した政党は、野党を経験したことがない。

ア．Ｘ－正　Ｙ－正　　イ．Ｘ－正　Ｙ－誤
ウ．Ｘ－誤　Ｙ－正　　エ．Ｘ－誤　Ｙ－誤

問６　文中の Ｚ に関して、これを主張する勢力が、衆議院・参議院の各３分の２以上の議席を有すると、国会で可能となることは何ですか。 Ｚ にあてはまる語句を用いて簡潔に説明しなさい。

問題は以上です。

（計算用紙）

令和四年度（第二回）

渋谷教育学園渋谷中学校　入学試験問題

国語

（50分）

※　解答は、必ず解答用紙の指定されたところに記入しなさい。

※　「〇〇字で」、または「〇〇字以内で」、という指示がある場合は、「。」「、」「かっこ」なども一字と数えます。

一

次の文章を読んで後の問いに答えなさい。

【野球の強豪校《きょうごうこう》に通っていた鉄二は、上級生から暴行を受けていた同級生をかばって暴力事件を起こしてしまう。それが原因で退学せざるをえなくなり、実家近くの高校に編入することになった。しばらくして、結婚して家を出ていた姉の真央《まお》（鉄二には魔王《まおう》と呼ばれている）が実家に戻《もど》ってきたのだが、その理由は明かさない。何があったのか気になった鉄二は、クラスメイトの菜々子とともに、姉の夫である勇《いさむ》の実家を訪れ、勇の母に事情を聞いた。】

「……きょうのこと、お姉さんに話す？」
「黙《だま》っててもそのうちばれるだろ」
「どう話す？」
「……さあ」
勇の母親、姉の姑《しゅうとめ》は、突然《とつぜん》押《お》しかけてきた鉄二たちを戸惑《とまど》いつつ部屋に上げてくれた。そして時折涙《なみだ》ぐみながら話した。
勇に難しい病気が見つかり、今は入院しているということ。進行性の病で、徐々《じょじょ》に筋肉が衰《おとろ》え、自発呼吸も不可能になって、必ず死ぬこと。それが一年後か十年後かは個人差があるが、いずれにしても看病と介護《かいご》の負担は計り知れない。だから勇は離婚《りこん》を申し出たのだということ。生命保険金を①ドッキョの母に遺《のこ》してやらねば、という事情もあったらしい。
――ごめんなさいね、あの子、ああ見えて頑固《がんこ》で、言い出したら聞かないんです。
勇の母は頭を下げた。
――でもわたしも離婚には賛成なのよ。真央さんはまだ若いんだから、勇のために人生を捧《ささ》げてしまわないでほしい。
(1)勇の頑固が、魔王の頑固を挫《くじ》いた。姉もまた、気持ちで負けて戻ってきた。やはり魔王は、最後には勇者に倒《たお》される運命なのか。
「悔《くや》しいね」
菜々子が言う。
「※負けてばっかでさあ……何かひとつでもいいから、勝ちたいよね」

夕方、家に帰ると姉は庭先で洗濯《せんたく》物を取り込《こ》んでいるところだった。
「遅《おそ》かったのう、何しとったんじゃ。テストが終わった途端《とたん》遊び呆《ほう》けよんか、ええご身分じゃのう」
「姉ちゃん」
「何じゃ」
「勇さんのこと、聞いてきた」
姉はさっと顔を強張《こわば》らせると、洗濯物をいっぺんに抱《かか》えて縁側《えんがわ》に放り投げ、鉄二に背中を向けた。
「姉ちゃん」
「誰《だれ》にも言うな」
「言わねえけど……どうすんの?」
「分からん」
(2)途方に暮れた、魔王にあるまじき声だった。
「管につながれて、まぶたも動かせん、声も出ん、そんな姿を見られとうないって言われたんじゃ。元気な姿だけを覚えていてほしい、それが一生のお願いですって言われたら、わしゃどうすりゃあええ。……いつか新しい薬やらができて治るかもしれん、言うたら、奇跡《きせき》の話をするな、って、勇が怒《おこ》ったんよ。初めて、わしに。その希望に僕《ぼく》は耐《た》えられないゆうて、泣いた。自分が、なーんの覚悟《かくご》もなくて、勇の苦しさなんぞいっこも分かってやれとらんかったのが恥《は》ずかしゅうて悔しゅうて、わしは……」
泣いてはいない、けれど魔王の広大な背中が初めて頼《たよ》りなく見えた。鉄二は二階に上がり、姉の部屋にある離婚届の束を改めて手に取った。一枚ずつゆっくりめくっていくと、最初は端正だった勇の筆跡がだんだんといびつになり、最後にはのたうつようにふるえていた。みるみる自分の身体がままならなくなる恐怖《きょうふ》、それを目の当《ま》たりにする恐怖、何枚《なんまい》も何枚も突《つ》きつけられるさよならを、姉はどんな気持ちで受け取り、溜《た》め込んできたのだろう。
それから姉は、数日部屋に引きこもったかと思うと、朝早く出かけて行った。「バイトらしいわ」と母が言う。
「②ソウコ作業だって。あの子、フォークリフトの免許《めんきょ》持ってるから」
「そのうちパワーショベルとか乗り回すんじゃないか」

のんきな両親に全てぶちまけてしまいたい衝動《しょうどう》に駆《か》られたが、ぐっとこらえる。バイト先のソウコは家から十キロも離《はな》れていて、徒歩で往復する姉に「もっと近くに何かしらあるでしょうに」と母は呆《あき》れていたが、とにかく身体をこき使って現実から逃避《とうひ》したい気持ちが鉄二にはよく分かった。姉はビニール袋《ぶくろ》に閉じ込められてぱくぱくと喘《あえ》ぎ、もがいている。勇もそのはずなのだ。(3)だったらせめて同じ水の中にいればいいのに。鉄二は毎日駄菓子《だがし》屋に通い、掃除《そうじ》や雑用を引き受ける代わりにただで※金魚すくいの練習をさせてもらった。没頭《ぼっとう》するうち、金魚たちがどう動くのか予測し、先回りしてすくえるようになっていった。何の役にも立たなくとも、進歩は嬉《うれ》しい。過ぎ去った時間に意味を与《あた》えてくれるからだ。

夏休みに入り、七月が終わり、二度の原爆忌《げんばくき》と終戦の日が巡《めぐ》る。

(4)八月下旬《げじゅん》、晴れた日曜の朝、鉄二は姉の部屋の前に立ち「きょうだぞ」と声をかけた。

「姉ちゃんが言い出したんだろ、金魚すくい選手権。住谷《すみたに》さんがわざわざお揃《そろ》いのTシャツ作ってくれたんだよ。姉ちゃんの分、置いとくから。XXLな」

襖《ふすま》の向こうからはうんともすんとも返ってこなかったが、姉は聞いていると思った。

「行こうぜ。ひとつでも勝とうぜ。勝って、勇さんとこ帰れよ」

こんなお遊びに優勝したところで、何にもならない。償《つぐな》いも解決も仕返しもできない。でも、勝ちたいのだ。ささやかに、ちっぽけに、勝利を飾《かざ》りたい。小さな勲章《くんしょう》で胸を張りたい。大丈夫《だいじょうぶ》、やっていけるよと。

会場の総合体育館に行くと、受付の前で菜々子が待っていた。

「鉄二くん、お姉さんは?」

「まだ」

「そう……」

体育館と隣接《りんせつ》する公園には屋台が並び、すでに煙《けむり》と呼び込みの声がひしめいている。テレビの取材も来ていて、この狭《せま》い町の一大イベントにふさわしいにぎわいだった。参加者の列が次々と手続きを済ませゼッケンを受け取るのを、③チョクシャ日光に灼《や》かれながら見ていた。アスファルトの地面に落ちる自分の影《かげ》に汗《あせ》が落ちてまたさらに濃《こ》いしみを作る。暗い場所には果てがない。

『間もなく一次予選が始まります。受付を済ませていないチームの代表者は至急会場入口のテントへお越《こ》しください』

新品のTシャツがじっとりと汗に濡《ぬ》れ、背中にへばりつく。まじで不戦敗かよ、という不安がよぎった時、遠くから伝言ゲームのようにどよめきが伝わってきた。

――え、すごくない？

――でっか……。

鉄二は菜々子と顔を見合わせた。モーゼのように人波を割って堂々と歩いてくる姉を、きょうほど誇《ほこ》らしく感じたことはない。

「お姉さん！」

菜々子が人目も憚《はばか》らず姉に飛びつくと、姉は微動《びどう》だにせず抱《だ》き止めてその場でぐるぐる回転した。あはは、と菜々子の笑い声。遠心力で浮《う》き上がる身体は、手を離されれば円盤《えんばん》みたいに飛んでいってしまうだろう。

「菜々子、心配かけてすまんかったの」

まず俺《おれ》に言え。

「ううん」

菜々子を地面に降ろし、頭を軽く撫《な》でると姉は「行くぞ」と先陣《せんじん》を切った。金魚と同じ朱色《しゅいろ》のTシャツは、背中に黒くでっかく「チーム魔王」とプリントされている。

一次予選、二次予選、と順調に勝ち上がり、上位十チームで競《きそ》う決勝戦に進むことができた。日々の練習の成果だ。

『それでは、これより決勝戦を行います。皆《みな》さま、準備はよろしいでしょうか』

小さい浴槽《よくそう》くらいの水槽に和金がうじゃうじゃ泳いでいる。これだけいればいくらでもすくえそうなものだが、なかなかどうしてこいつらは甘《あま》くない。ルールはこれまでと同じく、三分間で何匹《なんびき》すくえるかを競う。ポイは一本きり、破れたらそこでおしまい。水槽の長辺に並んだチーム魔王は無言のまま視線を交《か》わし、頷《うなず》き合った。

『位置について、よーい、スタート！』

体育館にホイッスルが鳴り響《ひび》くと、浅い水の中にポイを沈《しず》めた。胸が高鳴る。でも浮き足立ってはいない。自分の身体の隅々《すみずみ》まで意識し、使うことができる。懐《なつ》かしい、試合の感覚がよみがえってくる。

勝とう。

「すいませーん、地元のにこにこテレビの者ですがちょっとお話聞かせていただいていいですか？　入賞はなりませんでしたが、大健闘《だいけんとう》の四位、おめでとうございます！　Tシャツといい、ものすごく目立つビジュアルのチームですね、皆さん、どういったご関係なんですか？」

「勇！」

「えっ？」

「勇、よお聞け、すぐそっちに戻るけえのう、お前が何と言おうがわしゃもう死ぬまで逃《のが》さんぞ、腹括《くく》って首洗《あろ》うて待っとれ！」

「あ、あの」

姉が会場中の視線を独り占《じ》めしている隙《すき》に菜々子と外へ抜《ぬ》け出した。場内の熱気を逃れても、快晴の昼下がりはめまいを誘《さそ》う暑さだ。屋台でかき氷を買い、歩きながら食べた。

「負けたねえ」

いちご味を選んだ菜々子が、さっぱりした口調で言う。

「でも、楽しかったからまあいいや。鉄二くんは？」

俺も、とメロン味を片手に鉄二は答える。現実は何ひとつ変えられない、でも、この夏、自分たちは忘れられない思い出を作った。それってすごいことだと思った。次の夏が同じように巡ってくる保証なんてどこにもないから。

「住谷さんと一緒《いっしょ》」

「ふーん」

鮮《あざ》やかに着色された氷をスプーンでがしがし掘《ほ》りながら、菜々子は「てかさー」と立ち止まり鉄二を見上げる。

「鉄二くんは、いつまでわたしを『住谷さん』って呼ぶのかなー？」

「え……じゃあ、住谷？」

「違《ちが》うだろ」

姉にすごまれるより怖《こわ》かった。

「……菜々子」

恐《おそ》る恐る口にすると「よくできました」と笑って赤い氷をひと口くれた。

スマホの通知で、きょうが甲子園《こうしえん》の決勝だったと知る。誰かが勝ち、誰かが負けた。むくむくそびえる夏雲を頂く、摂氏《せっし》三十六度の路上に人影はまばらだった。⑸ゲームセットのサイレンは空耳でさえ鳴らなかったが、甘ったるい氷を噛《か》む音が口の中でじゃくじゃく響いて、気持ちよかった。

翌朝、テレビの前で「何でじゃ！」と雄叫《おたけ》びを上げる姉の姿があった。

「何でわしのインタビューが流れとらんのじゃ！」

「あんなもん放送できるわけねえだろ」

犯罪予告にしか聞こえない。

「そもそもケーブルテレビだから、勇さんが見れるわけねえし」

「それを早《はよ》う言わんか！」

「いや地元って言ってたし」

「ふたりとも朝からうるさい、お父さんチャンネル変えていい？　……生後十ヵ月の赤ちゃん死亡だって、かわいそうにねえ」

きょうは、菜々子とプールに行く約束だった。菜々子の水着姿を想像してろくに眠《ねむ》れなかったので、足がつらないか心配だ。入念に準備体操をしなければ。水着やタオルを用意していると、玄関《げんかん》でがらがらと車輪の音がする。鉄二は手を止め、どんどん遠ざかっていく騒音《そうおん》に耳を澄《す》ませた。

姉ちゃんの音だ。

小学校二年の時、スーパーで転んで腕《うで》を骨折した。姉は痛みに泣き喚《わめ》く鉄二を買い物用のカートに放り込んで押し、病院まで爆走《ばくそう》した。店員の制止も聞かず、がらがらと④ハデに地面を削《けず》りながら。

――野球できなくなったらどうしよう。

――大丈夫じゃけえ、鉄二、泣くな。姉ちゃんがついとるけぇ。

大丈夫だよ姉ちゃん、と今度は鉄二が思う。奇跡は起こらない、起こらないから傍《そば》にいてやれ。最後には負けが決まってるシナリオでも、立ちはだかるから魔王なんだろ。

(6)勇者のもとへ、音を立てて帰れ、魔王。

（一穂ミチ『スモールワールズ』より）

※負けてばっか……鉄二と菜々子の二人にはそれぞれ、過去に思うようにならなかった経験があり、それをふまえての発言。
※金魚すくいの練習……鉄二、姉、菜々子の三人で金魚すくいの大会に出ることになっており、菜々子の実家の駄菓子屋で金魚すくいの練習をさせてもらっている。

問一　===線①～④のカタカナを漢字に直しなさい。漢字は一画ずつていねいに書くこと。

問二　――線(1)「勇の頑固が、魔王の頑固を挫いた」とありますが、それはどういうことですか。最もふさわしいものを次の中から一つ選び、記号で答えなさい。

ア　何もかもが嫌《いや》になってしまった勇の気持ちが、回復を信じて諦《あきら》めようとしない真央の気持ちにまさったということ。
イ　かたくなに一人で余生を送ろうとしている勇が、二人で支え合って生きていこうとする真央の気持ちを踏《ふ》みにじったということ。
ウ　未来のことを心配して離婚を強く望む勇の思いが、離れずに暮らしたいと願う真央の思いを上回ったということ。
エ　お互《たが》いのためにも離婚をすべきだという勇の決意が、夫婦とは一緒にいるべきものだという真央の考えに影響《えいきょう》を与えたということ。
オ　自分が弱っていく姿を見せまいとする勇の意地が、夫婦《ふうふ》なら互いに弱さを見せるべきだという真央の考えを改めさせたということ。

問三　――線(2)「途方に暮れた、魔王にあるまじき声だった」とありますが、本文からうかがえるいつもの姉はどのような人物だと考えられますか。最もふさわしいものを次の中から一つ選び、記号で答えなさい。

ア　周囲がどう思うかにとらわれず、強い意志を持っており、決断力と行動力にすぐれた人物。
イ　明るくユーモアに溢《あふ》れており、独特な言い回しや表現で、周囲を笑顔《えがお》にすることができる人物。

ウ　相手の気持ちを汲《く》み取ることができ、目の前の状況《じょうきょう》を冷静に理解し、適切な行動をとる人物。
エ　自分に自信がなく、相手に寄り添《そ》おうとしてしまうがゆえに、なかなか強気に出られない人物。
オ　力がすべてだと考えていて、意に沿わないことがあっても、有無《うむ》を言わせず強引《ごういん》に解決してきた人物。

問四　――線(3)「だったらせめて同じ水の中にいればいいのに」とありますが、この場面での鉄二の心情を説明したものとして最もふさわしいものを次の中から一つ選び、記号で答えなさい。

ア　姉の状況を理解していない両親をもどかしく感じつつ、事態の改善に向けてできることから取り組もうとする姉に同情しながらも、目の前の状況に抗《あらが》うことしかできないのだとしたら、せめて勇と二人で寄り添いながら暮らしていけばいいのにと考えている。
イ　姉の状況を理解していない両親をもどかしく感じつつ、目の前の現実から目を背《そむ》けようとする姉に共感しながらも、解決策のない中でただ苦しむことしかできないのであれば、せめて夫婦でその苦しみを共有しながら過ごせばいいのにと考えている。
ウ　姉の状況を理解していない両親をもどかしく感じつつ、身体を酷使《こくし》することで自らを奮い立たせようとする姉の気持ちを理解しながらも、それは現実から目を背けることで意味がなく、せめて夫婦で辛《つら》い現実に向き合っていけばいいのにと考えている。
エ　姉の状況を理解していない両親をもどかしく感じつつ、現実になかなか向き合うことができない姉の思いを受け止めながらも、完全に回復する病気ではないのであれば、せめて夫婦で痛みをやわらげる努力を地道にしていけばいいのにと考えている。
オ　姉の状況を理解していない両親をもどかしく感じつつ、身体を動かすことしかできない姉の考えを想像しながらも、ただただ苦しむしかない現実なのだとしたら、せめて周囲の支援《しえん》を受けながら苦しみをやわらげていけばいいのにと考えている。

問五　――線(4)「八月下旬、晴れた日曜の朝」とありますが、この日にあった「金魚すくい選手権」での経験を通して、勝負することに対する鉄二の見方は、どのようなものからどのようなものへと変化しましたか。七十一字以上八十字以内で説明しなさい。

問六　――線(5)「ゲームセットのサイレンは空耳でさえ鳴らなかったが、甘ったるい氷を噛む音が口の中でじゃくじゃく響いて、気持ちよかった」とありますが、この場面における鉄二の心情を説明したものとして最もふさわしいものを次の中から一つ選び、記号で答えなさい。

ア　野球を通して味わったやるせない思いは遠いものとなり、今年の夏はかつて思い描《えが》いた晴れやかな経験もできず、これまでの努力が実ることもなかったが、お互いに協力しながら練習するという楽しい経験ができ、菜々子のことが理解できたことも含《ふく》めて心地よく感じている。

イ　野球を通して味わったやるせない思いは遠いものとなり、今年の夏はかつて思い描いた晴れやかな経験もできず、満足のいく結果も得られなかったが、二度と経験できないような楽しい思い出を残すことができ、姉や菜々子と対等の関係を築けたことも含めて心地よく感じている。

ウ　野球を通して味わったやるせない思いは遠いものとなり、今年の夏はかつて思い描いた晴れやかな経験もできず、未来につながることは何ひとつなかったが、目標に向かって努力したという点で貴重な思い出となり、菜々子のことをより知ることができたことも含めて心地よく感じている。

エ　野球を通して味わったやるせない思いは遠いものとなり、今年の夏はかつて思い描いた晴れやかな経験もできず、現実を大きく変えられたわけでもなかったが、心に残る思い出を得るとともに楽しく過ごすことができ、菜々子との距離《きょり》が縮まったことも含めて心地よく感じている。

オ　野球を通して味わったやるせない思いは遠いものとなり、今年の夏はかつて思い描いた晴れやかな経験もできず、具体的な変化をもたらしたこともなかったが、楽しみながら主体的に行動していくという大切な経験ができ、菜々子との関係が深まったことも含めて心地よく感じている。

問七　――線(6)「勇者のもとへ、音を立てて帰れ、魔王」とありますが、このときの鉄二の心情を説明したものとして最もふさわしいものを次の中から一つ選び、記号で答えなさい。

ア　骨折による痛みと野球ができなくなる不安で困りはてていたときに繰《く》り返し大丈夫だと言ってくれたことを思い出し、姉らしく自身の言葉を信じて勇に繰り返し語りかけ、自分のときのように奇跡を起こしてほしいと応援する気持ち。

イ　怪我《けが》をした痛みと野球ができなくなる不安で押しつぶされそうな自分の傍で大丈夫だと声をかけてくれたことを思い出し、たとえ回復が困難な状況であっても、勇の傍でかつてのように姉自身の思いを貫《つらぬ》いてほしいと応援する気持ち。

ウ　転んだ痛みで泣き喚く自分をわき目もふらず強引に病院まで連れていってくれたことを思い出し、昔のように周囲の反対をものともせずに姉自身の思いを押し通し、限られた時間を勇に寄り添って穏《おだ》やかに過ごしてほしいと応援する気持ち。

エ　転倒《てんとう》による痛みと今後の不安で困惑《こんわく》していた自分を傍で励《はげ》まし続けてくれたことを思い出し、容易には回復するのが難しい状況であっても、最後まで希望を捨てずに勇を励ましながら歩んでいってほしいと応援する気持ち。

オ　腕を骨折した痛みとこれからどうなるか分からない不安で動揺《どうよう》する自分に対して大きく構えて安心させてくれたことを思い出し、病気の進行で自暴自棄《じぼうじき》になっている勇に対しても堂々と構え、二人で落ち着いた日々を送ってほしいと応援する気持ち。

問八　次のア～オは、この文章を読んだ生徒たちの感想です。本文の解釈《かいしゃく》として明らかな間違いを含むものを一つ選び、記号で答えなさい。

ア　真央の人物像が特徴《とくちょう》的で魅力《みりょく》を感じました。本文の中で彼女《かのじょ》だけが話す方言や大きな身体はインパクトがありますし、豪快な振《ふ》る舞いは「魔王」を想起させます。そういったイメージがあるからこそ、勇についてのやり取りで見せた真央の不安・弱さが際立《きわだ》ちます。また、本文の最後の場面では、その姿から真央の内面的な強さが感じられ、変化しているとわかります。

イ　ユーモアのある表現が心に残りました。たとえば、名前に関連させて勇者や魔王と表現している点や、真央の登場をモーゼにたとえる点などです。また、菜々子に謝罪する真央に対して「まず俺に言え」と心の中で思っている場面では、真央に対するツッコミとしてはもちろん、その言葉を実際に言うことはできない関係性を示す表現とも考えられ、思わず笑ってしまいます。

ウ　全体としては笑いを誘う表現や特徴的な人物の言動によって軽妙《けいみょう》な印象を受けますが、ところどころに暗い表現があるように感じました。「二度の原爆忌と終戦の日」といった表現や、真央が出発するという前向きな場面での「生後十ヵ月の赤ちゃん死亡」という話題などです。これらは一次予選の受付の場面にある「暗い場所には果てがない」という本文の表現にも結びつけて考えられそうです。

エ　鉄二と真央の関係性が印象に残っています。弟と姉という関係、真央の性格などから、基本的には真央が主導権を握《にぎ》っていると考えられます。小さい頃《ころ》の話では真央が鉄二を励ましていましたが、最後の場面で「今度は鉄二が思う」とあり、鉄二と真央の関係性が変化しています。大会当日の朝、鉄二が真央を励ましていたことも踏まえると、ふたりの関係性は興味深いです。

オ　語り手の果たす役割が大きいと思いました。本文の多くは鉄二の視点に近い位置で語られています。「犯罪予告にしか聞こえない」という表現では、鉄二の心配性《しんぱいしょう》な側面を示す心の声として読むことができます。また、鉄二に近い視点ゆえ、他の人物の心情はつかみにくい部分がありますが、だからこそ読者は補って読む余地があり、作品に奥行《おくゆ》きをもたらしていると感じました。

二

次の文章を読んで後の問いに答えなさい。

制度上は平等な権利を与《あた》えられていても、男性と女性の間に権力関係が生まれ、男性が女性に対して優位に立つ。このような権力関係は、法律を中心とする公式の制度とは別に、社会の中に目に見えないルールが存在することに由来する。そのルールは、次のような形式を取る。

・男性は男らしく、女性は女らしくなければならない。

このルールを、一般《いっぱん》にジェンダー規範《きはん》と呼ぶ。ジェンダー規範は社会規範の一種であり、人間を男性と女性の二種類に分けた上で、それぞれの人に自らの性別に合わせて一定の仕方で振《ふ》る舞《ま》うように命じる。

ジェンダー規範は、常に対になっている。例えば、一〇年、あるいは二〇年ほど前であれば、次のようなことが当然であるか、もしくは好ましいと考えられていた。男性は冷静沈着《ちんちゃく》に、女性は感情豊かに振る舞うこと。男性はズボンを、女性はスカートをはくこと。男性は髪《かみ》を短く切り、女性は髪を長く伸《の》ばすこと。男性は仕事に行き、女性は家で子どもを育てること。つまり、［ 1 ］。

ある行動が、法律では許されていても、ジェンダー規範によっては許されていない場合、人はその行動を選択《せんたく》しづらい。服装は男女に関わりなく自由であるはずだが、男性がスカートをはいたり、女性が坊主《ぼうず》刈《が》りにしたりすることは滅多《めった》にない。悲しい時は涙《なみだ》を見せても良いはずだが、男性が人前で涙を見せることは珍《めずら》しい。これらの例は、いずれもジェンダー規範の働きを表しているといえよう。

それでは、ジェンダー規範はどこから来るのか。一般に(1)本質主義(essentialism)と呼ばれる立場に従えば、男らしさや女らしさは、男性と女性の生物学的な違《ちが》いを反映して、自然に生じてくる。身長、筋肉量、脳の構造、男性ホルモンのひとつであるテストステロンの値など、男性と女性は遺伝的に違いがあるのだから、両者に向いている生き方も異なると考えるのである。

しかし、この考え方には重大な欠点がある。確かに、平均的に見れば男性と女性には様々な違いがあるのかもしれないが、個々の男性の間の違い、そして個々の女性の間の違いは、男女の平均値の差に比べてあまりにも大きい。このような、それぞれに個性あふれる人々の行動が、ジェンダー規範の命じるような形で、男性と女性で明確に二つに分かれるとは考えにくいのではないか。そうだとすれば、ジェンダー規範は、決して人間の生物学的な本性を踏《ふ》まえたものではない。それは、何らかの形で社会的につくられたものであろう。

こうした考え方を、⑵構築主義(constructivism)と呼ぶ。人がジェンダー規範を身につける過程には様々な側面があるが、子どもが社会規範を学習する過程、すなわち社会化の過程が重要な役割を果たすと考えられてきた。家庭や学校など様々な場面で親や友人と交わす会話だけでなく、メディアとの接触《せっしょく》などを通じて、人は男らしい、女らしい振る舞いを学んでいく。

ジェンダー規範は、男性と女性に異なる社会的な役割を与える。それを通じて生じる男性と女性の分業関係を、性別役割分業と呼ぶ。性別役割分業を定めるジェンダー規範は、①テンケイ的には次のような形式をとる。

・男性は、仕事に就き、家族を養わなければならない。女性は、家庭において、家事や育児を行わなければならない。

この規範は、「男は仕事、女は家庭」といった言い回しに表れてきた。それに従えば、男性は家庭の外で経済活動や政治活動に従事するべきであるのに対して、女性は家庭において家事や育児に従事する「良妻賢母《りょうさいけんぼ》」であるべきだということになる。問題は、女性が男性とは異なる役割を与えられるだけでなく、男性よりも低い地位に置かれることにある。例えば、男性の仕事は対価が支払《しはら》われる有償《ゆうしょう》労働であるのに対して、女性の家事や育児は対価をともなわない無償労働となる。男性は「一家の長」として扱《あつか》われ、女性はそれを補助する「内助の功」を発揮することが求められる。

こうして生まれる男性支配の構造は、家父長制(patriarchy)と呼ばれることもある。それは、独裁者が軍事力を用いて国を支配する独裁体制のような権力構造とも、企業《きぎょう》の経営者が経済力を用いて労働者を支配する資本主義のような権力構造とも異なる、独自の権力構造である。

⑶ジェンダー規範のような社会規範が作用するメカニズムを考える上では、法的なルールとの対比が有効だろう。誰《だれ》かが法律に違反《いはん》した場合、警察に逮捕《たいほ》されることや、損害賠償《ばいしょう》を求められることなど、何らかの物理的・経済的な制裁が加えられる。そうした制裁を避《さ》けたいと考えるからこそ、人々は法的なルールに従う。社会規範も、それに違反した人が制裁を受ける点では法的なルールと似ている。規範から逸脱《いつだつ》した人には、無視されたり仲間外れにされたりするといった形の黙示《もくし》的な制裁から、身体的な暴力を振るわれるといった明示的な制裁まで、様々な制裁が加えられる。

だが、社会規範と法律とでは、違反によって生じる帰結が大きく異なる。法律の場合、違反に対する制裁は、国家権力に裏付けられている。一例を挙げれば、目の前で凶悪《きょうあく》な強盗《ごうとう》事件を目撃《もくげき》した人が、犯人を自分から捕《つか》まえようとすることは少ない。多くの人は、警察に通報し、事件の解決を②ユダねるだろう。これに対して、社会規範の場合には、国家権力の裏付けは必要ない。社会規範に違反している人を目撃した人は、その違反者を避け、冷たい態度を取るといった形で、自発的に制裁を加える。

個人による社会規範の執行《しっこう》には、感情の働きがともなう。ある社会規範を受け入れた人は、それに違反した人に対して軽蔑《けいべつ》の念を覚える。自分がその規範に違反した場合には、逆に恥《は》ずかしさや後ろめたさを感じる。このような感情の働きによって、社会規範は、国家権力に頼《たよ》ることなく、人々の行動を制約する。

ジェンダー規範から逸脱した人も、負の感情に晒《さら》される。例えば、女性に対して男性が抱《いだ》く女性蔑視《べっし》の感情や、女性が自分自身に抱く自己嫌悪《けんお》の感情を指して、ミソジニーという言葉が使われることがある。ミソジニーに直面しやすいのは、女性の中でも、とりわけ「女らしく」生きることを拒否《きょひ》する女性である。逆に男性も、「男らしく」振る舞うことができない場合には、「情けない」などと言われ、生きづらさを感じることになる。

今日の日本では、「男は仕事、女は家庭」といった規範を正面から肯定《こうてい》する人は減ってきている。明示的な男女差別を行えば、たちまちマスメディアなどの批判の対象となるだろう。このため、企業や官庁の人事採用担当者は、自らの組織に必要な資質を持つ人を採用していると述べるだろうし、政治家の役職を決定する政党の幹部は、性別に関係なく適材適所で人材を起用していると述べるに違いない。このような事情もあってか、男性の多くは自分が特権的な地位を享受《きょうじゅ》している感覚を持っていない。

それにもかかわらず、やはり世の中は男性優位である。家庭の外で政治活動や経済活動に携《たずさ》わる時、人は企業、官庁、政党など、何らかの組織に所属することが多い。それらの組織において、男性が女性よりも多く採用され、優先的に昇進《しょうしん》していく現象が、広く観察されている。組織における性別役割分業は、家庭における性別役割分業を反映しているのであろう。例えば、経営者には男性が多く、秘書には女性が多い。パイロットには男性が多く、キャビンアテンダントには女性が多い。医師には男性が多く、看護師には女性が多い。どの組み合わせも、男性を女性が補佐《ほさ》する形になっている。なぜ、男女差別が行われにくくなっているはずの世の中で、男性と女性の地位に大きな違いが生じるのだろうか。

この現象を説明する上では、組織の規範が大きな役割を果たす。(4)いかなる組織であれ、その構成員には、一定の役割が期待される。その規範は、次のように定式化される。

・この組織の構成員は、Xでなければならない。

通常、このXの内容は、性別によって定義されているわけではない。そこには、「冷静沈着」「質実剛健《ごうけん》」「競争的」「積極的」「③ヤシン的」などといった単語が入る。市場競争で勝ち抜いたり、権力を掌握《しょうあく》したりする上では、これらの資質が必要であるという考え方もあるだろう。この考え方自体は、一見するともっともらしい。

だが、ここでXに含《ふく》まれる資質は、多くの場合、「男らしい」と言われる性質と重なっている。たとえ組織規範が男性と女性を差別していなかったとしても、男性と女性に対しては社会の中で次のジェンダー規範が課せられている。

・男性は、Xでなければならない。女性は、Yでなければならない。

こうした規範に基づいて男女の性別役割分業を生み出す組織を、ジェンダー化された組織(gendered organizations)と呼ぶ。ジェンダー化された組織では、明示的に男性を優遇《ゆうぐう》しているわけではない組織規範も、「男らしさ」を優遇している。

このような視点から見れば、資本主義という経済システムそのものが、激しい市場競争をともなうという意味で、「男らしさ」と結びついている。これまで多くの日本の会社の社員は、会社のために深夜まで働き、上司と夜の街に繰《く》り出し、辞令に従って転勤し、部下を叱咤激励《しったげきれい》して売り上げ目標を達成することを求められてきた。そのような組織の規範は、社員が会社に献身《けんしん》する陰《かげ》で、誰かが家庭において家事や育児を担っていることを前提にしている。それが女性よりも男性に有利な規範であることは、言うまでもない。

男性はジェンダー規範の命じる通りに振る舞えば、組織の規範に従うことができる。これに対して、女性はジェンダー規範に従って行動する限り、組織規範に従うことができない。

その結果、女性は「ダブル・バインド」に直面する。ダブル・バインドとは、二つの矛盾《むじゅん》する要求で板挟《いたばさ》みになることを意味する。一方には、積極性があり、競争的な、「男らしい」行動を求める組織規範があり、他方には優しく、包容力のある、「女らしい」行動を求めるジェンダー規範がある。例えば、会社で出世競争に勝ち抜くには、他人を押《お》しのけてでも積極的に行動しなければならないとする。だが、そのような「男らしい」行動をとる女性は、「女らしくない」と言われてしまう。男性であれば「リーダーシップがある」と評価される行為《こうい》は、女性であれば「偉《えら》そうだ」とみなされる。

つまり、組織の構成員が直面する規範は、実際には二重構造になっている。その基底には男性と女性に異なる振る舞いを命じるジェンダー規範があり、それを補う形で、組織の構成員に一定の振る舞いを命じる組織規範がある。この組織規範が表面上はジェンダー中立的であるからこそ、それ自体は批判の対象になりにくい。組織の構成員も、自分は男女差別をしているつもりはなくても、無意識の※バイアス(unconscious bias)の働きによって男性と女性に対して異なる基準を当てはめてしまう。こうして、(5)男女を差別しないはずの組織において、大きな男女の不平等が生まれることになる。

(前田健太郎『女性のいない民主主義』岩波新書より)

※バイアス……偏《かたよ》り。偏見《へんけん》。先入観。

問一 ━━線①～③のカタカナを漢字に直しなさい。漢字は一画ずつていねいに書くこと。

問二 [1] に入る表現として最もふさわしいものを次の中から一つ選び、記号で答えなさい。

ア 男性には活動的な振る舞いが、女性にはおしとやかな振る舞いが要求される

イ 男性と女性に異なる生き方を勧《すす》める規範は、男女双方《そうほう》を苦しめている

ウ 男性的あるいは女性的な行動とは何かという定義は、時代によって異なる

エ 男性が女らしく振る舞うこと、またその逆は法的に保障されていない

オ 男性に何らかの行動を求める規範は、同時に女性には別の行動を求める

問三　——線(1)「本質主義」、(2)「構築主義」とありますが、これらを説明したものとして最もふさわしいものを次の中から一つ選び、記号で答えなさい。

ア　「本質主義」は、男らしさや女らしさは自然に備わっているのだからあえて教える必要はないとする立場であるのに対し、「構築主義」は、家庭や学校をはじめ様々なメディアを通じて両性に向いている生き方を学ばせるべきだとする立場である。

イ　「本質主義」は、個々の人間の個性の違いよりも男女の平均値の差を重視して男女差別の見直しを図ろうとする立場であるのに対し、「構築主義」は、平均値の意味に疑問を投げかけてジェンダー規範そのものを否定していこうとする立場である。

ウ　「本質主義」は、身長や筋肉量をはじめとした生物学的な男女の違いをジェンダー規範の中心的根拠《こんきょ》として見なす立場であるのに対し、「構築主義」は、逆にジェンダー規範があるから男女の遺伝的な差異が現れてくるのだと考える立場である。

エ　「本質主義」は、遺伝子など男女の生物学的差異を考慮《こうりょ》して男らしさや女らしさが決まるのは当然だとする立場であるのに対し、「構築主義」は、男らしさや女らしさは社会生活のなかで後天的に獲得《かくとく》されていくものにすぎないとする立場である。

オ　「本質主義」は、ジェンダー規範が社会的に形成されたものであっても生物学的な本性に基づくならば問題ないとする立場であるのに対し、「構築主義」は、それが権力関係に結びついている以上は解消されなければならないとする立場である。

問四　——線(3)「ジェンダー規範のような社会規範が作用するメカニズムを考える上では、法的なルールとの対比が有効だろう」とありますが、「社会規範」の特徴を、「法的なルール」と対比させながら、七十一字以上八十字以内で説明しなさい。

問五　——線(4)「いかなる組織であれ、その構成員には、一定の役割が期待される」とありますが、「組織」の規範が「構成員」に期待することの説明として最もふさわしいものを次の中から一つ選び、記号で答えなさい。

ア　その人の性別にかかわらず、冷静沈着かつ積極的に競争すること。

イ　その人の性別にかかわらず、組織の存続や発展に貢献《こうけん》すること。

ウ　その人の能力にかかわらず、組織内における権力を掌握すること。

エ　その人の能力にかかわらず、男女別に異なった言動をすること。

オ　その人の能力にかかわらず、現行の経済システムを改革すること。

問六　――線(5)「男女を差別しないはずの組織において、大きな男女の不平等が生まれる」とありますが、「男女差別をしないはずの組織」であるにもかかわらず、そうした「組織」において女性が不利であり続けているのはなぜですか。本文の内容にそって、八十一字以上百字以内で説明しなさい。なお、二文以上に分けて書いても構いません。

（問題は次のページに続きます）

問七　次のア～オは、この文章を読んだ生徒たちが、二〇一五年の国連サミットで採択されたＳＤＧｓ（持続可能な開発目標）の一つである「ジェンダー平等を実現しよう」に関連させて話し合っているものです。本文をふまえた発言として、明らかな間違いを含むものを一つ選び、記号で答えなさい。

ア　最近、学校制服についての議論をよく耳にします。特に女子のスカートについては、動きにくさや防寒などの観点からも様々に議論されているようです。男性の私は今まで気に留めたことがありませんでしたが、男女それぞれに課せられた規範について改めて考え、ジェンダー平等の実現に近づくためには、このように身近なことでも意見を交わしていけたらいいと思いました。

イ　学校だけでなく、メディアの役割についても筆者は言及《げんきゅう》していました。例えばテレビ局も、男性を「一家の長」として扱い「良妻賢母」の女性を賛美するようなホームドラマに偏るのではなく、男女関係なく仕事や家事に活躍《かつやく》する姿を放送するなど、バランスのとれた番組編成をしたらいいと思いました。そうすれば人々の意識も変化していくのではないでしょうか。

ウ　男女関係なく活躍できる社会実現の一環《いっかん》としては、国会における女性議員の割合を増やすことも挙げられます。そのためには、男女問わずきちんとリーダーシップがとれて、選挙という競争を勝ち抜ける人を候補者として募集《ぼしゅう》することを、各政党が表明するようにしたらいいと思いました。そうすれば優秀《ゆうしゅう》な女性も立候補しようと決心しやすくなるのではないでしょうか。

エ　政党だけでなく、企業や官庁といった組織においても、男性が女性よりも多く採用されていると述べられていたのが気になりました。それが本当なのだとしたら、女性の私はとても悔しいです。履歴書《りれきしょ》に男女を記入する欄《らん》がなくなったというニュースを聞いたことがありますが、そのように、可能な限り性別が分からないようにして採用試験を実施《じっし》したらいいと思いました。

オ　採用試験については私も気になりました。男女差別をするつもりがなくても無意識のバイアスが働くと述べられていたので、自分自身が人を選考する立場になったときも注意しなければいけないなと感じました。でも、どれだけ注意しても無意識にバイアスが働くのだとすれば、いっそのこと、データに忠実でバイアスが働かないＡＩ（人工知能）による採用試験にしたらいいと思いました。

（問題は以上です）

算数　令和４年度　渋谷教育学園渋谷中学校入学試験問題　(50分)

注　解答はすべて解答用紙に記入すること。
定規，コンパスは使用しないこと。

1 次の問いに答えなさい。ただし，(6) は答えを求めるのに必要な式，考え方なども順序よくかきなさい。

(1) $3 \div \left\{\frac{1}{9} - (1-0.125) \times \left(\frac{8}{45} - \frac{8}{55}\right) \div 1\frac{2}{5}\right\} \div 550 \times 337$　を計算しなさい。

(2) ある本を1日に16ページずつ読むと6日では読み終わらず，7日で読み終わります。同じ本を初めの日は3ページ，次の日は8ページ，その次の日は3ページ，その次の日は8ページのように3ページ読む日と8ページ読む日を交互に繰《く》り返すと17日では読み終わらず，18日で読み終わります。この本は全部で何ページから何ページの可能性がありますか。

(3) 下の図は正八角形2個と正六角形1個を組み合わせたものです。角 ㋐ の大きさは何度ですか。

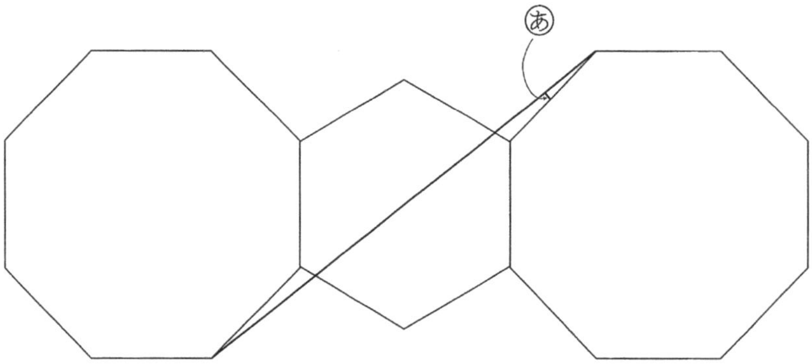

(4) 教子さんは，家から自転車に乗って図書館に本を返却してから公園に向かう予定でした。下の図のように，家から図書館の道のりは3kmで，図書館は家と公園の途中にあります。最初は時速15kmの速さで走っていましたが，図書館を通過してしまったことに気づき，その地点から時速20kmの速さで図書館まで引き返し本を返却して，時速20kmの速さで公園に向かったところ家を出発してから50分後に公園に着きました。もし，時速15kmの速さで図書館まで引き返し時速15kmの速さで公園に向かっていたら，家を出てから60分後に公園に着きます。家から公園までの道のりは何kmですか。ただし，本を返却する時間は考えません。

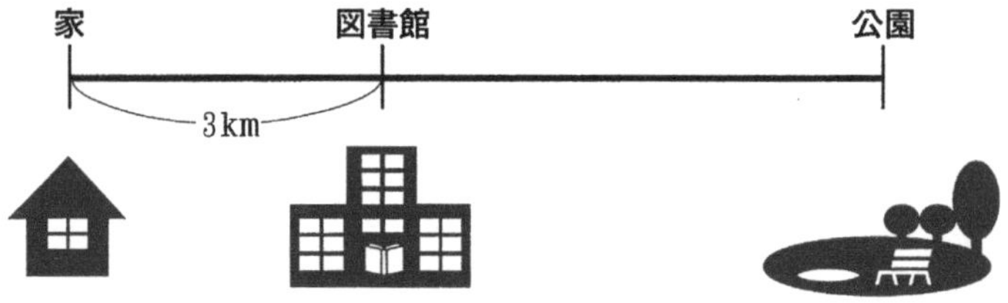

1 は3ページに続きます。

（計算用紙）

(5) A地点に正面を北に向けておいてあるロボットに〔命令 1〕〔命令 2〕〔命令 3〕の順に命令をすると図のような正三角形を描《えが》きます。

〔命令 1〕2cm 真っ直ぐ進む
〔命令 2〕120° 左を向く
〔命令 3〕命令 1 と命令 2 を 2 回繰り返す

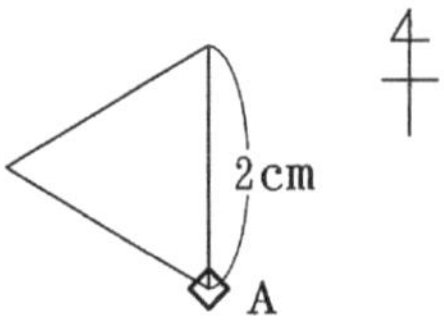

このロボットをB地点に正面を北に向けておいて，〔命令 4〕〔命令 5〕〔命令 6〕の順に命令をしたときに描く図形を解答用紙にかきなさい。

〔命令 4〕2cm 真っ直ぐ進む
〔命令 5〕144° 右を向く
〔命令 6〕命令 4 と命令 5 を 4 回繰り返す

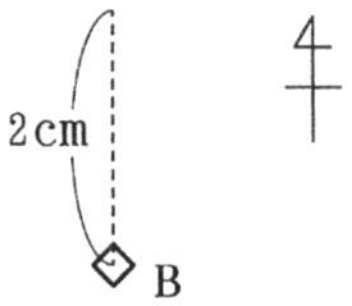

(6) 2 つの食塩水 A，B があります。A を 60g，B を 50g 混ぜてから水をすべて蒸発させても，A を 40g，B を 75g 混ぜてから水をすべて蒸発させても 10g の食塩が残りました。食塩水 A，B の濃さはそれぞれ何％ですか。

（計算用紙）

2 次の問いに答えなさい。

(1) 一の位が0でなく，一の位と十の位の数が異なる2桁の整数をAとします。Aの一の位の数と十の位の数を入れ替えた数をBとし，AとBの差をXとします。例えばAが28のとき，Bは82，Xは54となります。Xが5の倍数になるようなAはいくつありますか。

(2) 一の位が0でなく，一の位と百の位の数が異なる3桁の整数をCとします。Cの一の位の数と百の位の数を入れ替えた数をDとし，CとDの差をYとします。Yが5の倍数になるようなCはいくつありますか。

(3) 一の位が0でなく，一の位と千の位の数が異なる4桁の整数をEとします。Eの「一の位の数と千の位の数」および「十の位の数と百の位の数」をそれぞれ入れ替えた整数をFとし，EとFの差をZとします。Zが5000以上の5の倍数になるようなEはいくつありますか。

（計算用紙）

3　AD＝15cm，AB＝AE＝20cm，AC＝25cm の直方体ABCD－EFGHがあります。
図1のように，辺EFの延長線上に点Rがあります。また点Pは，秒速2cmの速さで，点Bを出発し辺BF上をFまで進み，さらに同じ速さで直線FR上を点Rまで進みます。
次の問いに答えなさい。
ただし，すい体の体積は「（底面積）×（高さ）÷3」で求めることができます。

図1

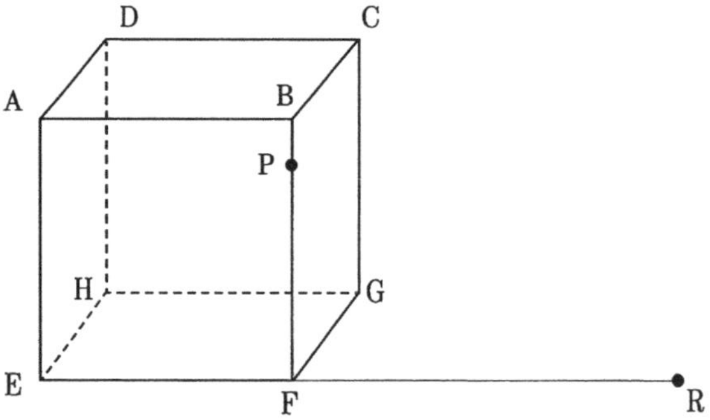

(1) 三角すいB-APCの体積が225cm^3となるのは，点Pが点Bを出発してから何秒後ですか。

(2) 図2のように，点Pが点Bを出発してから8秒後の位置にたどりついた地点を点Qとします。㋐の角の大きさは45°です。三角すいQ－CERの体積は何cm^3ですか。

図2

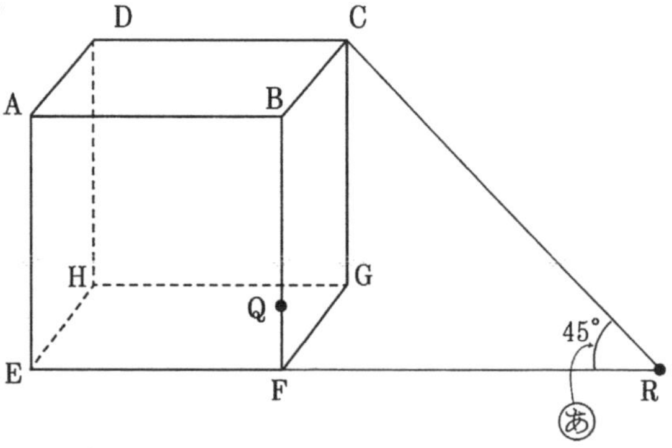

(3) (2)の三角すいQ－CERの底面を三角形CERとしたときの高さは何cmですか。

（計算用紙）

4 渋男君と教子さんは 500 円硬貨を貯める貯金箱を作ります。硬貨の形は直径 3cm，高さ 2mm の円柱とします。渋男君は，貯金箱の形を底面が 1 辺の長さが 9cm の正方形で高さが 14cm の直方体にします。硬貨の投入口は図 1 のように横が 3cm，縦が 2mm の長方形にします。硬貨は図 2 のように底面に 9 枚しきつめて，その上に同じように積まれていくと考えます。

図 1

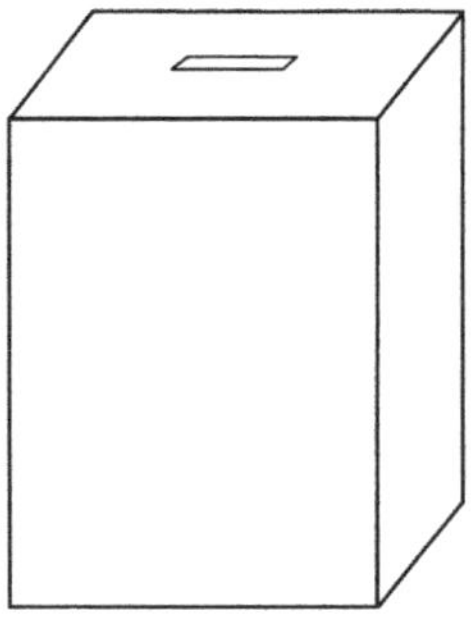

図 2

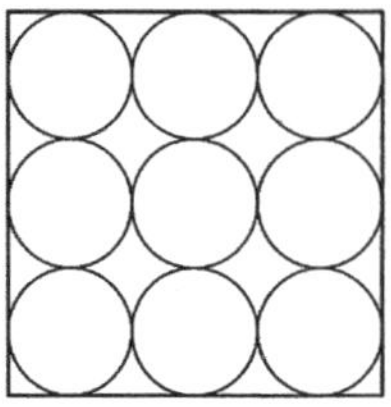

次の問いに答えなさい。また，必要な式，考え方なども順序よくかきなさい。ただし，円周率は 3.14 とします。

(1) 渋男君の貯金箱の外側の表面積は何 cm^2 ですか。

教子さんは，貯金箱の形を底面が直径 9cm の円の円柱にします。硬貨は底面にできるだけ多くしきつめて，その上に同じように積まれていくと考えます。円柱の高さは，渋男君の貯金箱と同じ金額を貯めることができる中で最も低い高さにします。硬貨の投入口は渋男君の貯金箱と同じ長方形にします。貯金箱の材料は 2 人とも同じスチールです。スチールの重さは外側の表面積 1cm^2 あたり 2g として，スチールの厚みは考えません。硬貨の重さは 1 枚あたり 7g とします。

(2) 教子さんの貯金箱の高さは何 cm ですか。

(3) 渋男君と教子さんはそれぞれが作った空の貯金箱に 500 円硬貨を貯めていきました。ある日貯金箱の重さを量ったところ，渋男君の貯金箱の方が 32.3g 重くなりました。このとき教子さんが「私の方が 2000 円多く貯金をしているわ」と言いました。なぜそう言えるのか渋男君が納得するように説明しなさい。

〔問題は以上です。〕

（計算用紙）

2022(R4) 渋谷教育学園渋谷中　第２回
K 教英出版

理科　令和４年度　渋谷教育学園渋谷中学校入学試験問題　（30分）

注　答えはすべて解答用紙に記入しなさい。

1　次の会話文を読んで、問いに答えなさい。

ＡさんとＢくんは夏休みを利用して、沖縄《おきなわ》の海に遊びに来ています。

Ａさん：ぷはーっ。泳いだ後に飲むサイダーは美《お》味《い》しいね。
Ｂくん：でも、日向《ひなた》においておくと、すぐに炭酸が抜《ぬ》けちゃうじゃん。
Ａさん：私は、ちゃんと冷やしておいたもん。①砂糖が水に溶《と》ける場合と、二酸化炭素が水に溶ける場合とじゃ、まるで逆だもんね。

問１　下線部①について、Ａさんが言いたかったことを説明した文として適切なものを、次のア～エから１つ選び、記号で答えなさい。

ア　砂糖はよくかき混ぜた方が水によく溶けるが、二酸化炭素はあまりかき混ぜない方が水によく溶けるということ。
イ　砂糖は粒《つぶ》を細かくしたときの方が水によく溶けるが、二酸化炭素は気体なのでどうやっても水に溶かしにくいということ。
ウ　砂糖は温度が高い方が水によく溶けるが、二酸化炭素は温度が低い方が水によく溶けるということ。
エ　砂糖は温度が高い方が水によく溶けるが、二酸化炭素が水に溶ける量は温度に関係ないということ。

Ａさん：沖縄の海は、やっぱり楽しいね。海の水がきれいで透明《とうめい》で、魚がたくさんいるから、魚を眺《なが》めながら泳げるね。
Ｂくん：砂浜《すなはま》もそこまで熱くならないしね。
Ａさん：あ、知っているよ！　沖縄の砂浜は東京にある砂浜とは違《ちが》って、サンゴの骨とか貝殻《かいがら》とかが細かく砕《くだ》けたものでできているから、色が白くて熱くなりにくいんでしょ！
Ｂくん：物知りだなあ。確か、サンゴや貝殻って炭酸カルシウムっていう物質でできているんだよね。
Ａさん：石灰岩や（　②　）の主成分でもあるんだよ。

問２　空らん（　②　）にあてはまるものとして正しいものを、次のア～エから１つ選び、記号で答えなさい。

ア　チョーク　　　イ　牛乳　　　ウ　ヒトの骨　　　エ　ベーキングパウダー

Ｂくん：へえ……。サンゴのおかげで、魚もたくさん見られて、砂浜も熱くないなんて、サンゴってすごい動物なんだなあ。

Ａさん：え？　サンゴって動物なの？

Ｂくん：そうだよ。さっき、自分で「サンゴの骨」って言っていたじゃないか。植物に骨はないでしょ？

Ａさん：うーん、そうかあ。

Ｂくん：サンゴはクラゲとかイソギンチャクの仲間なんだよ。サンゴの中でも、サンゴ礁《しょう》をつくるサンゴのことを造礁性《ぞうしょうせい》サンゴといって、炭酸カルシウムからできている骨をつくるだけじゃなくて、褐虫藻《かっちゅうそう》という微生物《びせいぶつ》を体の中に住まわせているんだ。

Ａさん：サンゴと褐虫藻は共生しているってことかあ。ところで、褐虫藻は虫なの？　藻《も》なの？

Ｂくん：藻だよ。褐虫藻は、植物みたいに、③太陽の光を利用して栄養をつくることのできる生物なんだ。

Ａさん：「植物みたい」ということは、褐虫藻は植物でもないんだ。色んな生き物がいるんだなあ。

問３　下線部③について、このような生物のはたらきのことを何といいますか。

問４　サンゴの中には、褐虫藻を共生させていないものもいます。そのようなサンゴは水深の深い場所でも見られるのですが、造礁性サンゴは水深の浅い場所でしか見られません。造礁性サンゴが水深の浅い場所でしか生きられない理由を説明しなさい。

Ｂくん：でも、地球温暖化が進んでいるこんな世の中じゃ、沖縄の豊かな海を楽しめるのも、あとわずかかもしれないね。

Ａさん：地球温暖化で、海水温が上昇《じょうしょう》すると、サンゴが死んじゃうんだっけ？

Ｂくん：うん。サンゴにとって最適な水温は大体27°Cくらいなんだけれど、水温が30°Cくらいになると、サンゴの中から褐虫藻が出てきてしまうんだ。④その状態が数週間以上続くと、造礁性サンゴは褐虫藻から栄養をもらうことができず死んでしまう。炭酸カルシウムの骨だけになるから、この現象を「サンゴの白化」というんだ。

問５　下線部④について、造礁性《ぞうしょうせい》サンゴが体内に褐虫藻《かっちゅうそう》を共生させているのは、褐虫藻がつくりだした栄養のほとんどをもらえているからです。一方で、褐虫藻もサンゴと共生することで様々《さまざま》なメリットを得ています。そのようなメリットとして**適切でないもの**を次のア～エから１つ選び、記号で答えなさい。

ア　造礁性サンゴの体内という安定したすみ場所を確保できていること。

イ　造礁性サンゴが褐虫藻がつくった栄養の大部分を消費してくれること。

ウ　造礁性サンゴが吐《は》き出した二酸化炭素を利用できること。

エ　造礁性サンゴによって褐虫藻を食べる生物から守ってもらえること。

Ａさん：造礁性サンゴの白化を招く原因は、海水温の上昇《じょうしょう》だけじゃないらしいよ。

Ｂくん：そうなの？

Ａさん：空気中の二酸化炭素が増加すると、海に溶《と》ける二酸化炭素の量も増えるんだって。すると、海はどうなると思う？

Ｂくん：まさか、海が炭酸水になってしまうってこと？　そして、塩サイダーが飲み放題になる？

Ａさん：さすがにサイダーにはならないって。でも、ほんの少し酸性に近付いてしまうのは確実みたい。これを「海洋酸性化」というんだって。

Ｂくん：海に溶ける二酸化炭素の量が多くなると、サンゴに一体どんな影響《えいきょう》があるの？

Ａさん：仕組みは難しいんだけれど、海洋酸性化が進むと、サンゴの（　⑤　）から、造礁性サンゴがなくなってしまうんだって。しかも、⑥この現象の影響を考えると、日本周辺から造礁性サンゴが消えてしまう時期が、これまでの予想より早くなるかもしれないんだって。

Ｂくん：⑦サンゴ礁をたくさんの魚が泳ぎまわる光景が、日本から消えちゃうのは嫌《いや》だなあ。

問6　次の表は、海水に溶けている二酸化炭素の濃度《のうど》と、その時の炭酸カルシウムの海水への溶けやすさをまとめたものです。

海水に溶けている二酸化炭素の濃度	1.0	1.5	2.0	2.5	3.0
炭酸カルシウムの海水への溶けやすさ	ほとんど溶けない	1.0	3.8	6.5	12.0

(1)　表のデータを基に、空らん（　⑤　）にふさわしい文を考えて、答えなさい。

(2)　海洋酸性化の影響が大きいのは、日本における造礁性サンゴの生息域のどこか。次のア～エから１つ選び、記号で答えなさい。

ア　北　　　イ　東　　　ウ　南　　　エ　西

(3)　下線部⑥について、海水温上昇の影響に海洋酸性化の影響が加わると、日本における造礁性サンゴの絶滅《ぜつめつ》がより早まると考えられるのはなぜですか、説明しなさい。

問7　下線部⑦にあるように、サンゴ礁ではその周辺の砂浜《すなはま》と比べると、魚類をはじめとした様々な生物が共存している様子を観察できます。この理由として**適切でないもの**を、次のア～エから１つ選び、記号で答えなさい。

ア　サンゴ礁は波の力を和らげるので、生物の住みやすい穏《おだ》やかな環境《かんきょう》がつくられるから。
イ　サンゴの複雑な形が、小さな生物の隠《かく》れ家になるから。
ウ　サンゴ礁が形成される海は水温が温かく、他の生物にとっても生きやすいから。
エ　サンゴ礁に多くの生物が集まるので、エサを求めて様々な生物が集まるから。

2 次の会話文を読んで、問いに答えなさい。

父　：この新聞紙、何回折りたためるかな？

リカ子：新聞紙は結構大きいからたくさん折れそうだな。20回くらい？

父　：実際に折ってごらん？

リカ子：……あれ？　どう頑《がん》張っても８回が限界だ。どんどん小さくなっちゃって、どんどん分厚くなっちゃって……

父　：１回折るたびに辺の長さは半分になって、厚さは２倍になる。辺には縦と横があるから、面積で考えたほうが簡単かな？ ２回折ると縦、横それぞれ $\frac{1}{2}$ 倍になって面積は $\frac{1}{4}$ 倍になり、厚さは４倍になるんだ。こういう倍、倍になっていくことを指数関数的変化っていうんだ。

リカ子：む、難しい……

父　：例えば、新聞紙の厚さを0.1mmとすると、１回折ると0.2mmになって２回折ると0.4mmになる。３回で0.8mm……

リカ子：なるほど……８回折ると［ア］mmになるのか。

父　：新聞紙の大きさを横810mm、縦550mmとすると広げたときの面積が445500mm^2。
８回折ると面積は約［イ］mm^{2}になる。このときの辺の長さを考えてみよう。ただし、折ると折った部分が曲線になって計算が複雑になってしまうので、ここでは折るのではなく、その時に長いほうの辺の長さが半分になるように切って重ねていくことにして考えよう。

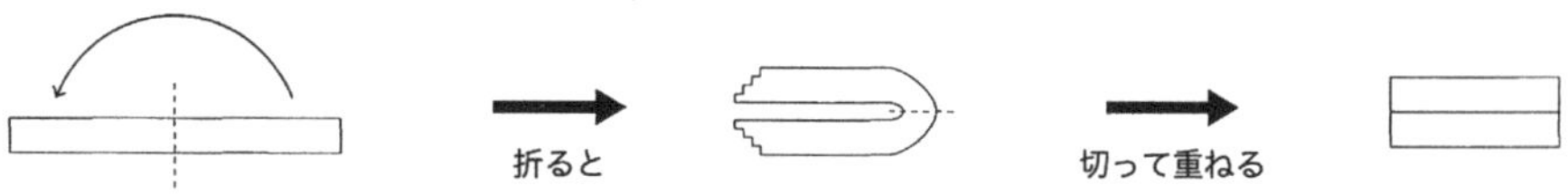

３回目の作業のようす

すなわち、１回目は810mmの横の辺を切り、２回目は550mmの縦の辺を切るという感じね。そうすると、８回切ったときの横の長さは［ウ］mm、縦の長さは［エ］mmになるよね。どう？　何か気づかない？

リカ子：あ、折るって考えたら①もうこれ以上折ることができない……

父　：そうなんだ。計算上でも新聞紙は８回までしか折れないんだよ。身の回りには他にも指数関数的なことって結構あるんだよ。

リカ子：明日、先生に聞いてみるね。

リカ子：先生、指数関数的なことってどんなのがありますか？

先　生：そうだな……たとえば、このギター。いろんな工夫をして音楽を奏でるのだけれど、②音の高さを変える方法の１つとして指数関数が使われてたりするよ。ギターのネックにフレットといって指で押《お》さえるところがあるよね。押さえるところを変えてはじく弦《げん》の長さを変えることで音の高さが変わるのだ。

リカ子：弦の長さが長くなるほど音が低くなるんですよね。

先　生：そうなんだ。フレットを変えて弦の長さを長くすることで音が低くなる。ちなみにフレットを１つずらすごとに弦の長さが約1.06倍になって半音下がるようになっているんだ。さらにフレットをずらして弦の長さをさらに約1.06倍するとさらに半音という具合に音が低くなっていく。そういう具合にフレットをずらしていくと、12個ずらしたところで、弦の長さは初めの２倍になり、ちょうど１オクターブ低くなるんだ。ということは、弦の長さを初めの４倍にすると２オクターブ低くなり、初めの８倍にすれば３オクターブ低くなるんだね。

リカ子：なるほど。ということは、逆に長さが半分になれば１オクターブ上がるってことですね。

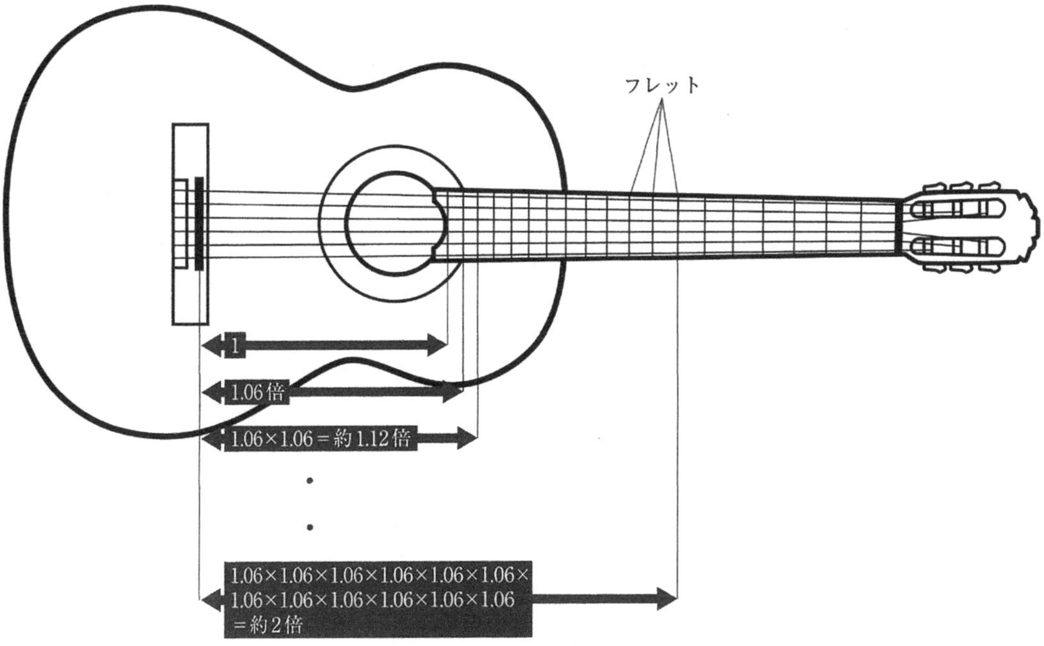

先　生：そういうこと。ちなみに、音の高さって「振動数《しんどうすう》」という数値で表されるんだけど、音の高さが１オクターブ上がるごとに振動数は２倍になるんだ。

リカ子：これも指数関数ですね。

先　生：そうだね。他には「放射性物質の半減期」もあるかな。放射性物質は一定時間ごとに半分ずつ違う物質に変わっていくんだ。その時間のことを「半減期」と言うんだ。

リカ子：原子力発電所の事故のニュースで聞いたことがあります。

先　生：あの時にニュースで出ていたのは「セシウム137」という物質だったね。③セシウム137の半減期は約30年なんだ。

リカ子：ということは、30年たってもまだ半分残っているってことですね。

先　生：そうだね。この半減期を利用した「年代測定法」というのもあるんだ。空気中には「炭素14」というのが一定割合含《ふく》まれていて、遺跡《いせき》などで発掘《はっくつ》された木などの植物に含まれる炭素14の割合を調べることで、その植物が何年前に切られたのかが計算できるんだ。

リカ子：それはすごいですね。

先　生：炭素14の半減期が約5,730年……この方法で数万年前までの測定ができるんだ。

問１　空らん［　ア　］に当てはまる数値を答えなさい。

問２　空らん［　イ　］に当てはまる数値を答えなさい。ただし、小数第１位を四捨五入して整数で答えなさい。

問３　空らん［　ウ　］、［　エ　］に当てはまる数値をそれぞれ答えなさい。ただし、小数第２位を四捨五入して小数第１位まで求めなさい。

問４　下線部①の「もうこれ以上折ることができない」といえる理由を下の図の記号、(あ)～(え)を用いて簡単に説明しなさい。ただし、記号はいくつ使ってもかまいません。

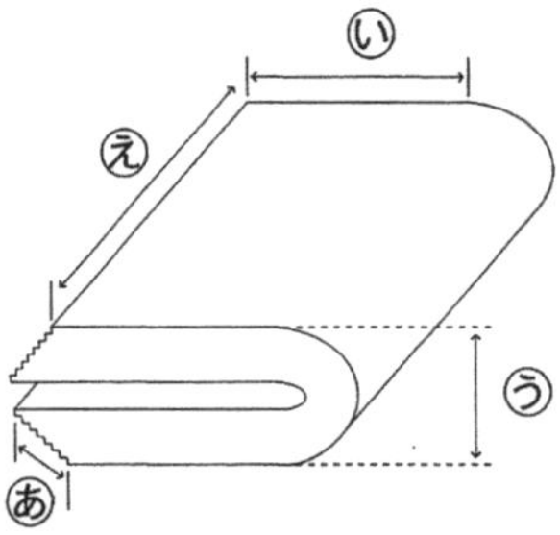

紙を数回折ったときの図

問５　ギターのような弦《げん》楽器においては、下線部②「音の高さを変える方法」は３つあります。会話文にある「弦の長さを変える」以外の２つの方法を答えなさい。ただし、解答例のように弦の何を変えたらよいか「弦」で始まる文章で答えなさい。

解答例：弦の長さを変える。

問６　シの音からファの音まで（半音６個分）高さを低くするには、弦の長さを何倍にすればよいですか。小数第２位を四捨五入して小数第１位まで求めなさい。

問７　弦楽器において、弦の長さが４倍になると振動数《しんどうすう》は何倍になりますか。

問8　下線部③より、セシウム137の半減期を30年とすると、セシウム137の量が$\frac{1}{1000}$以下になるには何年かかりますか。最も近いものを次のア～クから1つ選び、記号で答えなさい。

ア　300年　　イ　600年　　ウ　15,000年　　エ　30,000年

オ　30,000,000,000年　　カ　60,000,000,000年

キ　300,000,000,000,000年　　ク　600,000,000,000,000年

2022(R4) 渋谷教育学園渋谷中　第２回
K 教英出版

社会　令和４年度　渋谷教育学園渋谷中学校入学試験問題　(30分)

注
・答えはすべて解答らんにおさまるように記入して下さい。
・字数の指定がある問題については、次の①と②に注意して下さい。
①句点（「。」）や読点（「、」）は、それぞれ１字として数えます。
②算用数字を用いる場合は、数字のみ１マスに２字書くことができます。
例１）「２０２２年」と書く場合　20 22 年
例２）「３６５日」と書く場合　36 5 日　または　3 65 日

1　以下の文章を読み、下記の問に答えなさい。

明治政府は、当初より国家財政をいかに黒字にすべきか頭を悩ませていました。①政府は士族の俸禄（給与）を支払わねばならず、また各藩が抱えていた借金も引き受けていたからです。しかし、1876年頃には収入と支出のバランスをなんとか整えられるようになってきました。この頃、世界を見渡してみると、欧米の先進国は植民地に鉄道を敷き、支配に利用していました。鉄道は人や物、そしてそれまで入手に時間のかかっていた遠方の情報を素早く運び伝えるからです。日本では1870年には東京－横浜間で早くも電信による電報の取り扱いが始まっており、電信はその後しばらくして全国に普及しました。鉄道に関しても、その重要性は認識されており、鉄道の敷設は国家事業として行うべきとの意見が強かったのです。しかし、東京と東北地域を結ぶ鉄道敷設をめざして②1881年に設立された「日本鉄道」は、日本初の民営鉄道会社としてスタートしました。新橋－横浜間に最初の鉄道が敷かれたのが1872年、大阪をはさんで神戸と京都が鉄道でつながったのが1877年のことですから、かなり早い時期の民営による鉄道事業と言えるでしょう。以下は、東北方面の鉄道に関する年表です。

1881年	日本鉄道　設立
1883年	上野駅 開業　　上野－熊谷間 開通
1886年	上野－宇都宮間　開通
1887年	郡山、福島、仙台、塩釜駅 開業
1890年	一ノ関、盛岡駅 開業
1891年	尻内（現八戸）、青森駅 開業　　盛岡－青森間 開通により上野－青森間 全通
1894年	官営鉄道の弘前駅 開業　　官営奥羽本線の青森－弘前間 開通 日本鉄道八戸支線の尻内（現八戸）－八ノ戸（現本八戸）間 開通
1905年	奥羽本線 福島－青森間 開通
□年	鉄道国有法が出され11月に日本鉄道が国有化

表中の③八戸、青森、弘前は現在の青森県の人口上位３市にあたります。この時期にすでにこれら三市は鉄道で東京とつながっていたのです。こうして青森の物産が東京に運びやすくなりました。また、鉄道は当時明治政府が重視していた北海道開拓にも寄与しました。④鉄道の路線、駅から外れた地域は、鉄道をなんとか敷設しようとこのあとも努力を続けました。現在では地方の鉄道路線の採算性がしばしば課題になりますが、鉄道が地域の発展に寄与してきた部分は大きいのです。

問１　下線部①について、明治政府がこのような負担をかかえていたのは、明治４年になされた大きな行政改革が理由である。この行政改革を漢字４字で答えなさい。

問2　下線部②について、なぜ「日本鉄道」が民営会社となったのか、その理由を、下の図1と図2をみて、会社設立数年前にあった日本国内の出来事を具体的に示して、40字以内で説明しなさい。

図1

明治政府の国家財政バランスの推移

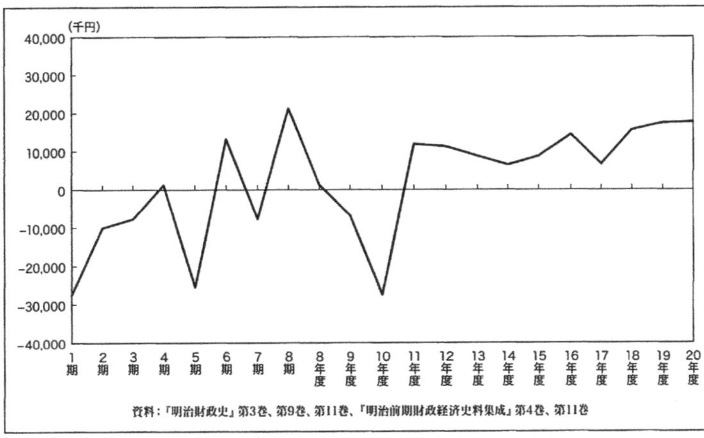

（大森徹、「明治初期の財政構造改革・累積債務処理とその影響」、『金融研究』、
日本銀行金融研究所、2001年9月）より作成

(注) 財政バランスとは、一定期間の収入と支出のバランスのことであり、プラスならば財政黒字、マイナスならば財政赤字であることを示す。
グラフ中の1期～8期は、それ以降の年度とは異なる期間で計算されている。8～17年度については、その年の7月から翌年6月までの12ヶ月間、18年度はその年の7月から翌年3月までの9ヶ月間、19年度以降は現在と同じくその年の4月から翌年3月までの12ヶ月間で計算されている。

図2

日本銀行金融研究所貨幣博物館HPより

問３　表中の塩釜にある塩釜港は、奈良時代に陸奥国の国府兼鎮守府である多賀城の外港の１つであった。奈良時代の出来事として正しいものを、以下のア～エより１つ選び、記号で答えなさい。

ア．紫式部により源氏物語が書かれた。

イ．小野妹子が大使となり遣隋使が派遣された。

ウ．藤原不比等らによって大宝律令が制定された。

エ．鑑真が来日し日本に戒律を伝えた。

問4　下線部③について、八戸は八戸藩の中心地、弘前は津軽藩の中心地であったが、明治政府により定められた青森県の県庁所在地は、どちらでもなく青森となった。なぜ八戸や弘前ではなく青森となったのか、その理由として正しいものを、以下のア～エより1つ選び、記号で答えなさい。

ア．港があり、北海道との連絡通路として利便性が高くふさわしいと考えられたから。

イ．ヨーロッパの技術に学んだ星形の土塁で囲った城郭が築かれており、内部に役所を置くことが可能であったから。

ウ．東北の物産を関東に運ぶ樽廻船の寄港地として、江戸時代より発展していたから。

エ．青森の東西を結ぶ地にあり、津波による被害の危険性は高かったが、防潮堤の整備が進んでいたから。

問5　弘前市と友好都市関係にある群馬県太田市は、自動車工業がさかんである。次の表1中のA～Cは、自動車工業がさかんな3都市（太田市、神奈川県横須賀市、静岡県浜松市）の輸送用機械器具出荷額、昼夜間人口比率、海面漁獲量、米の産出額を示したものである。A～Cに当てはまる都市名の正しい組み合わせを、以下のア～カより1つ選び、記号で答えなさい。

表1

	輸送用機械器具出荷額（億円）	昼夜間人口比率（%）	海面漁獲量（トン）	米の産出額（億円）
A	7,983.3	99.3	2,987	25.8
B	21,583.1	107.2	−	15.2
C	4,558.1	91.2	4,898	0.1

昼夜間人口比率は、夜間人口に対する昼間人口の比率を示し、100を超えると昼間人口の方が多い。
昼夜間人口比率は2015年、輸送用機械器具出荷額と海面漁獲量は2018年、米の産出額は2019年。
工業統計表、平成27年国勢調査、海面漁業生産統計調査、市町村別農業産出額より作成

ア．　A：太田市　B：横須賀市　C：浜松市
イ．　A：太田市　B：浜松市　C：横須賀市
ウ．　A：横須賀市　B：太田市　C：浜松市
エ．　A：横須賀市　B：浜松市　C：太田市
オ．　A：浜松市　B：太田市　C：横須賀市
カ．　A：浜松市　B：横須賀市　C：太田市

問６　青森県の鯵ヶ沢や深浦は、北前船の寄港地として知られる。江戸後期より北前船の主要な積み荷としては、肥料としての鰊粕（にしんかす）が知られている。鰊粕を西に運ぶほか、北前船は各地の情報をいち早くつかみ、物品の地域による価格差で利益を上げていた。しかし、その後北前船の利益は減少し、衰退していった。北前船衰退の理由に関する以下の問に答えなさい。

(1)　主要な積み荷の鰊粕は、特に綿花栽培に適しているとされていたが、明治維新後に日本の主要輸出品となった物の生産が伸びるにつれ、綿花栽培とそのための鰊粕需要が減少したと言われる。この主要輸出品とは何か答えなさい。

(2)　北前船の利益が落ちた理由を、１ページの本文も参考にして答えなさい。

問７　次の表２は、八戸と深浦における、６月と12月の日照時間と最も多い風向を示したものである。八戸の日照時間と最も多い風向の組み合わせとして正しいものを、以下のア～エより１つ選び、記号で答えなさい。

表２

	日照時間	
	６月	12月
A	168.2時間	124.1時間
B	179.3時間	30.9時間

	最も多い風向	
	６月	12月
C	南南西	西
D	北東	西南西

気象庁HPより作成

ア．　日照時間：A　　最も多い風向：C
イ．　日照時間：A　　最も多い風向：D
ウ．　日照時間：B　　最も多い風向：C
エ．　日照時間：B　　最も多い風向：D

問8　１ページの表にある鉄道国有法により、多くの民営鉄道が国営となった。下の図３をみて、また注意点を読んで、なぜこの法令が出されたのか、日本の出来事を具体的に示して説明しなさい。

図３

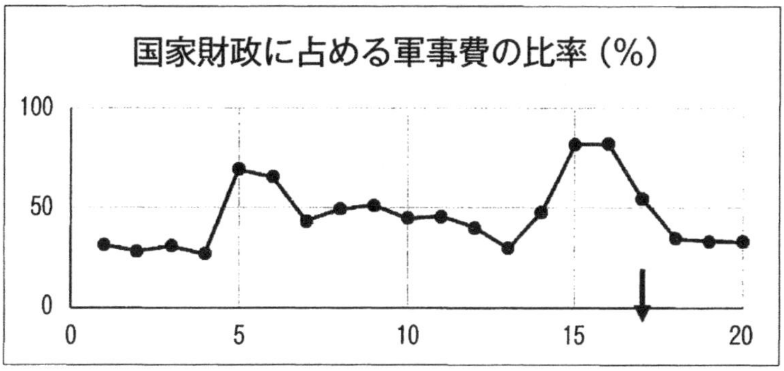

大蔵省「決算書」による軍事費（帝国書院HPから）より作成

注意点１：グラフは、明治時代のどこかの20年間についてのものである。そして、その20年間は２ページの図１とは重複していない。

注意点２：グラフ中の矢印は、鉄道国有法が出された年を示している。

問9　青森県五所川原市に太宰治記念館「斜陽館」がある。太宰治の生家を記念館にしたものである。太宰治は、1944年５月から６月にかけて青森を旅している。その時のいきさつを、1946年に『十五年間』という文章にしている。以下は、その『十五年間』の中の一節である。文中の下線部について説明した文章として正しいものを、以下のア～エより１つ選び、記号で答えなさい。

私は或る出版社から旅費をもらい、津軽旅行を企てた。その頃日本では、南方へ南方へと、皆の関心がもっぱらその方面にばかり集中せられていたのであるが、私はその正反対の本州の北端に向って旅立った。自分の身も、いつどのような事になるかわからぬ。いまのうちに自分の生れて育った津軽を、よく見て置こうと思い立ったのである。

太宰治，『十五年間』（青空文庫）

ア．ビルマ（ミャンマー）などの戦局がどうなっているのかについて気にかけていた。

イ．そろそろ梅雨の季節なので、梅雨前線がどのあたりに来ているかを気にしていた。

ウ．日本の植民地から多くの日本人が帰国するので、気にかけていた。

エ．ベトナム戦争が続き、日本にも影響が及ぶのではないかと気にしていた。

問10　下線部④について、弘前から８kmほど東にある平賀（合併して現在は平川市）は、奥羽本線から外れることになった。平賀の人々は大いに落胆し、なんとかこの地に鉄道を引こうと努力し、それが現在の弘南鉄道（1927年開業）につながった。明治初期よりリンゴの生産を開始し、その後名産地ともなった平賀が、弘前からそれほど遠くない場所にあったにもかかわらず、鉄道敷設を熱望したのには、この地域ならではの理由があった。その理由を示した以下の文章の空らんに当てはまる、それぞれ**漢字２字**の語句を、下の図４、図５、表３を参考にして答えなさい。なお、図や表の（　１　）（　２　）には、文章中の（　１　）（　２　）と同じ語句が入る。

（　１　）でリンゴの（　２　）が難しかったから。

図４　青森県産リンゴの（　２　）量（1936年度）

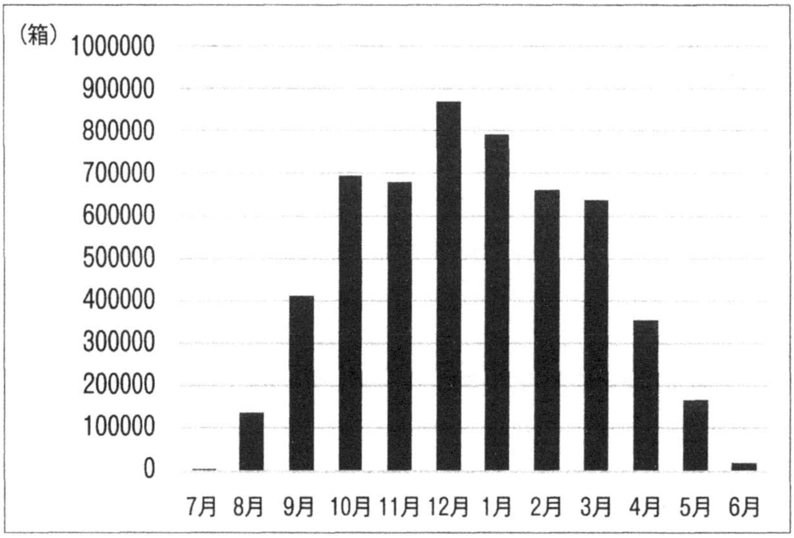

『青森県のリンゴ』、1941年（国立国会図書館デジタルコレクション）より作成

図５　弘前市の雨温図（1991～2020年の平均）

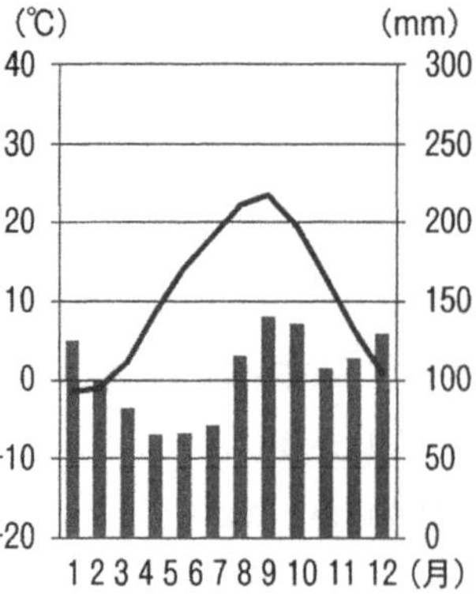

気象庁HPより作成

表３

1988～2020年

年間平均最深（　１　）量（cm）

東京	6.24
弘前	86.55

気象庁HPより作成

令和四年度

220210

国語解答用紙

渋谷教育学園渋谷中学校

※らんには記入しないこと

↓ここにシールを貼ってください↓

受験番号

番

氏名

合計得点

※

※100点満点
（配点非公表）

一

問一

①

②

③

④

問二

問三

問四

問五

※

※

※

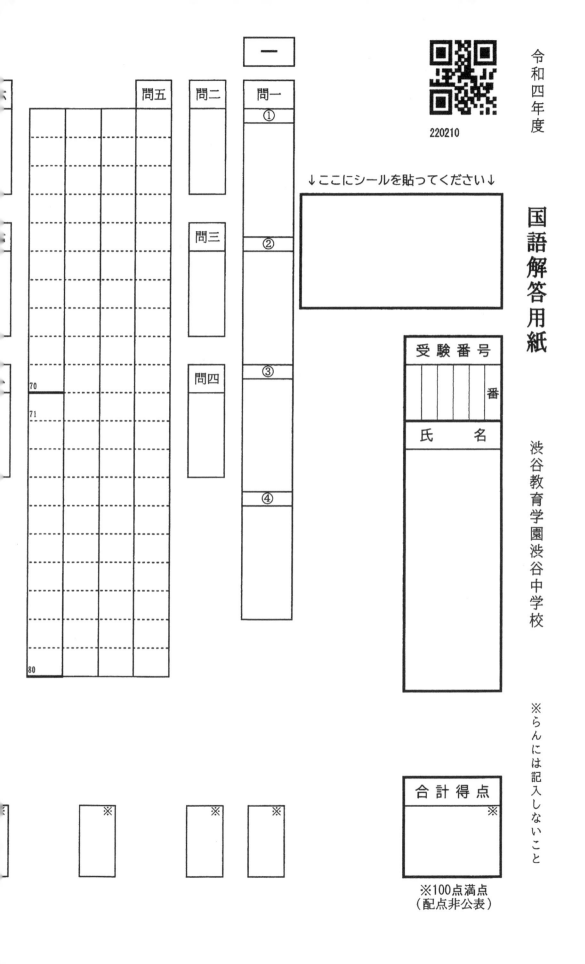

答え

A %　B %

※

2	（1）	個	（2）	個	（3）	個	※

3	（1）	秒後	（2）	cm^3	（3）	cm	※

受験番号						番	氏名	

【解答

※

受験番号						番	氏名	

得点合計	※ 点

※100点満点
（配点非公表）

2

問1		
問2		
問3	ウ	
	エ	
問4		
問5	弦	
	弦	
問6		
問7		
問8		

問11	(1)	ha	(2)		(3)		※
問12	記号		名称	青森　　　　　祭			※
問13	(1)		(2)				※

2

問 1	①		②		
	③		④		
	⑤				※
問 2	(1)		(2)		※
問 3	(1)		(2)		※
	(3)				※

2022(R4) 渋谷教育学園渋谷中　第２回
教英出版

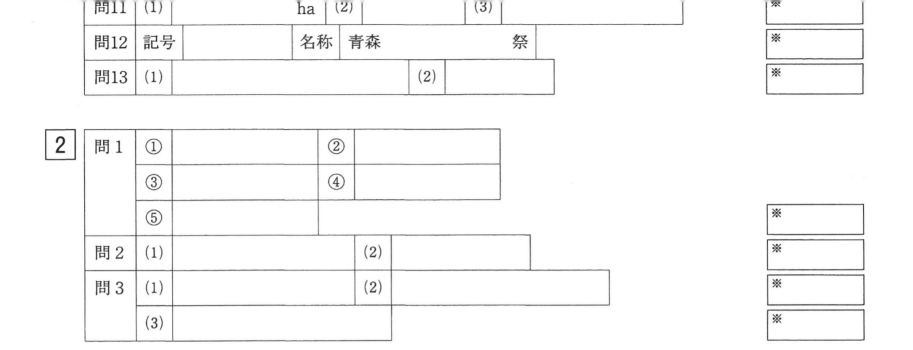

↓ここにシールを貼ってください↓

220230

令和４年度　**社会解答用紙**　渋谷教育学園渋谷中学校

受験番号						番	氏名	

※50点満点
（配点非公表）

※欄には記入しないこと。

1

問１			※
問２			※
問３		問４　　問５	※
問６	(1)		※
	(2)		※
問７			※
問８			※

【解

220240

↓ここにシールを貼ってください↓

※50点満点
（配点非公表）

令和４年度　理科解答用紙　渋谷教育学園渋谷中学校

受験番号						番	氏名	

1

問1		
問2		
問3		
問4		
問5		
問6	(1)	
	(2)	
	(3)	

令和４年度　# 算数解答用紙　渋谷教育学園渋谷中学校

※欄には記入しないこと。

4

(1) 式・考え方

答え

cm^2

(2) 式・考え方

答え

cm

220220

↓ここにシールを貼ってください↓

令和４年度

算数解答用紙

渋谷教育学園渋谷中学校

※欄には記入しないこと。

1

(1)	
(2)	ページ から ページ
(3)	度
(4)	km

(5)

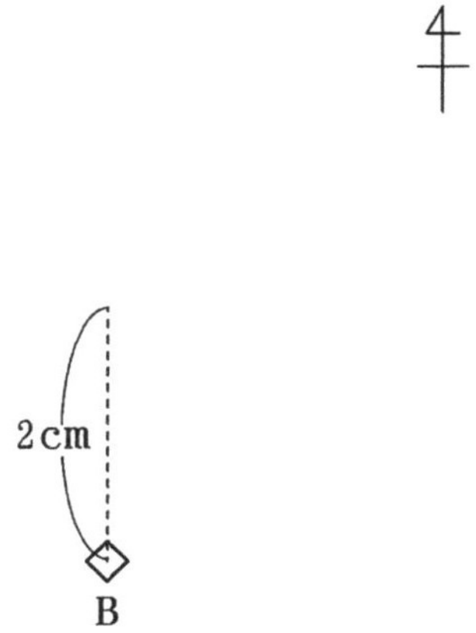

(6) 式・考え方

二

問一

①

②

ねる

③

問二

問三

問四

70

71

80

問五

問六

81

100

80

問七

※

※

※

※

※

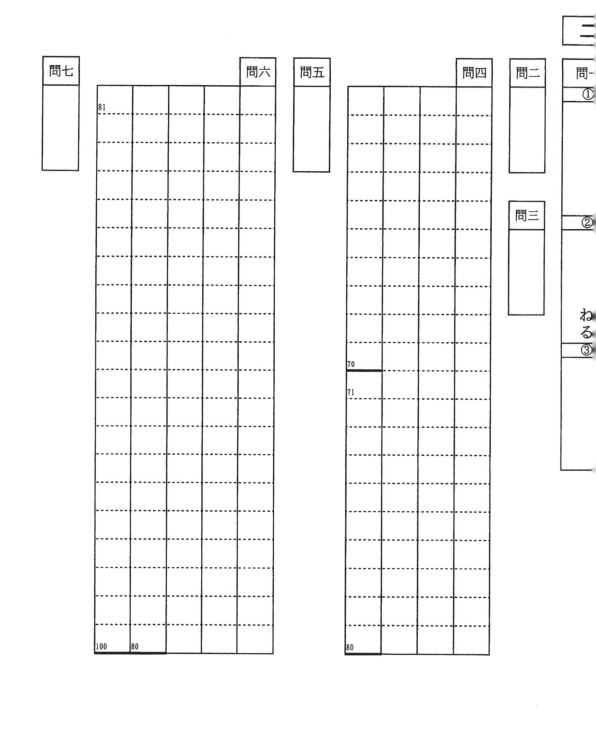

問11　平川市平賀地区付近を示した次の地形図について、以下の問に答えなさい。

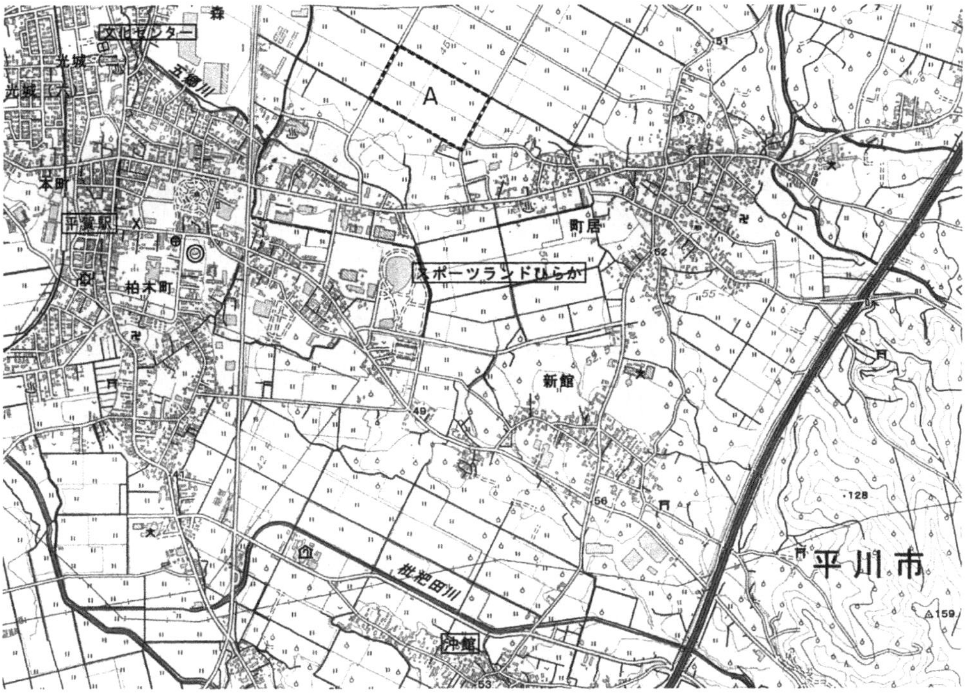

電子地形図25000（国土地理院）より作成（縮尺は25,000分の１）

(1)　地形図中の点線で囲まれたＡの土地は、地形図上で1.0cm×1.6cmの長方形の土地である。この土地の面積を、解答らんにあうように答えなさい。

(2)　地形図中から読み取れる情報として適当なものを、以下のア～エより１つ選び、記号で答えなさい。

ア．「平賀駅」から東にのびる道路を進むと、左手に市役所が見えてくる。
イ．「スポーツランドひらか」は、標高60m以上の場所にある。
ウ．「沖館」の北西には、老人ホームと博物館がある。
エ．「文化センター」には、図書館が設置されている。

(3)　地形図中で果樹園が特に集中している場所は、どのような地形であるか答えなさい。

問12　青森市では、毎年８月上旬に東北三大祭りの１つに数えられる祭りが開催されている。その祭りのようすを示した写真として適当なものを、以下のア～エより１つ選び、あわせてその祭りの名称を解答らんにあうように答えなさい。

ア．

イ．

ウ．

エ．

問題は次のページに続きます。

問13　昨年、ユネスコの世界遺産委員会で、「北海道･北東北の縄文遺跡群」が世界遺産に登録された。この事に関する以下の問に答えなさい。

(1)　青森市にある縄文時代前期から中期の日本最大級の大規模集落遺跡を答えなさい。

(2)　虫歯の出現頻度は、食糧中の炭水化物の量に左右される。下の表4は、縄文人の虫歯の出現頻度、図6は、3カ所の縄文遺跡における食糧供給源の推定である。図6中の**B**のグラフは、次ページの地図中の**ア**～**エ**のどの遺跡に関するものか、記号で答えなさい。

表4

地域	標本数(本)	虫歯の割合(%)
北海道	1,285	2.18
東北	789	17.49
関東	1,751	13.82
中国	144	12.50

『縄文文化の扉を開く』(国立歴史民俗博物館、2001年)より作成

図6

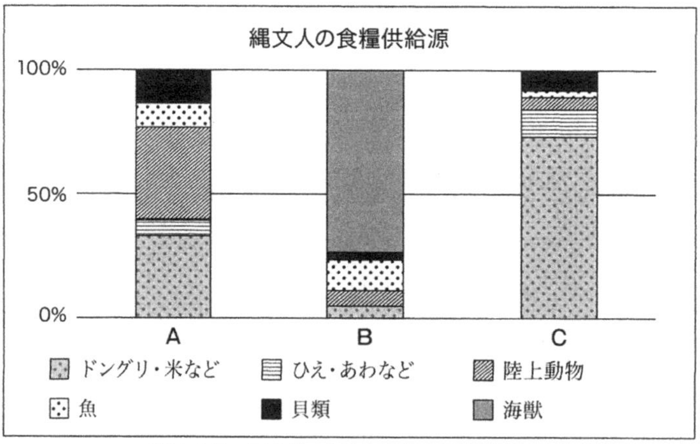

『縄文文化の扉を開く』(国立歴史民俗博物館、2001年)より作成
(注)海獣とは、オットセイやトドなどのこと

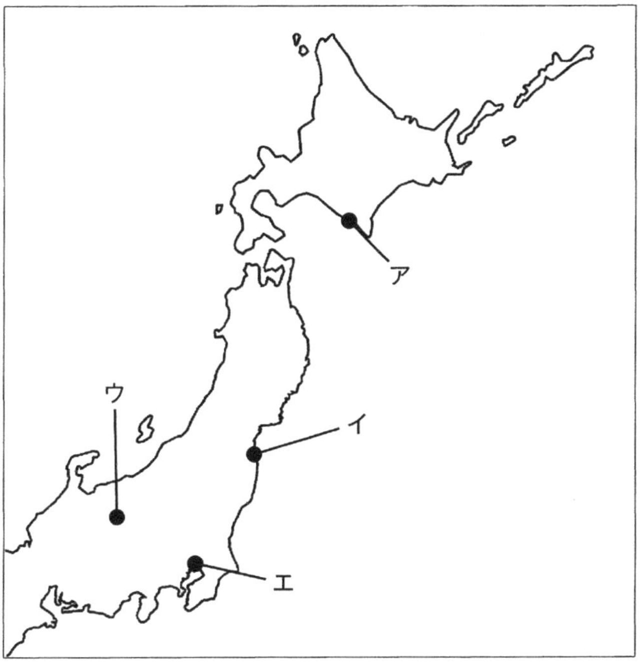

問題は次ページに続きます。

2　以下の問に答えなさい。

問１　次の文章は、日本における「地方自治」についてまとめた文章である。空らん（　①　）～（　⑤　）に当てはまる語句や数字を答えなさい。

都道府県や市町村などの地方公共団体には、それぞれ首長と議会が置かれます。都道府県の首長である（　①　）は、被選挙権を（　②　）歳以上として選ばれます。一方、市町村長の首長と都道府県を含む地方議会の議員の被選挙権は（　③　）歳以上です。また地方公共団体は、（　④　）と法律の範囲内で独自に住民に決まりを定めることができますが、これを（　⑤　）といいます。

問２　次の記事は、2020年に愛知県で問題となったリコール署名偽造事件に関するものである。以下の問に答えなさい。

> 大村秀章氏の解職請求（リコール）運動の署名偽造事件で、県警は15日、地方自治法違反（署名偽造）容疑で、リコール運動団体の事務局幹部だった元常滑市議(52)ら３人を書類送検した。関係者への取材で分かった。
>
> 他に書類送検されたのは、広告関連会社の下請け会社社長ら。この２社は署名偽造のアルバイトを募集するなどしたとされる。
>
> 時事ドットコム（2021年９月15日）：一部改変

(1)　地方自治法では、住民が自分たちの意見を直接行政に反映させる権利が認められています。この権利を答えなさい。

(2)　(1)の権利を使ってできることとして、ふさわしくないものを、以下のア～エより１つ選び、記号で答えなさい。

ア．地方議会議員の解職を求めること　　イ．地方議会の解散を求めること
ウ．監査を求めること　　エ．市町村の合併を求めること

問3　次の記事は、2021年9月14日に京都地方裁判所で出された判決に関するものである。記事を読み、以下の問に答えなさい。

> 国が2013～15年に（　A　）の基準額を引き下げたのは、生存権を保障した憲法25条に反するなどとして、京都府内の受給者42人が国と京都市に減額処分取り消しと1人1万円の損害賠償を求めた訴訟の判決で、京都地裁（増森珠美裁判長）は14日、原告側の請求を退けた。
>
> 増森裁判長は基準額の引き下げについて、「（　B　）相の判断に過誤、欠落があったということはできず、違法とは言えない」と指摘した。
>
> 時事ドットコム（2021年9月14日）：一部改変

(1)　記事中の空らん（　A　）に、当てはまる語句を答えなさい。

(2)　記事中の空らん（　B　）相とは、この記事の問題を担当する省庁の大臣のことである。この省庁を、正式名称で答えなさい。

(3)　日本国憲法の第25条では、
「すべて国民は健康で文化的な最低限度の［　　　　］権利を有する。」
と定められている。空らん［　　　　］に当てはまる言葉を答えなさい。

問題は以上です。

2022(R4) 渋谷教育学園渋谷中　第２回
教英出版

令和三年度（第二回）

渋谷教育学園渋谷中学校　入学試験問題

国語

（50分）

※　解答は、必ず解答用紙の指定されたところに記入しなさい。

※　〇〇字で、または〇〇字以内で答えなさい、という問題は、「。」や「、」、「かっこ」なども一字と数えます。

一　次の文章を読んで後の問いに答えなさい。

【美緒《みお》は両親に無断で家を飛び出し、岩手で織物の工房を主宰《しゅさい》している祖父の元に身を寄せている。両親は美緒を連れ戻《もど》すべく岩手を訪《おとず》れるが、話し合いの場で自分の考えをうまく話せない美緒に対し、母は感情的になってしまい、美緒にひどい言葉をぶつけてしまう。】

泣けばすむと思っている。いつも女を武器にして、父や祖父には甘《あま》える。そういうところがきらい。

母に言われた言葉を思い出すと、頭がぼんやりする。

盛岡《もりおか》駅で両親を見送ったあと、祖父の家の二階に閉じこもり、美緒はベッドの上で身体を丸める。

目を閉じると、※裕子《ゆうこ》が糸を掛《か》けていた機《はた》が心に浮《う》かんだ。

昨夜は食事のあと、アトリエに来ないかと裕子に誘《さそ》われた。

裕子はショウルームの近くにあるアパートに、個人的な作品を作るための機や資料を置いていた。そこは山崎工藝舎《やまざきこうげいしゃ》が社員寮《りょう》に使っていた建物で、駐車場《ちゅうしゃじょう》をはさんで向かいに建つ古い木造アパートも昔は寮だったのだという。

その木造アパートの二階に太一は住んでおり、せっかく家を出たのに、実家にいた頃《ころ》と変わらず、母にこき使われていると笑っていた。

裕子がそのアトリエで織っていたのは、羊本来の毛の色を活かした※ショールだった。羊毛は白だけではなく、羊の種類や育つ場所によって、灰色や茶色の毛もあるそうだ。

今、織っているのは明るい灰色で、銀灰色《ぎんかいしょく》と呼ばれる色だ。

濁《にご》りのないその色に「※おどる十二人のおひめさま」の絵本で見た、三つの森のうちの「銀の森」を思い出した。

裕子が少し布を織っていくと言ったので、隣《となり》に座《すわ》ってその動作を見つめた。

足元のペダルを踏《ふ》むと、ゆるみなく張られた縦糸が上下に分かれる。その間に横糸用の糸が巻かれた杼《ひ》を、左から右へ裕子がすべらせていく。

そうして掛け渡《わた》された横糸を、布の縁《ふち》が曲がらぬように注意して、筬《おさ》でそっと手前に打ち込《こ》む。それが終わると再びペダルを踏んで、今度は右から左へ杼を渡し、筬で打ち込む。

繊細《せんさい》な羊毛の糸を扱《あつか》う作業はすべて慎重《しんちょう》で、筬を打ち込む音も静かだ。
規則正しく繰《く》り返される機の響《ひび》きに、気が付くと眠《ねむ》ってしまった。
翌朝、目覚めると、裕子の機に朝日が当たっていた。
機が織り手を待っているようだ。それを見たとき、自分も早く大きなものを織りたいと思った。
(1)羊毛の仕事は不思議だ。布づくりのことを考えている間は、昨夜の母の言葉も束《つか》の間、頭から消えていた。

薄《うす》く目を開け、美緒は赤いショールに手を伸《の》ばす。
昨夜の裕子の姿に祖母を思った。
整然と並んだ縦糸に一筋ずつ横糸を渡し、やさしく筬で整える。顔も覚えていない祖母が慈《いつく》しむようにして作ってくれたのが、このショールだ。

布に触《ふ》れた指先から、ほのかなぬくもりが伝わってくる。
好きだ、という思いがこみあげてきた。
羊毛の仕事が好きだ。
それなのに母に何も言えなかった。工房や見習いの仕事を悪く言われても、黙《だま》ってうつむいていただけだ。
職人になる覚悟《かくご》はあるのかと母は聞いた。
覚悟……と考えながら、美緒はショールを頭からかぶる。
好きだけれど、そこまではまだ心が決まらない。
開け放した窓から風が入ってきた。日中は①アツくても、日が沈《しず》むとこの家は涼《すず》しい。
肌《はだ》寒さを感じて、美緒は立ち上がった。窓を閉めにいくと、外が明るい。
月の光が木立《こだち》に落ち、森が白く輝《かがや》いている。
ああ、と声が漏《も》れた。
昨夜は「銀の森」の色を裕子の機で見た。今は目の前に「ダイヤモンドの森」の光がある。

月明かりのなかで、岩手山のシルエットがうっすらと見えた。その光景に「※水仙月《すいせんづき》の四日」の絵が心に浮かんだ。
赤い毛布《けっと》をかぶり、吹雪《ふぶき》のなかで遭難《そうなん》した子ども。
その子の命を取れと命じられた雪童子《ゆきわらし》は、わざとひどく突《つ》き倒《たお》し、赤い毛布でその子をくるむと、自分の雪で隠《かく》して守ってやる。
部屋のあかりをつけ、鏡の前に美緒は立つ。
(2)赤いショールを頭に深くかぶった自分が映った。
たっぷりとした布の奥《おく》からのぞく目と、小さな身体。見るからに自信がなさそうな子どもを守るようにして、ショールは鮮烈《せんれつ》な色を放っている。
頭からショールを外し、両肩《りょうかた》に掛けてみた。右から下がった布を左肩へ折り上げてみる。
艶《つや》やかな赤い布が身に添《そ》い、優雅《ゆうが》なひだが首のまわりを縁取った。
見たことのない自分の姿に驚《おどろ》き、美緒は一歩前に出る。
ショールを肩にまとった自分は堂々としていた。背筋を伸ばすと顔が晴れやかになり、そんな自分の変化に力が湧《わ》いてくる。守られるのではなく、背中を押《お》されているみたいだ。
これが色の力。いや、色と布の力だ。
布の織り目に美緒は目を凝《こ》らす。精緻《せいち》な織りだ。布の端《はし》も驚くほど、まっすぐに整っている。
今ならわかる。ずっと身近にあったこの布が、どれほど高い技術で作られていたか。
赤がいい。強くそう思った。
赤だ。
こみあげる思いに、美緒はさらに前に進んで鏡に触れる。
同じものを作ろうとしたら、どうなるだろう？　こんなに力がある布を作れるだろうか。
今すぐ、作り始めたい衝動《しょうどう》に突き動かされ、部屋を出た。
廊下《ろうか》に異様な熱気がこもっている。階段の下から祖父の足音がした。
「おじいちゃん！　あとで部屋に行ってもいい？」
「今でもいいぞ。なんだ？」

「ショールの色、決めました。すぐに行くけど、ちょっと待ってて」

「どうした？」

「なんかね、廊下がすごく熱い」

魚が腐《くさ》ったようなにおいがただよってきた。廊下を歩きながらあちこちを見て、台所のドアを開けた。その途端《とたん》、猛烈《もうれつ》な熱気が顔を打った。

叫《さけ》んだつもりが声にならず、身体が固まった。

「あっ、火……火」

コンロの鉄鍋《てつなべ》から大きな炎《ほのお》が上がっていた。その炎は壁《かべ》を這《は》い、一気に天井《てんじょう》に燃え移った。

けたたましいベルの音が鳴り響いた。

カジデス、カジデス、と火災②ホウチ器の声がする。

「おじ、おじい……か、か、みず、み……」

流しに伏《ふ》せてあったボウルを手に取る。しかし炎の熱気が強くて、水道の蛇口《じゃぐち》に近づけない。ようやく蛇口をひねったとき、祖父の声がした。

「水はやめろ、危ない、美緒、下がれ！」

駆《か》け込んできた祖父が、思い切り美緒を後ろへ突き飛ばした。その勢いに尻餅《しりもち》をつく。

祖父の背が目の前に立った。羽織っていた黒い着物を脱《ぬ》ぎ、祖父が炎へ向かっていく。

弾《はじ》かれたように立ち上がり、消火器を取りに美緒は廊下へ飛び出す。両腕《りょううで》で抱《かか》えて台所に戻ると、祖父が咳《せ》き込みながら着物を鉄鍋に振《ふ》り下ろしていた。しかし炎の勢いは強く、布に火が飛び移った。

「おじいちゃん、下がって！　消火器！」

祖父の寝巻《ねま》きの③帯をつかみ、美緒は背後に引く。祖父が消火器に手を伸ばした。

「くれ！」

「おじいちゃんは下がって！」

安全ピンを外し、美緒は炎に消火剤《しょうかざい》を放つ。

薬剤の勢いは激しく、瞬時《しゅんじ》に鍋の炎が消えた。すかさず前に踏み込み、ホースのノズルを壁と天井に向ける。噴出《ふんしゅつ》する薬剤の泡《あわ》に押されるようにして、炎は消えた。

「消えた、消えたよ、おじいちゃん。すごいね、消火器」

焦《こ》げた天井を見上げた祖父が顔を手で覆《おお》い、床《ゆか》に膝《ひざ》をついた。

美緒、とかすれた声がした。

「さがりなさい、危ないから」

「大丈夫《だいじょうぶ》、もう大丈夫だよ」

消火器の重さがずしりと腕にかかる。しかし、なるべく軽《かろ》やかに持ち、美緒は残りの薬剤を天井に吹《ふ》き付ける。

「おじいちゃん、……もう大丈夫だと思うけど」

床にうずくまった祖父から、かすかな声が聞こえた。

「駄目《だめ》だ……」

「⑶何が駄目?」

祖父の声が聞き取れぬほど小さくなった。

「私はもう……駄目かもしれない」

天ぷら油を火にかけたまま、祖父は父からの電話に出た。話をしながら、一階の染め場に降り、通話のあとはそこで作業をしていたそうだ。

鍋を火にかけていたというより、炊事《すいじ》をしようとしていたこと自体、忘れたのだと言っていた。

火事のことを裕子に連絡《れんらく》すると、すぐに太一が駆けつけてきた。遅《おく》れて裕子が来て、三人ですすだらけの天井と壁の応急処置をした。

天ぷら油の火災の場合は、水をかけると炎が飛び散り、大やけどをする可能性があるそうだ。もし水をかけていたらと思うと、震《ふる》え上がった。

ここ数年、祖父はもの忘れをするようになり、時折、生活に④シショウをきたしていたそうだ。

まったく気付かなかったと言うと、美緒ちゃんにだけはきっと気付かれたくなかったのだと、裕子は寂《さび》し気に語った。

翌日の夜、部屋から出てこない祖父のもとに、ローストチキンのホットサンドを運んだ。

丁寧《ていねい》に淹《い》れたコーヒーと一緒《いっしょ》に、祖父の書き物机にトレイを置く。

声をかけると、屏風《びょうぶ》の陰《かげ》から祖父が出てきた。寝巻きにしている白い着物姿が仙人のようだ。
灰色の着物を羽織った祖父が書き物机に座り、何色のショールを作りたいのかとたずねた。
赤、と答えようとして、ためらう。昨夜の炎の色が目にまだ残っている。
「また今度でいいよ。おじいちゃん」
「聞いておきたい」
食べ物に手を伸ばさず、祖父が静かに言った。
「決めたのだろう。何色だ。色に託《たく》す願いは何だ？」
祖父の前に立ち、美緒は声を張る。
「赤です」
祖父が目を伏せた。ひるむ気持ちを抑《おさ》え、美緒は言葉を続ける。
「託す願いは『強くなりたい』」
「美緒は決して弱くはない」
「でも……」
好きなものを好きと言える強さが欲《ほ》しい——。
大きく息を吸って姿勢を正し、美緒は祖父の目を見つめる。
「おじいちゃん、染めを教えてください。新しいショールはすべて、自分の手で作りたい」
「どうして染めもしたいんだ？」
「(4)見てみたい……今の自分が、どこまでやれるのか」
祖父が目を閉じた。
「お前のお祖母さんも昔、まったく同じことを言って、私のもとから去っていった」
わかった、と絞《しぼ》り出すような声で祖父が答えた。
「やってみなさい。ただし、※お前は決して絶望するな」

三日後の朝、祖父と一緒に美緒は染め場に入った。
薬剤の飛び散りに強いという真新しいエプロンを付け、美緒は祖父の隣に並ぶ。
祖父が隅《すみ》に置かれた大釜《おおがま》に目をやった。曾祖父《そうそふ》の時代に使われていたが、昔ほどの注文がない今は出番がない釜だ。
ゴム長靴《ながぐつ》を履《は》き、祖父がコンクリートの土間に下りていった。
「私が染めの見習いを始めたとき、父が言った。だいたい千回染めると感覚がつかめてくると。その通りだった。千回とは、土曜も日曜も休まず朝晩染めて三年近く。週に五日なら四年、三日なら七年弱だ。染めに限らず、どの道も一人前になるには時間がかかる。美緒……」
染料の薬品が入った戸棚《とだな》の前に祖父が歩いていった。
「お前が千回の染めを迎《むか》える日まで、私は一緒にいてやれない。だから今、全力で教える」
「はい……先生」
祖父が怪訝《けげん》そうな顔で振り返った。
「ここにいるときは『先生』って呼びます」
そうか、と祖父が微笑《ほほえ》んだが、すぐに表情を引き締《し》めた。
「始めるぞ。色、音、匂《にお》い、熱、手の感覚、全部記憶《きおく》に叩《たた》き込め。言葉だけじゃない。全身でつかみとるんだ」
(5)汗《あせ》取りの手ぬぐいを固く額に結び、美緒はうなずく。
遠い昔、祖父もこうして曾祖父から染めを教わったのだ。
木立の奥から蟬《せみ》の声が響いてきた。

（伊吹有喜『雲を紡ぐ』文藝春秋刊より）

※裕子……親戚《しんせき》の女性。祖父が主宰する山崎工藝舎にはショウルームがあり、そこの責任者をしている。本文に出てくる太一は裕子の息子《むすこ》。
※ショール……主に防寒用・装飾《そうしょく》用に織られた肩掛け。
※おどる十二人のおひめさま……グリム童話。絵本には、ひめたちが通った三つの森（銀の森・金の森・ダイヤモンドの森）などの、美しい挿絵《さしえ》が描《えが》かれている。

※水仙月の四日……宮沢賢治《けんじ》による童話。

※お前は決して絶望するな……祖父のもとで職人として働いていた祖母は、織りに対する考え方の違《ちが》いから、独立して工房を開いた。しかし、思うように売れず、経営が行き詰《づ》まってしまうのだが、祖母には誰《だれ》にも相談できずに苦しんだ過去があり、そのことを念頭に置いた発言。

問一 ━━線①～④のカタカナを漢字に、漢字をひらがなに直しなさい。漢字は一画ずつていねいに書くこと。

問二 ━━線(1)「羊毛の仕事は不思議だ」とありますが、美緒がこのように感じたのはなぜですか。最もふさわしいものを次の中から一つ選び、記号で答えなさい。

ア 繊細な羊毛を慎重に織って布を作っていく行為は、自分の考えを否定されて悲しい気持ちになっていた美緒の興味を引き、母から受けたひどい仕打ちのすべてを一瞬にして記憶の中から消し去ったから。

イ 使用する人のことを思って丁寧に布を織っていく行為は、母の厳しい言葉によって動揺《どうよう》していた美緒の心を落ち着かせ、自分のために心を込めて布を織ってくれた祖母の存在を束の間だけでも思い出させたから。

ウ きれいな羊毛から糸をつむいで布を織っていく行為は、実の母に面と向かって厳しいことを言われて深く傷ついていた美緒の想像力や意欲を刺激《しげき》し、布づくりのことを考えている間だけは母との辛《つら》い記憶を忘れさせたから。

エ 美しい羊毛を規則正しく織って布を作っていく行為は、少しずつ布づくりに興味を抱《いだ》き始めた美緒の想像力をかき立て、わずかの間ながらも絵本の中の世界のような幻想《げんそう》的な光景をつくり上げたから。

オ 心を込めて布を織っていく行為は、静かで穏《おだ》やかな空気を作り出すことで母の言葉によって傷ついていた美緒の心に安らぎを与《あた》え、そのうちに織り機が語りかけてくるような感覚すら与《あた》えるようになったから。

問三 ──線(2)「赤いショール」とありますが、美緒にとってこの「赤いショール」はどのような存在ですか。五十一字以上六十字以内で説明しなさい。

問四 ――線(3)「何が駄目?」とありますが、ここでの祖父と美緒の説明として最もふさわしいものを次の中から一つ選び、記号で答えなさい。

ア 火事という突然《とつぜん》の事態の中、祖父は焦《あせ》ることなく落ち着いて行動し、美緒の協力も得て完全に火を消すことができた。その後、祖父は火事の原因が自分のもの忘れだったことに気づき、途方に暮れてしまっている。一方、火の勢いがおさまるのに従って冷静になってきた美緒は、祖父を不安にさせないように気丈に振る舞《ま》い、気落ちした祖父が発した言葉に対してもあえて理解できない振りをすることで明るい雰囲気《ふんいき》を作ろうとしている。

イ 火事という突然の事態の中、祖父は率先して消火活動にあたろうとするものの、最終的には美緒の行動に助けられて鎮火《ちんか》することができた。その後、祖父は火事を起こしてしまった原因に思い至り、自身の衰《おとろ》えを痛感して絶望している。一方、火が消えるのに伴《ともな》って少しずつ落ち着きを取り戻してきた美緒は、できるだけ祖父を心配させないように振る舞っていたが、祖父の「駄目だ」という言葉に対しては何のことか見当がつかないでいる。

ウ 火事という突然の事態の中、祖父は自分の手で火を消そうとしたが、結局は美緒の機転と行動力によって火を消すことができた。その後、祖父は焼けてしまった現場を目《ま》の当たりにし、元に戻すのは無理だと失意に暮れている。一方、火が消えるのに合わせて状況《じょうきょう》を理解しはじめた美緒は、意気消沈している祖父を気遣《きづか》って普段《ふだん》通り接していたが、祖父が発した言葉に対しては実状に見合ったものなのか判断できないでいる。

エ 火事という突然の事態の中、祖父は即座《そくざ》に動くことができず、美緒の力を借りてようやく火を消すことができた。その後、祖父はずっと隠していた自分の病気が美緒に知られてしまったと分かり、ショックを受けている。一方、火が消えたのを見てようやく緊張《きんちょう》がとけはじめた美緒は、火事の原因が祖父の病気であったことにうすうす感づきながらも、「駄目だ」という祖父の発言に対しては真意をはかりかねている。

オ 火事という突然の事態の中、祖父は美緒を守ろうとして主体的に火を消そうとしたが、最終的には頼《たの》もしく成長した美緒の手によって無事に火を消すことができた。その後、祖父は自身の老いに直面せざるをえず、気持ちが沈んでしまっている。一方、夢中になって消火活動にあたっていた美緒は、火が消えてもなお祖父を気遣うほどの余裕はなく、祖父が発した「駄目だ」という言葉に対しても何のことか理解できないでいる。

問五　――線(4)「見てみたい……今の自分が、どこまでやれるのか」とありますが、この場面の美緒の説明として最もふさわしいものを次の中から一つ選び、記号で答えなさい。

ア　自分が作るショールの色を決めたものの、祖父に伝えるタイミングが悪かったと考えて遠慮《えんりょ》してしまう。以前であれば相手の状況が気になって言えずにいたかもしれないが、今は自分の考えをしっかりと持ち、相手に伝えられる強さを願い、自分の思いを最後まで貫《つらぬ》き通したいと考えるようになっている。

イ　自分が作るショールの色を決めたものの、赤い色から前夜の火事を思い出して祖父に伝えることに消極的になってしまう。以前であれば先送りにしていたかもしれないが、祖父が優《やさ》しく促《うなが》してくれたおかげで今まで考えてきたことと向き合うことができ、今は新たなことへの挑戦《ちょうせん》を通して弱い自分を乗り越《こ》えたいと考えるようになっている。

ウ　自分が作るショールの色を決めたものの、自分の発言が祖父に祖母との辛い出来事を思い出させるように思われて口にするのをためらってしまう。これまではその場の雰囲気に流されることが多かったが、今は自分の思いに向き合い、好きなことは好きと伝える勇気が大切なのだと考えるようになっている。

エ　自分が作るショールの色を決めたものの、祖父を不快にさせるのではないかと考えて伝えるのを迷ってしまう。これまでは相手の反応《はんのう》が気になって自分の思いを伝えられなかったが、祖父の優しさによって勇気づけられ、今は困難を乗り越える強さを願い、自分の限界に挑戦してみたいと考えるようになっている。

オ　自分が作るショールの色を決めたものの、赤い色が祖父に火事を思い出させるのではないかと考えて言葉にするのを躊躇《ちゅうちょ》してしまう。以前であれば自分の考えを押し殺していたかもしれないが、今は臆《おく》しながらも弱い自分を乗り越え、思ったことを伝えられる強さを願い、自分の可能性を知りたいと考えるようになっている。

問六　――線(5)「汗取りの手ぬぐいを固く額に結び、美緒はうなずく」とありますが、美緒がこのような行動を取ったのはなぜですか。最もふさわしいものを次の中から一つ選び、記号で答えなさい。

ア　死がすぐそこにまで迫《せま》ってきている祖父に、全力で技術を身につけようとしている姿を見せることで安心してもらい、同時に自身もまた一刻も早く一人前になろうと気を引き締めたから。

イ　祖父から学ぶべき技術はあまりに多く、通常ではとても長い時間がかかるもので、短時間でそのすべてを吸収するには、学ぶ側にも相応の気持ちがないと受け止めきれないと考えたから。

ウ　祖父が曾祖父から受け継《つ》いだ技術には長い歴史があり、そのことを強く自覚しつつ世代をこえて受け継がれるものに敬意をはらうことが、これまで大切に見守ってきてくれた祖父への恩返しになると強く信じているから。

エ　祖父が職人でいられる時間が残り少なくなってきている中、全力で教えようとしてくれる祖父に対して敬意をはらい、脈々と受け継がれてきた技術と時間に思いをはせながら、すべてを全身で学び取ろうと強く決意したから。

オ　祖父に残された時間はわずかであり、祖父と孫、師と弟子《でし》という関係を明確に区別しなければ、全力で教えようとしてくれている祖父に対して失礼であり、同時に美緒自身も短時間でより多くのことを学ぼうと意気込んでいるから。

問七　次のア～オは、この文章を読んだ生徒たちの感想です。文章の解釈《かいしゃく》として明らかな間違いを含《ふく》むものを一つ選び、記号で答えなさい。

ア　三人称の視点から描かれていますが、文章の語り手は美緒に近い位置で述べていると感じました。短文が繰り返されることで、物語がテンポよく進んでいくように感じました。また、美緒に近い位置で語っているので、美緒の考えが深まっていく様子も感じられました。

イ　絵本に描かれている美しい光景と美緒の目の前の風景が重なり、どこか幻想的な雰囲気を作り出していると感じました。それらを結びつけるのが羊毛の美しい色であり、その点から考えてみても羊毛の色は本文を読み解く重要なキーワードとも考えられます。

ウ　この文章において「色」はとても大切で、何かしらの意味が色によって与えられているように思いました。ショールの赤色はもちろんのこと、祖父の着物の色が黒から白へ変わったことも、祖父の状況を照らし合わせると何らかの意味があるように考えられます。

エ　人物の描かれ方が印象に残りました。まじめで正直そうな祖父、常に相手を思いやる優しさにあふれた美緒、あえて厳しい言葉を投げかけて美緒の本音を引き出そうとする両親など、登場人物同士の交流を通して家族の愛と絆《きずな》が描かれているように感じました。

オ　赤い布という共通点がある遭難した子どもと美緒の描かれ方が印象に残っています。絵本の世界と現実の美緒とを見比べると、両者に違いもあり、その違いから美緒が変化していることを読み取ることができます。美緒が成長していく姿を描いた小説ともいえると思います。

問八　本文には「色を決める」という話題が出てきます。本文より前の部分に置かれている次の[1]・[2]の文章を参考にしたとき、美緒にとって色を決めたことには、どのような意味があると考えられますか。最もふさわしいものをあとの選択肢《せんたくし》の中から一つ選び、記号で答えなさい。

[1]

糸の束を手にした祖父が棚を見上げた。

「ずっとあの布をそばに置いてくれたんだな。楽しいときも苦しいときも、あのショールが常にお前と共にあったのだと知って、私たちはうれしい。だが大きくなった今は、自分で選べばいい」

「選ぶ？　何を選ぶの？」

「自分の色だ」

祖父の隣に並び、壁を埋《う》め尽《つ》くすさまざまな色の糸を美緒は見上げる。ピンクもオレンジも緑も青も、ここにある色、すべてに目が惹《ひ》きつけられてしまう。

「まずは『自分の色』をひとつ選んでみろ。美緒が好きな色、美緒を表す色。託す願いは何だ？」

「考えたこともない……私の色？」

[2]

「おじいちゃんはどうしていつも……何も聞かないの？」

「聞いてほしいのか？　それなら聞くが」

「いいです、やっぱり。大丈夫」

「何が大丈夫なんだ？　何に対して大丈夫と言っているんだ？」

思わぬ問いかけに、美緒は手にした羊毛を花占いのようにむしる。
「ただ、そう思っただけ。大丈夫、まだ大丈夫。口癖《くちぐせ》みたいなもの」
「本当に大丈夫なら、わざわざ言わないものだ。気に掛かっていることがあるんだろう」
ピンクの羊毛にふうっと息を吐《は》く。毛は舞い上がり、ピンク色の雲がいくつも宙に浮かんだ。
心の奥から、自然に言葉が浮かんできた。
「おじいちゃん、私ね、笑いが顔にくっついているの。仮面みたいにペタッと張り付いている。楽しくなくても笑う。つらくても笑う。笑っちゃいけないときも無意識にへらへら笑ってる。頭、おかしいよね」
「そんなふうに言うものじゃない。いつからだ？」
目を閉じて力を抜き、美緒は羊毛に身をゆだねてみる。
気持ちが楽になってきた。
「わかんない。でも小学生の頃から、かな。人の目が怖《こわ》い。不機嫌《ふきげん》な人が怖い。だから嫌《きら》われないように『オールウェイズ　スマイル』。いつもニコニコしてた。そうしたら私には何を言っても大丈夫、怒《おこ》らないって思われて、きつい冗談《じょうだん》を言われるようになって……」

選択肢

ア　相手の反応が怖くて、常に何も考えないようにしていた美緒が、周囲の人々の働きかけによって自分自身について目を向けるようになり、少しずつ自分のことを考えられるようになったという意味を持つ。

イ　自分の感情を押し殺し、何事も笑って周りに合わせていた美緒が、家族と交流し、自分の好きなことについて考えることを通して、本当に好きなもので自然と笑えるようになったという意味を持つ。

ウ　人にどう思われるかが心配で、自分らしさを表に出すことが苦手だった美緒が、祖父と過ごす穏やかな時間、不思議な魅力に満ちた布に触れることを通して、自分の考えを前面に出して行動できるようになったという意味を持つ。

エ　人々との衝突を避《さ》け、自己防衛に徹《てつ》していた美緒が、ずっと身近にあったものの存在に気づき、勇気づけられ、傷つくことを恐《おそ》れず主体的に振る舞えるようになったという意味を持つ。

オ　周囲の目を気にして、自分を表現することができなかった美緒が、自分自身と向き合い、自分がどうありたいかを自分で決めることができるようになったという意味を持つ。

（問題は次のページに続きます）

二

次の文章を読んで後の問いに答えなさい。

グローバル化とは、端的《たんてき》にいえば、「利益」や「幸福」や「自由」を求める人間の欲望の空間的な展開といってよい。グローバル経済は、あたかも世界中のあちこちに金貨が埋《う》まっており、うまくそれを掘《ほ》りあてた者には多大の利益を与《あた》え、さらに人間の自由を世界中に拡張する巨大《きょだい》な舞《ぶ》台《たい》であるかのように思われた。国家というボーダーは「利益」と「自由」と「幸福」に対する制約だと宣伝されたのである。そして、「利益」「自由」「幸福」の追求こそが近代の価値であるとすれば、グローバリズムとはまさしく近代化の必然の①ギケツであった。

「利益」や「自由」や「幸福」へ向けられたあくなき欲望の空間的な延長がグローバリズムであったとすれば、その時間的な延長は成長至上主義であり、進歩主義もしくは革新主義であった。

「革新」は、旧来の価値や制度の破壊《はかい》をよしとし、伝統的で慣習的なものにはさしたる価値を求めない。過去は否定されるべき対象となり、過去の否定の上にしか未来は創造できないと考える。その基軸《きじく》になるのが技術革新であった。技術革新とはただ新規な技術の発明というだけのことではない。それは、エネルギー②シゲンのあり方から、消費文化、生活様式、社会構造まで含《ふく》めた社会的様式の総合的な革新である。かつて鉄道や自動車の技術革新は社会構造そのものを変えたし、テレビや通信もそうである。近いところではＩＴや金融《きんゆう》工学もそうであろう。技術の革新によって経済は無限に発展し、それは、個人の自由や幸福追求の機会を無限に拡張するものであった。ここに時間を通じた歴史の「進歩」を見ようとする信念は、※マルクスから※シュンペーター、さらには現代のアメリカ経済学者にいたるまで、ほぼ共有されていた。

このような、近代的価値の空間的な延長であるグローバリズムと時間的な延長である進歩主義（革新主義）を合わせて、(1)「近代主義」と呼んでおこう。

とすれば、問題は、ただグローバル経済の不安定性や成長戦略の枯渇《こかつ》といったようなことではない。システムの機能不全ではなく、問題は、われわれの価値観にあるからだ。

なぜなら、いくらシステムの不完全性が指摘《してき》され、グローバル経済の矛盾《むじゅん》が論じられようとも、もっとも基底的なレベルにおいては、われわれは近代主義を希求してきたことは否定できないからである。もっとも基底的なレベルとは、いっそうの自由を、いっそうの利益を、いっそうの幸福を、結局はわれわれは求め続けてきた、ということにほかならない。誰《だれ》もがその価値を正面から疑おうとはしなかったからである。

したがって、もしもグローバル経済がもはや先には進めないほどの矛盾を露呈《ろてい》しつつあるのだとすれば、それは時間軸に③トウシャした革新主義、成長主義の限界でもある。すなわちここでわれわれは、「近代主義」そのものの臨界点にまで達したとみておく必要がある。問題はグローバルな資本主義というシステムにあるというより、近代主義という価値そのものにあるということだ。「グローバルな資本主義」なるものも、実は**近代主義を構成するひとつの価値なのである。**

今日、グローバリズムのもたらす経済的不安定に対してふたつの対抗策《たいこうさく》が論じられる。ひとつは「地域」の可能性という⑵「ローカリズム」であり、もうひとつは戦略性をもった強い国家の必要という「ステイティズム」である。

この両者を私はとくに難じるつもりはないが、しかしそれだけでは不十分であろう。問題がもしも「近代主義」という価値のレベルにあるとすれば、事態ははるかに深刻だからである。「ローカリズム」は、あまりに「近代主義」という価値のもつ強力さを軽視する傾向《けいこう》にあり、「ステイティズム」は、それ自体が変形された近代主義だからである。しかも、ともすれば「ローカリズム」は「国」を軽視し（時には対立さえし）、一方「ステイティズム」は「地方」を無視する傾向がある。これではうまくゆかない。

近代の日本において「地方」を論じることはむずかしい。多くの場合、「地方」は封建的《ほうけんてき》因習や村落的集団主義の温床《おんしょう》とみなされ、その逆の場合には失われたノスタルジーの対象でしかなかった。いずれにせよ「都市化」「近代化」が当然の前提となっていたのである。

かつて農商務省の官僚《かんりょう》として地方の農業政策にも携《たずさ》わった柳田国男《やなぎたくにお》は、近代化のなかで地方が疲弊《ひへい》し棄却《ききゃく》されてゆくことを、無念な思いとともに、なかば致《いた》し方のないことだと考えていた。都市の提供する「利益」「自由」「幸福」はとくに若者を引きつける。消費文化の享楽《きょうらく》に対抗できるものはもはや地方にはない。近代とは必然的に⑶地方生活を枯渇させるものであった。そのなかで地方が生き残るとすれば、地方そのものが「近代化」するほかないのである。

そのことを柳田は残念に思い、悔《くや》しがったではあろうが、ことさら批判するわけではなかった。しかし、同時に柳田は、地方の民俗誌《みんぞくし》を調査し、まだ残されていた地方の「記憶《きおく》」を記録してゆくことになる。柳田にとっては、地方とは「利益」「自由」「幸福」とはまったく対極の価値によって維持《いじ》される場所であった。そこでは人々の生が、田畑や森という自然ととけ合い、精神の過剰《かじょう》な跳梁《ちょうりょう》は山の神や先祖という「聖なるもの」によって抑制《よくせい》されていた。つまり、地方的生とは、人、神、先祖、自然がとけ合って成り立っていた。いいかえれば、世俗の生は、宗教的なもの、歴史的なもの、自然的なものによって組み立てられていたわけである。

地方とは、ただ農村共同体でもなければ封建的家父長の温床でもなく、また単なる農耕産業地帯というだけではない。それは、山の神や森の自然などと一体化した様々な表象体系に囲まれた生であった。そして、それこそが実は「日本」であったのだ。

そうだとすれば、世俗の生をそのすべてから断《た》ち切ろうとした戦後、あるいはもう少し広くいって近代日本が、地方を失ってゆくことは必然というほかない。しかもそれは、(4)「地方」という以上に、「日本」を失ってゆくことでもある。

地方は基本的に④マズしい。そこにきらびやかなものは何もない。さびしく厳しい。このような場所における生を支えるには、共同で守るべき神や先祖や自然がなければならなかったのであろう。そこに留《とど》まり、その場所に「住まう」ためには、神と先祖を求めるほかなかった。しかし神と先祖を生活の軸にすえることで、おそらくはもっと大切なものを手にしていた。それは、共同の生であり、自我の抑制であった。自らの「利益」と「自由」と「幸福」を求めていては、生活が成り立たないからである。そこから他者への配慮《はいりょ》、和の精神、自然への感謝、先祖への思いがうまれてきた。それらは日本人の価値の基底を作り、生活の慣習に根をおろしてゆく。

近代主義の精神、すなわちグローバリズム的な脱《だつ》場所化と、進歩主義・革新主義のもつ脱伝統化は、これらの「地方的な価値」とはまったく対立するものである。そして、今日のわれわれの根なし草的状況とは、近代主義にすっかり浸《ひた》された結果というよりは、実際には、近代主義さえ全面的に受け入れることができない、というところに原因があると思われる。「地方的なもの」は、世俗的な生としては過去のものとなったが、それがもたらした価値は、依然《いぜん》としてわれわれの精神の奥底《おくそこ》に堆積《たいせき》されているように思われる。そして、もしそうだとすれば、それはむしろ、(5)われわれには幾分《いくぶん》かの希望ともいえるだろう。「日本」がわれわれの精神の奥底にはまだ残っているということだからである。

ただし、それを自覚するには、今日、世界中で生じている近代主義の行き詰《づ》まりに対してもっと(6)絶望する必要があるだろう。「日本」とは、ただそこにあるものではない。それは消えゆくものの自覚的な蘇生《そせい》でしかないからである。

（佐伯啓思『「脱」戦後のすすめ』より）

※マルクス……幅《はば》広い分野で活躍《かつやく》した学者（一八一八～一八八三）。

※シュンペーター……経済学者（一八八三～一九五〇）。

問一 ━━線①～④のカタカナを漢字に直しなさい。漢字は一画ずつていねいに書くこと。

問二 ━━線(1)「『近代主義』」とありますが、筆者はそれをどのようなものだと考えていますか。最もふさわしいものを次の中から一つ選び、記号で答えなさい。

ア 国家というボーダーは人間の欲望の追求を前にしては無力であるという思想と、成長のためには過去から続くものの破壊もいとわずに新しい方向性を探《さぐ》るのがよいという思想とを合わせたもの。

イ 人間が求める利益は世界中のどこにでも存在しており気ままに個人がそれを求めることができるという思想と、過去から未来に至るまでの時間の流れを進歩と考えて経済が発展したとみなす思想とを合わせたもの。

ウ 利益を自由に追求できる快適な空間は世界中に無限に広がっているという思想と、歴史のうえで社会を変革させたような技術を経済の進歩とする思想とを合わせたもの。

エ 国や地域の制約なく個人が活動できる場を設けることに重きを置く思想と、これまで培《つちか》われてきたものに対して成長する余地を見出《みいだ》して技術革新を図《はか》ろうとする思想とを合わせたもの。

オ 物質的・精神的な豊かさを実現できる場を広げていこうとする思想と、成長することに価値を見出し従来のものをためらうことなく改変していこうとする思想とを合わせたもの。

問三　――線(2)「『ローカリズム』」とありますが、このことに関する説明として、最もふさわしいものを次の中から一つ選び、記号で答えなさい。

ア　「地方」を優先させる「ローカリズム」は、われわれの根底にあり続けている、人間の欲望を追求できる空間を制約なく設けることに重きを置くグローバリズムと経済や技術の改善を重要視する進歩主義とを合わせた「近代主義」の存在を軽んじる傾向がある。また、「近代主義」は「地方」の存在を認めないため、「ローカリズム」と「近代主義」とは否定し合う関係にある。

イ　「地方」を優先させる「ローカリズム」は、われわれが根底で抱《いだ》き続けてきた、人間の欲望を追求できる空間は無限に広がっているというグローバリズムと歴史の転換《てんかん》となった技術を経済の進歩だとする進歩主義とを合わせた「近代主義」の存在を甘《あま》く見る傾向がある。また、「近代主義」は「地方」の存在が理解できないため、「ローカリズム」と「近代主義」とは共存しえない関係にある。

ウ　「地方」を優先させる「ローカリズム」は、われわれが根底で求め続けてきた、人間の欲望はどこであっても満たすことができるというグローバリズムと過去から現在に至る時間の流れを進歩とみなす進歩主義とを合わせた「近代主義」の存在を黙認《もくにん》する傾向がある。また、「近代主義」は「地方」の存在に関わりがないため、「ローカリズム」と「近代主義」とは両立する関係にある。

エ　「地方」を優先させる「ローカリズム」は、われわれの根底に存在し続けてきた、人間の欲望が追求できる空間を拡張していくグローバリズムと経済や技術の成長に重きを置く進歩主義とを合わせた「近代主義」の存在を過小評価する傾向がある。また、「近代主義」は「地方」の存在を顧《かえり》みないため、「ローカリズム」と「近代主義」とは相いれない関係にある。

オ　「地方」を優先させる「ローカリズム」は、われわれの根底に息づいている、人間は欲望の追求を前にしては無力だというグローバリズムと成長のためには旧来の価値や制度の破壊もいとわない進歩主義とを合わせた「近代主義」の存在を重んじる傾向がある。また、「近代主義」は「地方」の存在を無視するため、「ローカリズム」と「近代主義」とは不安定な関係にある。

問四　――線(3)「地方生活」とありますが、それはどのような「生活」ですか。四十一字以上五十字以内で説明しなさい。

問五　――線(4)「『地方』という以上に、『日本』を失ってゆくことでもある」とありますが、「『日本』」とはどのようなものですか。最もふさわしいものを次の中から一つ選び、記号で答えなさい。

ア　地方での人々の生活のなかから徐々《じょじょ》に失われていった独自の生活様式のことで、日本が近代化をとげるうちに確立されていき、日本人の生活を支えていたもの。

イ　地方での人々の生活のなかからうまれた他者や自然への尊敬の念のことで、日本が近代化をとげるうちに忘れられていったものの、日本人を近代化へと導いたもの。

ウ　地方での人々の生活のなかで育まれた精神的な要素のことで、日本が近代化をとげるうちに捨て置かれていったものの、日本人の考え方の礎《いしずえ》となるもの。

エ　地方での人々の生活に若者が魅力《みりょく》を感じないことへの諦観《ていかん》のことで、日本が近代化をとげるうちに注目されていった、日本人の価値観を左右するもの。

オ　地方での人々の生活における先祖や自然に対しての豊かな精神性のことで、日本が近代化をとげるうちに消滅《しょうめつ》してしまった、日本人の心の奥底に眠っていたもの。

問六　――線(5)「われわれには幾分かの希望ともいえる」とありますが、どのようなことが「希望」といえるのですか。五十一字以上六十字以内で説明しなさい。

問七　――線(6)「絶望する必要がある」とありますが、筆者がこのように考えるのはなぜですか。最もふさわしいものを次の中から一つ選び、記号で答えなさい。

ア　近代主義の行き詰まりを直視することで、これまで顧みられることが不十分だった、日本人の精神の奥底にある地方的価値の新たな価値について検証することができるから。

イ　近代主義の限界に落胆《らくたん》することで、近年は過去のものとして忘れ去られつつあった、日本人の精神の奥底にある地方的価値を顕在《けんざい》化させることができるから。

ウ　近代主義の現状を悲観することで、過去に切り捨てられてきた、日本人の精神の奥底にある地方的価値をさらに一掃《いっそう》する重要性を感じることができるから。

エ　近代主義の理念を拒絶《きょぜつ》することで、これまでは捨て置かれてきた、日本人の精神の奥底にある地方的生のもつ価値に気がつくことができるから。

オ　近代主義が築き上げた精神に失望することで、近年長らく不要とされてきた、日本人の精神の奥底に封《ふう》じ込《こ》められている地方的生の存在を解放できるから。

問八　本文を読んで考えたことを生徒たちが話しています。本文をふまえた意見として、明らかな間違《まちが》いを含むものを次の中から一つ選び、記号で答えなさい。

ア　生徒A―グローバル経済は「人間の自由を世界中に拡張する巨大な舞台」のようだと本文にありました。今は世界中に色々なものが流通する世の中です。このような世の中だと、金融危機など、何か問題が起きるとそれも世界規模に広がってしまうように思います。

イ　生徒B―なるほど。瞬《またた》く間に一つのニュースが世界中に知れ渡《わた》ることもあり、これは進歩主義に従って様々な技術が飛躍的に発達したことと関係があるように思います。技術の発達は、個人の自由や幸福追求のチャンスの増大にもつながる気がします。

ウ　生徒C―わたしたちは、より豊かな生活を願うことが当たり前だと考えていました。食品でも洋服でもより良いものを求めて、それらがすぐ手に入る世の中となっているのは、近代主義的な考え方にのっとって発展してきた結果なのだと思いました。

エ　生徒D―近代化によって地方が廃《すた》れていったという関係性が指摘されていました。地方に大型ショッピングモールが展開し、地元の商店街の活気が失われていったという話と重なるように感じました。

オ　生徒E―「ステイティズム」は、それぞれの地域を重要視します。地域ごとの議会の権限を強化したり、その地域独特の方言や行事などを尊重して次世代へと継承《けいしょう》していったりする考え方ですね。

（問題は以上です）

算数　令和３年度　渋谷教育学園渋谷中学校入学試験問題　(50分)

注　解答はすべて解答用紙に記入すること。
定規，コンパスは使用しないこと。

1 次の問いに答えなさい。ただし，(6) は答えを求めるのに必要な式，考え方なども順序よくかきなさい。

(1) $2\frac{3}{7} - \frac{1}{6} \div \left(2\frac{1}{3} - 1.2\right) \times 2\frac{4}{7} \times 3\frac{2}{5}$ を計算しなさい。

(2) 2021個の数が次のように並んでいます。ただし，ひとつ前の数に 7 をかけたものが次の数になるようになっています。

7，49，343，・・・

これらの一の位のみをすべて加えるといくつになりますか。

(3) 親骨と差し渡しの長さ（円の直径）の比が同じ 2 本の傘《かさ》があります。生地の張ってある部分を円すいの側面と考えます。下の図は傘を横から見た図です。親骨の長さが 50cm，差し渡しの長さが 80cmの傘の生地の張ってある部分の面積と，親骨の長さが 60cmの傘の生地の張ってある部分の面積の差は何 cm^2 ですか。ただし，円周率は 3.14 とします。

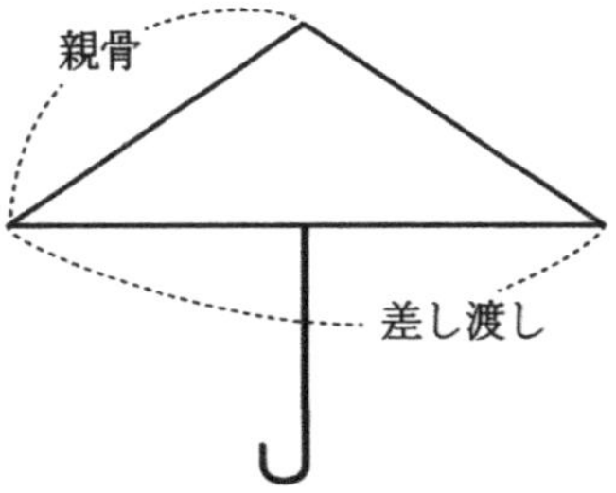

(4) ある仕事を終えるのに，A さん 1 人では 12 日，B さん 1 人では 24 日，C さん 1 人では 72 日かかります。この仕事を最初に A さんと B さんの 2 人で，次に B さんと C さんの 2 人で，次に C さんと A さんの 2 人で，最後に 3 人で仕事をして，仕事を終わらせました。B さんと C さんの仕事をした日数は同じで，A さんの仕事をした日数の 1.5 倍でした。また，A さんと B さんの 2 人で仕事をした日数と 3 人で仕事をした日数は同じでした。このとき，この仕事を終えるのにかかった日数は何日ですか。

1 は 3 ページに続きます。

（計算用紙）

(5)　地点Aと地点Bをむすぶ一直線の道路があります。渋男君はAから，教子さんはBから同時に出発してAB間を往復し続けます。このとき，2人の距離《きょり》を表したグラフが下の図のようになりました。このとき，2人が出発してから2回目に出会うまでにかかった時間は何秒ですか。ただし，渋男君は教子さんより速く移動するものとし，2人の速さはそれぞれ一定であるものとします。

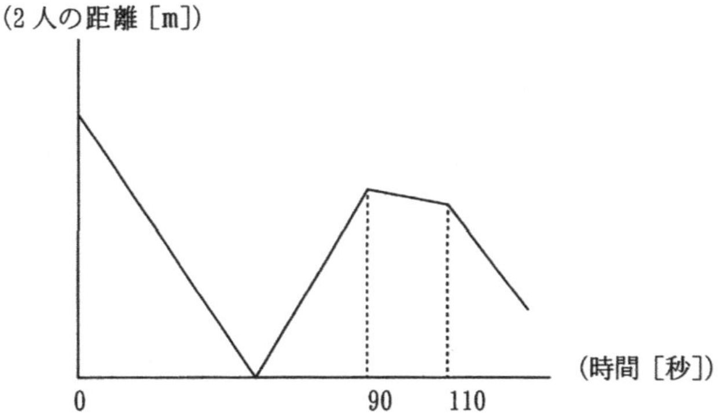

(6)　濃度のわからない2つの食塩水A，Bがあります。AとBを1：1の割合で混ぜると4%の食塩水ができ，7：3の割合で混ぜると5%の食塩水ができます。このとき，AとBをどのような割合で混ぜると4.5%の食塩水ができますか。ただし，答えはもっとも簡単な整数の比で表しなさい。

（計算用紙）

2 　下の図1のように，長方形PQRSと直角三角形PQTがあります。図1の太線部分の図形を直線ℓの周りに1回転してできる容器Aがあります。容器Aを水平にした状態は図2のようになっています。そして，図2の点線部分に色が付けてありその1点をBとします。

図1

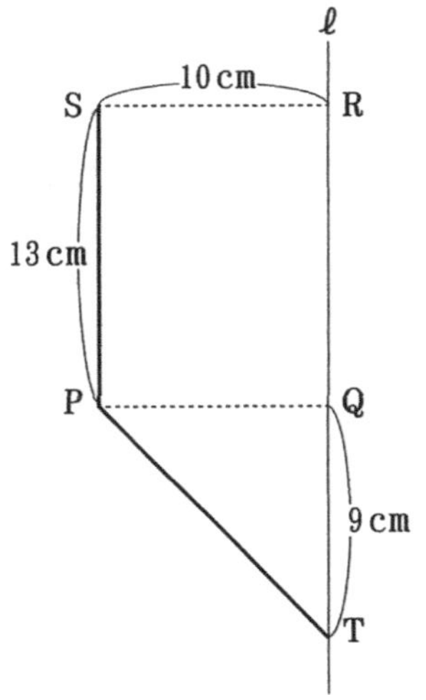

図2

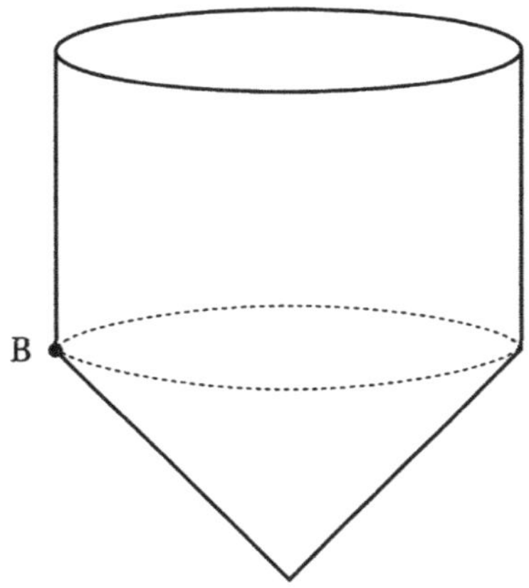

容器Aを水平にした状態

このとき次の問いに答えなさい。ただし，容器Aの厚さは考えないものとします。また，円周率は3.14とし，すい体の体積は「(底面積)×(高さ)÷3」で求められます。

(1) 空《から》の容器Aに1727cm^{3}の水を入れ，ここにもう1つ容器Aを用意して上から重ねて，中の水が出ないように図3のようにしました。このとき，直線ℓを含む平面における断面を考えると図4のようになりました。㋐の長さは何cmですか。

図3

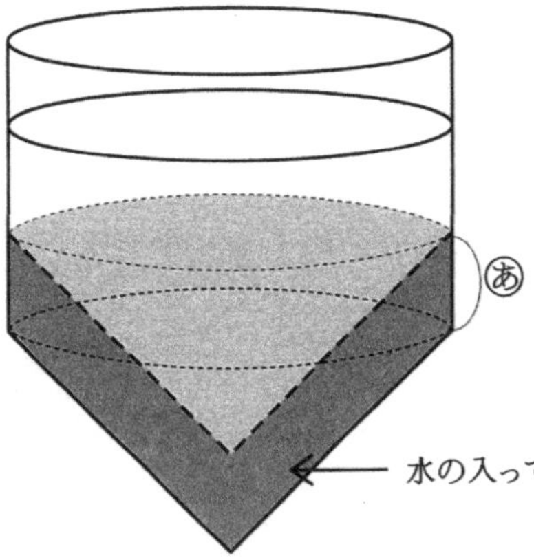

水の入っている部分

図4

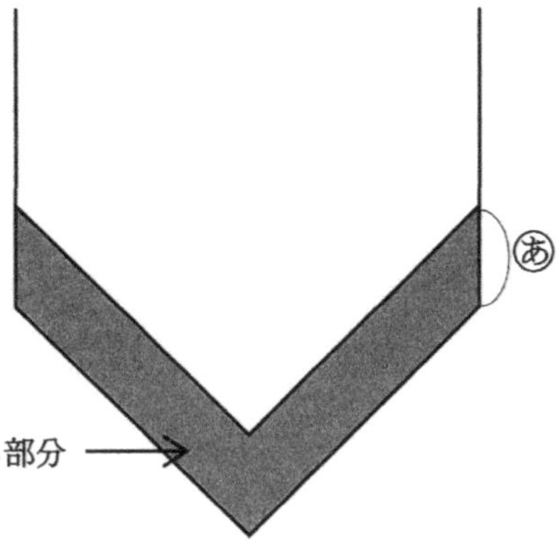

(2) 容器Aを水平の状態にして，いっぱいになるまで水を入れました。この状態から容器Aを，下の図 5 のように色が付けてある部分のうち点 B のところだけ水面にぴったりくっ付くように傾けました。このとき，容器 A に残っている水の量は何cm^3ですか。

図 5

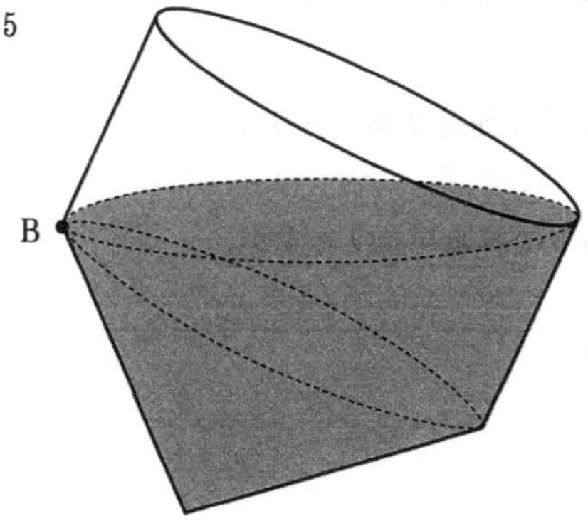

(3) 容器A とバケツが 1 つずつあります。容器Aにはちょうどいっぱい水が入っていて，バケツは空です。バケツの容積は容器 A の容積より大きいです。操作㋐～㋔を用いて，バケツの中の水の量を 5 回の操作で 157cm^3 にする方法を，下の解答例のように操作の記号で答えなさい。ただし，2 回以上同じ操作を用いてもよく，すべての操作を用いるとは限りません。

操　作

㋐　容器Aを傾けて図5のようにする。このとき，こぼれる水をすべて捨てる。

㋑　容器Aを傾けて図5のようにする。このとき，こぼれる水はすべてバケツに移す。

㋒　バケツの水を，容器Aを水平にした状態にして，ちょうど色が付いている部分の高さまで移す。

㋓　容器Aの水をすべて捨てる。

㋔　容器Aの水をすべてバケツに移す。

注　意

・　容器Aに入っている水の量が (2) で求めた量より少ないときに㋐，㋑の操作はできない。

・　容器Aを水平にした状態で，水面が円柱の部分にあるときに㋒の操作はできない。

・　初めに用意した水以外に，外部から水をつぎ足すことはしない。

解答例

㋐ ⇒ ㋑ ⇒ ㋒ ⇒ ㋓ ⇒ ㋐

3

大・中・小 3 つのサイコロがあります。
この 3 つのサイコロを同時に投げ，出る目の積を考えます。次の問いに答えなさい。

(1) 3 の倍数になる目の出方は何通りありますか。

(2) 4 の倍数になる目の出方は何通りありますか。

(3) 6 の倍数になる目の出方は何通りありますか。

（計算用紙）

4

図1のような道路があります。渋男君は7時40分に家を出発して車で遊園地に向かいます。Aの道は時速40kmで走り，BとCの道は時速60kmで走ります。Dの道は時速72kmで走りますが，8時から8時36分の間は速度に規制があり，その速度で走ります。同じ道は2回通ることはできません。次の問いに答えなさい。ただし，答えを求めるのに，必要な式，考え方なども順序よくかきなさい。また，時刻の答えが例えば9時1分ちょうどだった場合，9時1分0秒とかきなさい。

図 1

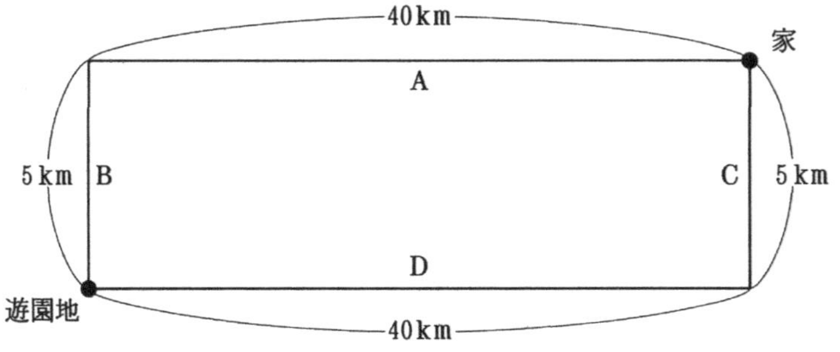

(1) Dの道の規制速度が時速20kmの場合を考えます。C，Dの道を通って進んだとき，遊園地に着く時刻は，何時何分何秒ですか。

(2) A，Bの道を通って進んだときとC，Dの道を通って進んだときで，遊園地の到着時刻が同じになる場合を考えたとき，Dの道の規制速度は時速何kmですか。

図2のようなEの道ができました。Eの道は時速100kmで走ります。

図 2

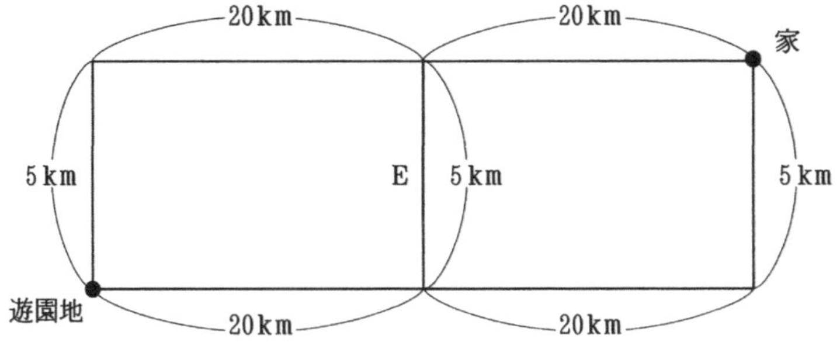

(3) Dの道の規制速度が時速20kmの場合を考えます。もっとも早く遊園地に着く時刻は何時何分何秒ですか。

〔問題は以上です。〕

（計算用紙）

2021(R3) 渋谷教育学園渋谷中　第２回
K 教英出版

理科　令和３年度　渋谷教育学園渋谷中学校入学試験問題　（30分）

注　答えはすべて解答用紙に記入しなさい。

1 次の文を読み、問いに答えなさい。

煮《に》物がたっぷり入ったどんぶりにラップをして、冷蔵庫に入れていたら、どんぶりの外側までびしょびしょに濡《ぬ》れていました。

調べてみると、どんぶりにラップをかける際に、ラップがシワになって狭《せま》いすき間ができると、そのすき間に煮物の汁《しる》が吸いあげられてしまうことがあるそうです。

これは、毛細管現象といって、液体が細い管の中を上昇《じょうしょう》する現象です。

毛細管現象について、少し考えてみましょう。

理科の実験でつかうメスシリンダーは、正確な体積を量りとる器具です。$_1$<u>ガラスのメスシリンダーで水の体積を量りとるとき</u>、水の端《はし》の方は盛り上がった状態になります。これは、水面の水が引っ張る力（水の表面張力）が関係しています。水はガラスを引っ張ろうとしますが、ガラスは動かないため、水がガラスに引っ張られて$_2$<u>水の端が盛り上がります</u>。

メスシリンダーが細くなっていくとどうなるでしょう。断面で見た時に、片側のガラスに引っ張られた水は盛り上がります。この盛り上がった水は反対側のガラスに引っ張られて、さらに上がっていきます（図１）。こうして$_3$<u>水は細い管をどんどん上がっていきます</u>。このようにして、水が毛のように細い管を上がっていくことから毛細管現象とよばれています。

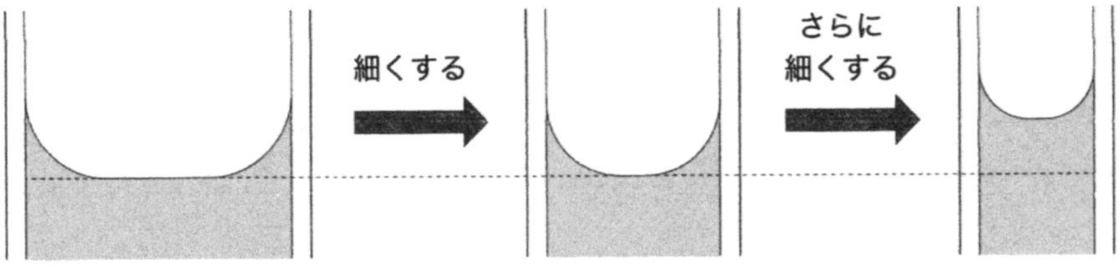

図１

問1　下線部1について、次の文章の（　①　）～（　⑥　）に入る適切な語句や数値を下のア～チからそれぞれ1つずつ選び、記号で答えなさい。ただし、円周率は3.14とします。

液体を量りとるとき、メスシリンダーを（　①　）場所に置き、水面のへこんだ面の目盛りを（　②　）から読みます。32 mLの水を量りとるとき、10 mL用のメスシリンダー（直径1.4 cm）を使った場合、メスシリンダーは最低（　③　）回使用することになります。1回あたり水位が目盛りよりも0.1 cm高ければ、合計でおよそ（　④　）mL多くとってしまったことになります。50 mL用のメスシリンダー（直径2.6 cm）を使った場合、メスシリンダーは最低1回使用するため、水位が目盛りよりも0.1 cm高ければ、およそ（　⑤　）mL多くとってしまったことになります。そのため、32 mLの水を量りとるならば、（　⑥　）mL用のメスシリンダーを使用する方が誤差が小さくなります。

ア　傾斜《けいしゃ》のある	イ　水平な	ウ　斜《なな》め上	エ　真横	オ　斜め下
カ　0.2	キ　0.3	ク　0.4	ケ　0.5	コ　0.6
サ　1	シ　2	ス　3	セ　4	ソ　5
タ　10	チ　50			

問2　下線部2について、空のガラスの試験管をさかさまにして、空気よりも冷たい水に沈《しず》めた時、水面はどのようになりますか。最も適切な図を次のア～エから1つ選び、記号で答えなさい。

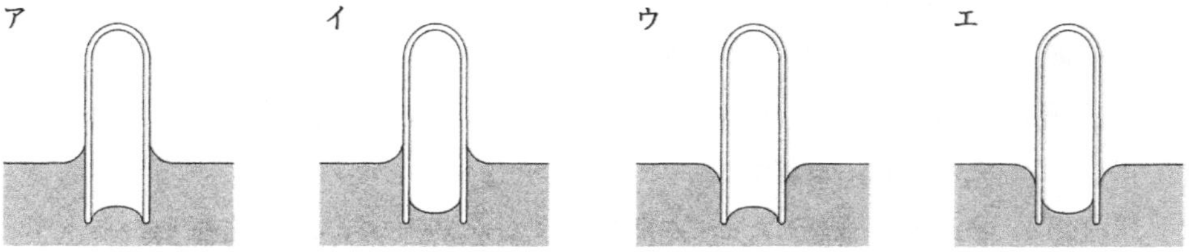

問3　下線部3について、ガラスの細い管を水に入れた時、水はガラス管を上がっていきますが、ある程度の場所で止まります。なぜそれ以上、上がらなくなるのか、理由を答えなさい。ただし、「ガラスが水を引っ張る力」という言葉からはじめること。

テーブルの上にこぼれた水をティッシュペーパーで拭《ふ》きとるとき、ティッシュペーパーが水に触《ふ》れると、ティッシュペーパーは水を吸い取って水が広がっていくのが観察できます（図２－１、図２－２）。

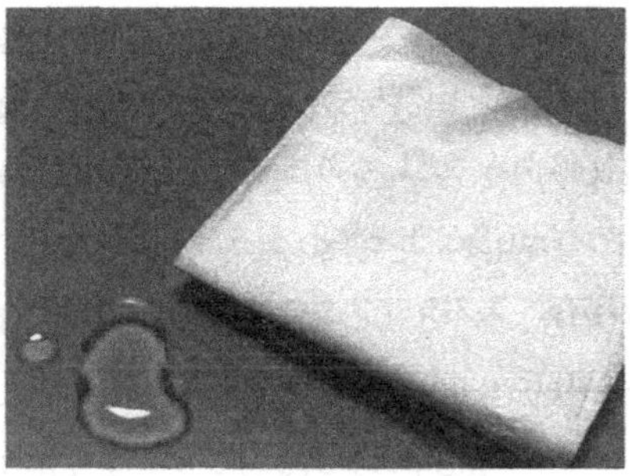

図２－１

図２－２

紙は、細かい糸状のもの（繊維《せんい》）が集まってできています。この繊維の間に狭《せま》いすき間ができ、細いガラス管と同じように、繊維のすき間を水が吸い上げられていったためです。

この現象を利用した物質の分離《ぶんり》方法にペーパークロマトグラフィーというものがあります。

例えば、黒いサインペンのインクは、実際には様々な色を混ぜ合わせて、つくられています。この様々な色をペーパークロマトグラフィーによって分離することができます。

ペーパークロマトグラフィーは、次のような手順で行います。

手順１　まず、縦長のろ紙を準備する。この縦長のろ紙の下から２cm程度のところに、4鉛筆《えんぴつ》で印をつける。

手順２　鉛筆の印の上に、インクをつける。

手順３　１cmほど水を入れた容器に、インクをつけたろ紙をまっすぐに入れ、水が吸い上げられるのを待つ（展開する）。

手順４　ある程度、展開したところで取り出し、水が達したところに鉛筆で線を引く。

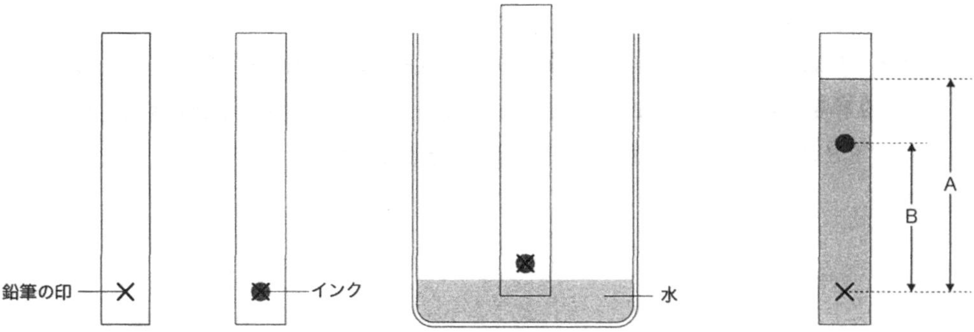

手順１　手順２　手順３　手順４

このような手順で行うと、試料は手順４の図のように初めの場所から移動します。

この時、手順１でつけた鉛筆の印から手順４で引いた線までの距離《きょり》をA、手順１でつけた鉛筆の印から色の中心までの距離をBとすると、$\frac{B}{A}$の値をRf値といい、同じ条件で実験を行ったときに、Rf値が同じものであれば、同じ物質である可能性が高くなります。

なぜ、色を分離できるのでしょうか。

まず、ろ紙は細かい繊維による毛細管現象で、水を吸い上げます。サインペンのインクのところまで水がくると、水にインクの成分が溶《と》け、水とともに進みます。

インクの成分は紙にくっついたり、水に溶けたりを繰《く》り返しながら移動していきます。インクの成分の種類によって、水との親しみやすさや紙との親しみやすさが異なり、移動する速さに差が出てきます（図３）。そのため、展開させる液体を、水からアルコールのような違《ちが》う物質に変えると、また違った結果が現れることがあります。

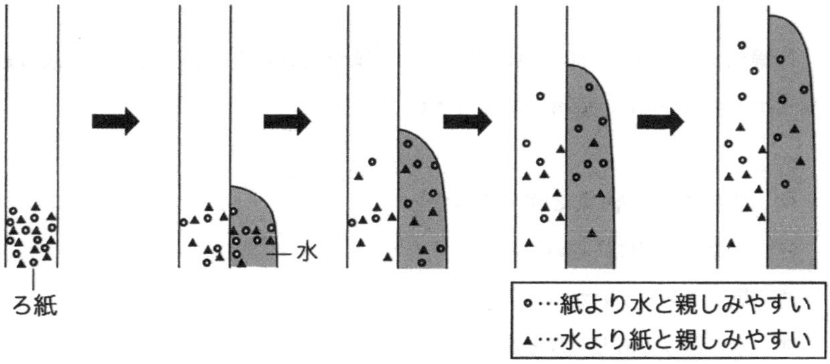

図３　ペーパークロマトグラフィーを真横から見たモデル図

5オレンジ色のサインペンを、ペーパークロマトグラフィーで分離《ぶんり》するときに、展開させる液体が水の場合（図４－１）と、アルコールの場合（図４－２）では、次のような結果がみられました。

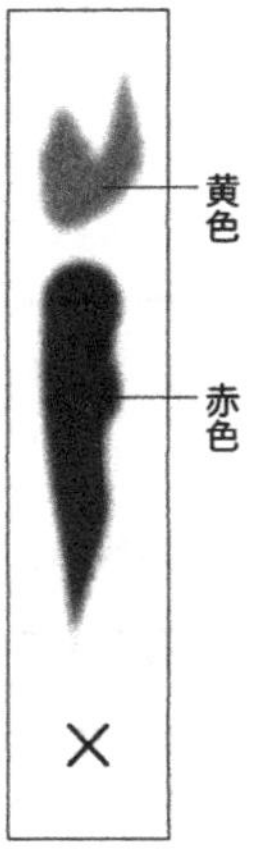

図４－１

図４－２

問４　下線部４について、印をつけるとき、鉛筆《えんぴつ》を用いるのはなぜですか。最も適切なものを次のア～エから１つ選び、記号で答えなさい。

ア　消しゴムで消すことができるから
イ　水などに溶《と》けにくいから
ウ　黒くて見やすいから
エ　水に溶けてあとが残らないから

問５　下線部５の結果について、アルコールとより親しみやすいのは、赤色と黄色のどちらですか。解答らんの正しい方を○で囲みなさい。

問６　実験に用いたオレンジ色のサインペンで紙に文字を書き、水ですすぐと、どのような変化が起こると考えられますか。最も適切なものを次のア～エから１つ選び、記号で答えなさい。

ア　赤色と黄色の文字に分かれる
イ　薄《うす》い黄色の文字が残る
ウ　薄い赤色の文字が残る
エ　オレンジ色が濃《こ》くなる

紙でおこなうペーパークロマトグラフィーのほかに、紙を特殊《とくしゅ》なシートに変えたクロマトグラフィーもあります。このシートを用いて、水やアルコールによって違《ちが》う結果が現れることを利用し、次のようにインクの成分を分離する方法もあります。

大きな四角に切った専用のシートの端《はし》に先ほどの手順と同様に、液体あで展開します（図５－１）。次に90度回転させて（図５－２）、液体いで展開します（図５－３）。こうすることで、液体あだけでは分離《ぶんり》できなかった物質も分離することができます。これを２次元展開といいます。

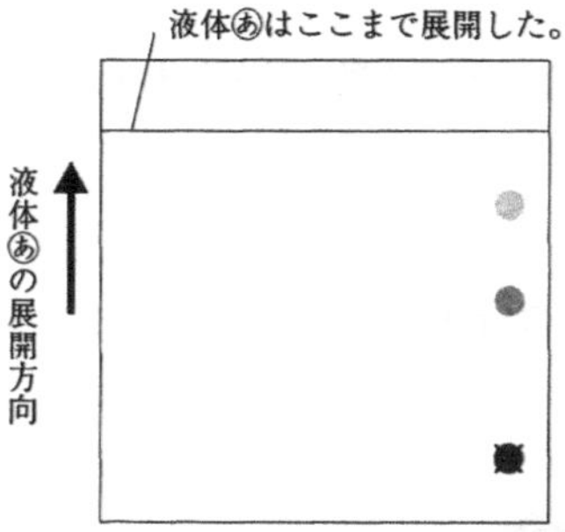

図５－１

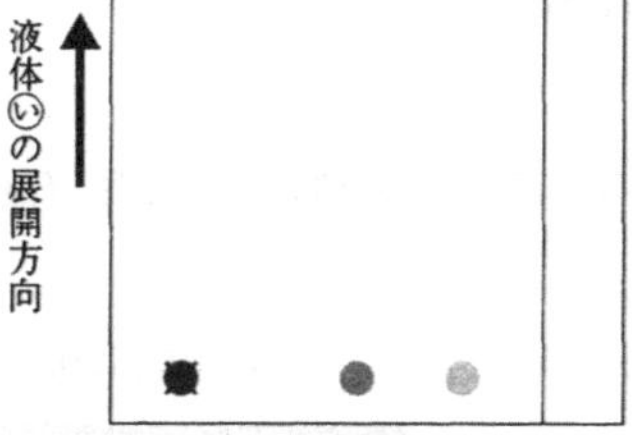

図５－２

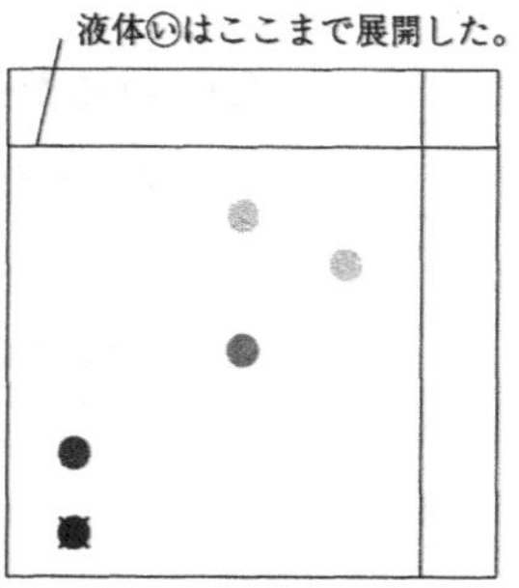

図５－３

問7　次の図6は、特殊《とくしゅ》なシートを用いて、液体(あ)および液体(い)で物質㋓について2次元展開をおこなった結果です。物質㋐～㋓のRf値を参考にして、次の(1)、(2)に答えなさい。

	液体(あ)でのRf値	液体(い)でのRf値
物質㋐	0.5	0.7
物質㋑	0.1	0.4
物質㋒	0.8	0.8
物質㋓	①	②

(1)　物質㋐～㋒は、液体(あ)と液体(い)での2次元展開のあと、どの位置に見られますか。解答らんにそれぞれ㋓のように図示しなさい。

(2)　物質㋓の①（液体(あ)でのRf値）および②（液体(い)でのRf値）を答えなさい。

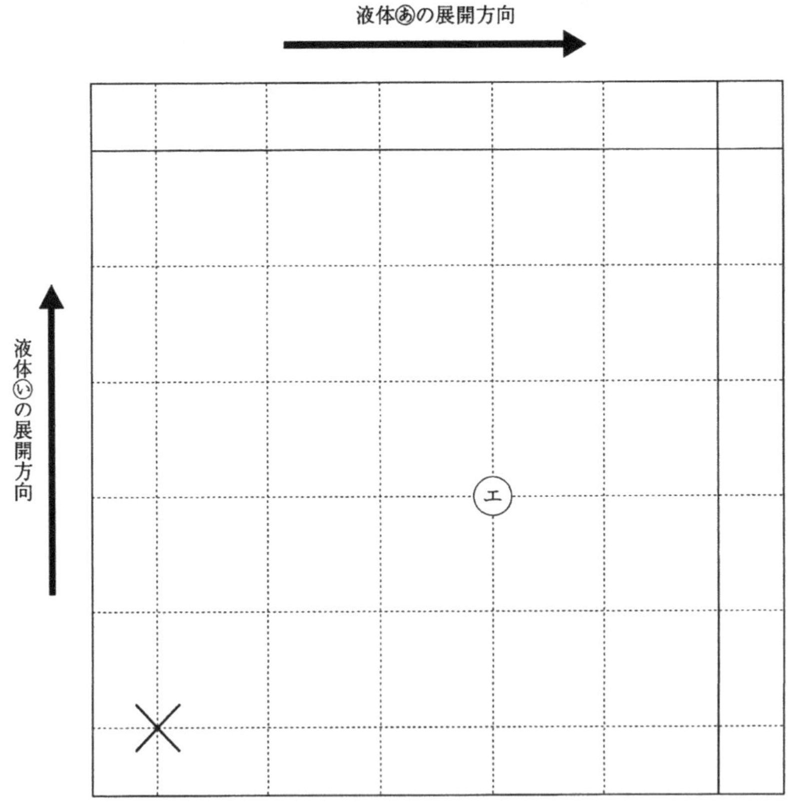

※　×印は初めに印をつけた場所。実線まで展開した。

図6

2　次の文を読み、問いに答えなさい。

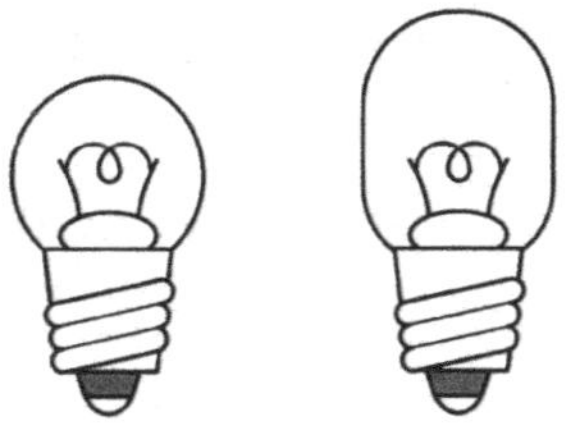

電球P　　電球Q

A君「ここに、電球が２種類あるよ。どちらが明るいかな。」
B君「調べてみよう。」

【実験１】

電球それぞれに乾《かん》電池１個をつないで、明るさを比較《ひかく》しました。また、電流計もつないで、電球に流れる電流を測定しました。

問１　電球の内部構造は、右の図１のようになっています。フィラメントの片側は口金と、反対側は中心電極と、それぞれ金属線を通してつながっています。
実験１で、電球が光り、電球に流れる電流を正しく測ることができるのは、次の図のどれですか。次の**ア～カ**から**すべて**選び、記号で答えなさい。

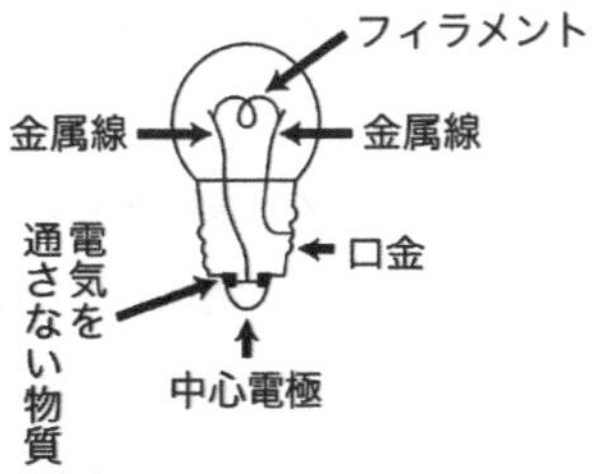

図１

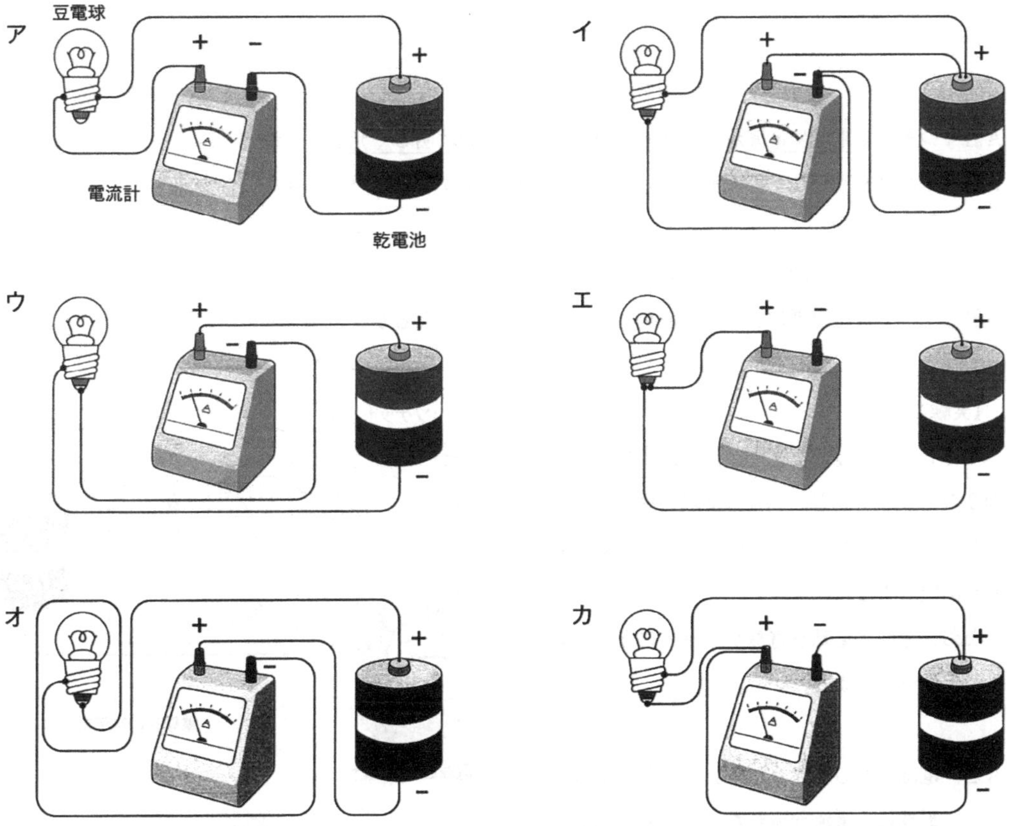

A君「実験1の結果は表1のようになったよ。」

表1　実験1の電球に流れた電流と明るさの比較《ひかく》

	電流［mA］	明るさの比較
電球P	230	明るい
電球Q	190	暗い

※A（アンペア）、mA（ミリアンペア）は電流の単位　1A＝1000mA

問2　この電球PとQを、乾《かん》電池1個に並列につなぎました。次のア～オの文章のうち、**正しくないもの**を1つ選び、記号で答えなさい。

ア　電球PもQも、それぞれ表1と同じ明るさで光る。
イ　電球PやQに流れる電流は、ぞれぞれ表1と同じ大きさの電流である。
ウ　電池を流れる電流は420mAである。
エ　電池を流れる電流から、電球Pに流れる電流の大きさを引いたものは、電球Qに流れる電流の大きさと等しい。
オ　電流計を2つの電球に並列につなぐと、電流計は電球PとQに流れる電流の合計値を示す。

A君「つまり、電球に電流がたくさん流れるほど、電球は明るく光るんだね。」
B君「それはどうかな。この実験だけで、その結論を出すのは早いんじゃないかな。」

A君「じゃあ、何を調べればいいのさ。」
B君「たとえばこの電球PとQを直列につないだら、どうなるかな。」

【実験2】
　電球P、電球Q、電流計、乾電池1個を次の図2のようにつなぎ、2つの電球の明るさを比較しました。また、それぞれの電球に流れる電流を測定しました。
　なお、今回は電球を電球ソケットにとりつけて、実験を行いました。

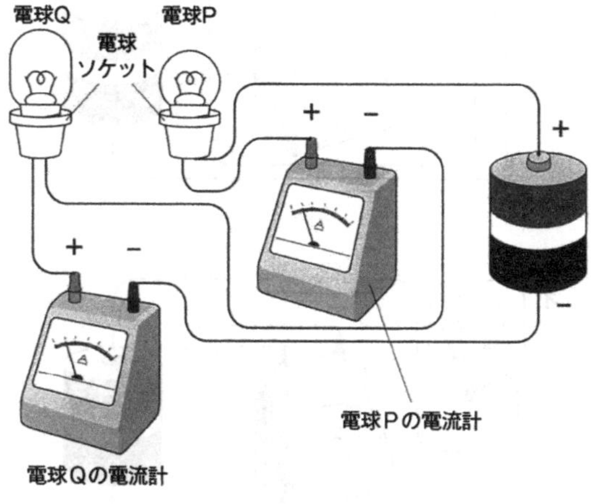

図2

A君「電球PもQも光ったよ。つまり、2つの電球には電流が流れたってことだね。」

問３　もし下線部のＡ君の説明が正しいのだとしたら、実験２の電球ＰとＱはどちらの方が明るくなるはずですか。次のア～ウから１つ選び、記号で答えなさい。

ア　２つとも同じ明るさ
イ　電球Ｐの方が明るい
ウ　電球Ｑの方が明るい

Ｂ君「さて、実験２を実際に行った結果は、どうなったかな。」

表２　実験２のそれぞれの電球に流れた電流と明るさの比較

	電流［mA］	明るさの比較
電球Ｐ	150	暗い
電球Ｑ	（あ）	明るい

問４　（あ）にあてはまる数は、以下のア～カのいずれかです。正しいものを１つ選び、記号で答えなさい。

ア　105　　イ　110　　ウ　150　　エ　190　　オ　210　　カ　270

Ａ君「あれ？　電球Ｑの方がＰよりも明るくなったよ。なんなんだよこれ。」
Ｂ君「つまり、電球の明るさは、電流だけでは決まらないってことだよ。」
Ａ君「でもさ、電球１個の時は、電球Ｐの方が明るかったんだよ。何で直列だとＱなのよ。おかしいでしょ、これ。」

【水流モデルで考察】

Ｂ君「これを説明するために、水流モデルを使ってみよう。」

Ａ君「水流モデル、聞いたことがあるよ。電流を水の流れのように考えるんだよね。」

Ｂ君「そう、電池（ポンプ）が電流を汲《く》み上げ、電球にあたる斜面《しゃめん》を電流が流れ落ち、電流がぐるぐる循環《じゅんかん》するんだよ。」

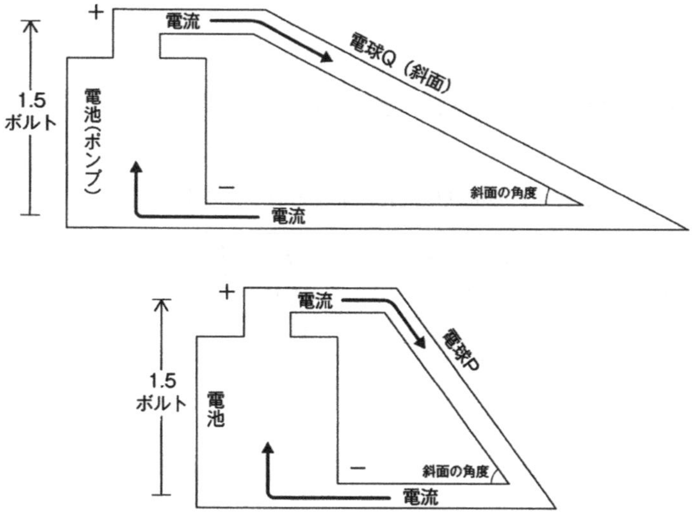

図３　実験１の水流モデル

Ａ君「水流モデルでは、**電球によって、斜面の長さは決まっている**んだってね。」

Ｂ君「そうだ。『明るい電球』は斜面の長さが短く、『暗い電球』は斜面の長さが長い。だから、水流モデルをつくると、電球Ｐは電球Ｑよりも斜面の角度が急になってしまう。」

Ａ君「斜面の角度が大きいと、たくさん電流が流れるってこと？」

Ｂ君「うん。**水流モデルでは、斜面の角度が大きいほど電流は大きい。**だから図３では、電球Ｐの方が電球Ｑよりも流れる電流は大きい。」

Ａ君「電球ＰとＱを並列につないだ時の水流モデルは図４のようになるね。それぞれの電球を流れる電流の大きさは、電池１個のとき（図３）と同じだということがわかるね。」

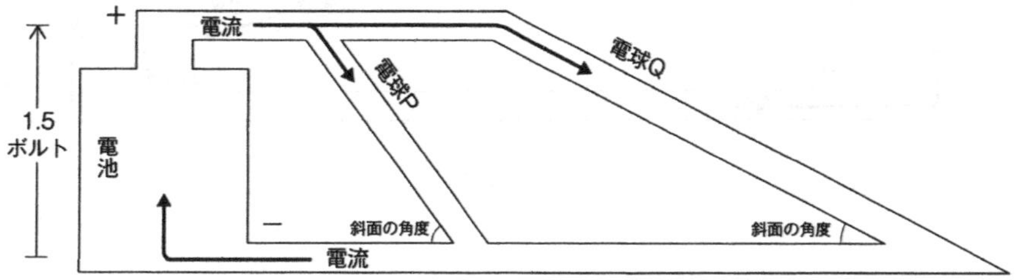

図４

Ｂ君「たとえば電池を２個直列つなぎした電球Ｑの水流モデルは、次の図５のように高さが２倍になり、斜面の角度が大きくなって、たくさん電流が流れる。」

Ａ君「だから、電池を２個直列にすると、電球はもっと明るくなるのか。」

Ｂ君「おっとその結論はまだ早い。実は、**電球の明るさを決めているものは、電流だけじゃないんだよ。**電圧という言葉を聞いたことはあるかい？」

Ａ君「今回使っている乾《かん》電池は、電圧が1.5ボルトと電池の側面に書いてあるね。要するに電圧は、電流を流す力みたいなものでしょ。」

Ｂ君「水流モデルでは、そうは考えないんだ。**水路の２点間の高さの差のことを電圧というんだよ。**」

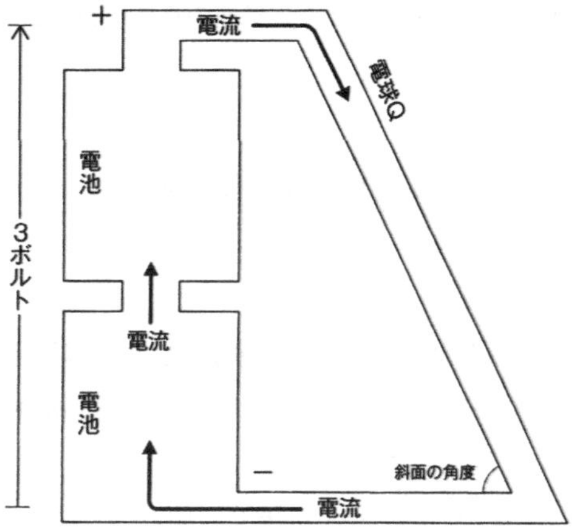

図５

A君「電池を2個直列にすると、高さが2倍になるから、電圧も2倍の3ボルトになるってことか。」

B君「そう。ここで、実験2の電球PとQを直列につないだ水流モデルを見てみようか。」

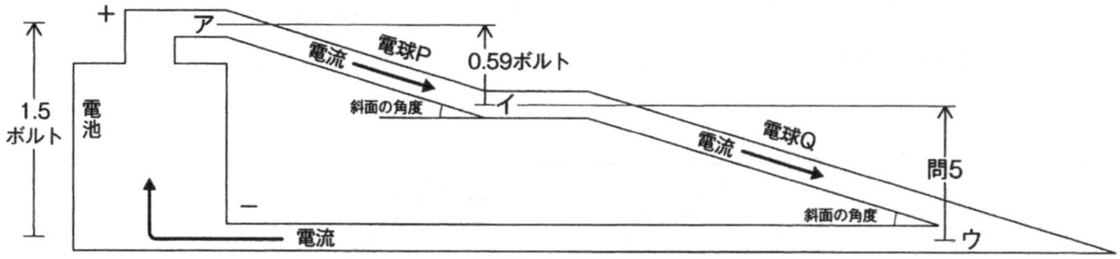

図6

B君「アとウの間の電圧は電池の電圧なので1.5ボルト、そして、アとイの間の電圧を実際に電圧計で測ると、0.59ボルトだった。」

A君「え？　電池じゃない部分の電圧も測れるの？」

B君「**電圧は2点間の高さの差のことだから、電池じゃない部分の電圧も測れる**のさ。」

A君「問4からわかるように、図6では2つの斜面《しゃめん》の角度は同じなので、アとイの間の電圧よりも、イとウの間の電圧の方が大きくなるってことか。」

B君「そういうことだ。斜面の長さが長いぶん、電圧が大きくなる。」

問5　水流モデルから考えると、イとウの間の電圧は何ボルトですか。

A君「わかったぞ。**電球の明るさは、電球の両端《たん》の電圧にも影響《えいきょう》を受ける**ってことか。」

B君「その通りだ。電球の明るさは、**(1)電球に流れる電流の大きさ**だけでなく、**(2)電球の両端の電圧**でも決まるのだ。

『ワット』という単位を聞いたことがあるかい？　これは、電球が1秒間に放出するエネルギーの大きさのことだ。」

A君「**ワットの値が大きいほど、電球は明るい**ってこと？」

B君「ざっくり言うと、そういうことだ。実際には電球からは光だけでなく熱や赤外線も出るので、光の明るさとワットの値が完全に比例してるわけではないけどね。

そして、**ワットの値は、(1)（単位はアンペア）と(2)（単位はボルト）の積**で求められる。」

A君「実験2では、電球Pは（い）アンペア×0.59ボルト＝（う）ワット、同様に電球Qは（え）ワットになるってことだね。だから、電球Qの方がPよりも明るくなるのか。」

B君「その通りだ。」

問6　（い）（う）（え）に当てはまる数値を答えなさい。

【実験3】

この電球PとQに、電球Q_2を追加して、次の図7のようにつなぎました。なお、電池の電圧は1.5ボルト、電球Q_2は電球Qと同じ種類の電球（水流モデルでの"斜面の長さ"が同じ）です。

電池を流れる電流を測定すると、実験3（図7）の方が実験2（図2）よりも大きい電流でした。

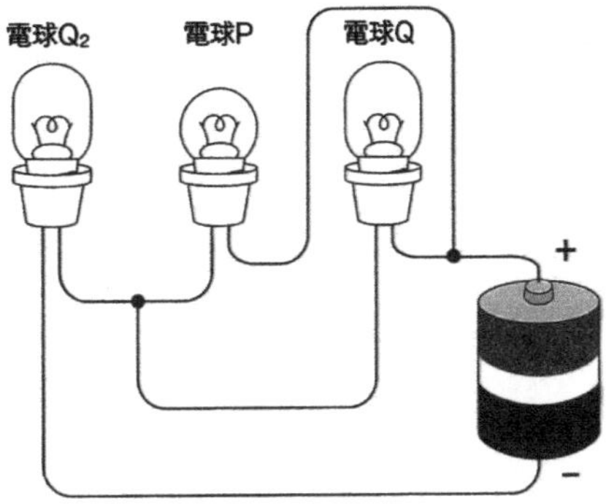

図7

問7　このとき、3つの電球のうち、最も明るい電球、最も暗い電球はどれですか。それぞれP、Q、Q_2から1つ選び、記号で答えなさい。なお、電球P、Q、Q_2は、ワットの値に応じて光の明るさが決まります。

社会　令和３年度　渋谷教育学園渋谷中学校入学試験問題　(30分)

注
・答えはすべて解答らんにおさまるように記入して下さい。
・字数の指定がある問題については、次の①と②に注意して下さい。
①句点（「。」）や読点（「、」）は、それぞれ１字として数えます。
②算用数字を用いる場合は、数字のみ１マスに２字書くことができます。

例１）「２０２１年」と書く場合

20	21	年

例２）「３６５日」と書く場合

36	5	日

または

3	65	日

1　次の文章を読んで、後の問いに答えなさい。

※チラシ省略

映画『ちはやふる－結び－』のチラシ

『ちはやふる』は末次由紀原作の少女漫画です。上に掲げたチラシはその映画化されたときのもので、2016年に２部作として『ちはやふる－上の句－』、『ちはやふる－下の句－』が公開され、2018年に完結編として『ちはやふる－結び－』が公開されヒットしました。競技かるたに打ち込む主人公・綾瀬千早と、彼女をめぐる個性的な人物が織りなす青春物語です。

この競技かるたで用いられるのは『小倉百人一首』で、もともとは藤原定家が選んだ短歌百首をかるたにしたものです。正月に家族で、あるいは学校で「百人一首」をやったことのある人も多いと思います。この「百人一首」には、伝統や文学という広い意味での「文化」に親しむという側面と、遊び・楽しみという側面の２つがあるように思えます。

問1 「難波津に　咲くやこの花　冬ごもり　今は春べと　咲くやこの花」（王仁）

百人一首をつかった競技かるた大会では、まず、王仁のこの歌がよまれることが、通例となっています。以下の問いに答えなさい。

(1) 難波津は現在の大阪港にあたります。現在の大阪港では、さまざまなものが輸入されています。次の表中の①～③は、大阪港、清水港、千葉港のいずれかの主要輸入品目と金額に占める割合（2019年）を示したものです。各港の組み合わせとして正しいものを、次のア～カの中から1つ選び、記号で答えなさい。

①		②		③	
輸入品目	%	輸入品目	%	輸入品目	%
石油	53.4	魚介類	16.2	衣類	15.0
液化ガス	17.4	液化ガス	7.0	肉類	6.9
自動車	9.1	有機化合物	3.7	家庭用電気機器	3.3
鉄鋼	3.7	プラスチック	3.4	金属製品	3.2
有機化合物	2.8	パルプ	3.2	鉄鋼	2.8

『日本国勢図会 2020/21年版』（公益財団法人矢野恒太記念会編）より作成

	①	②	③
ア	大阪港	清水港	千葉港
イ	大阪港	千葉港	清水港
ウ	清水港	大阪港	千葉港
エ	清水港	千葉港	大阪港
オ	千葉港	大阪港	清水港
カ	千葉港	清水港	大阪港

(2)　この歌の落書きと思われる「奈尓波都尓佐久夜己」(なにはづにさくやこ)の9字が、法隆寺の五重塔の天井にありました。この難波津の歌は広くうたわれたものらしく、それが塔の建築に従事した大工の手遊びとして書かれたと推測されています。当時の仮名の発達の時期を示す重要な資料であるのと同時に、法隆寺再建論の証拠として用いられています。

法隆寺には、その中心的な建物(金堂、塔、中門、回廊)が7世紀初めの推古天皇のときに建てられたものであるのか、あるいは一度焼失して再建されたものであるのかについての論争がありました。『日本書紀』には、天智天皇9年(670年)に「夜に法隆寺で火災があった。お堂は一つも残らずに焼けた」との記述があるのですが、寺側には、そのような記録がないのです。

そこで、次のア～オの文章の中から、再建論・非再建論の証拠とされているものを整理しようと思います。以下の表の空らん①・⑤・⑥に入るものを1つずつ選び、記号で答えなさい。なお、ない場合は×をつけること。

	書かれたものから	建てものの形や素材から	発掘により出土したものから
再建論の証拠	①	②	③
非再建論の証拠	④	⑤	⑥

ア. 法隆寺に使われている寸法は、大化の改新によって採用された唐の尺度ではなく、それより古い高麗尺である。また瓦には飛鳥式のものが使われていて、形は推古天皇の持ち物とされる「玉虫厨子」と似ている。

イ. 延長年間(925年ころ)に法隆寺の講堂が炎上した際、「聖人である聖徳太子のお建てになった講堂ですら燃えるのであるから、聖徳太子がお建てになった中心的な建物(金堂、塔、中門、回廊)が火災にあわないよう講堂は離して再建する」という記録が残っている。

ウ. 法隆寺の空地にある「若草伽藍跡」では、焼けた飛鳥式の瓦が捨てられていた。また、礎石(柱の下に置かれる石)の跡を調査してみると、現在の法隆寺よりも古い四天王寺と同じ建物の配置となっている。

エ. 法隆寺金堂、五重塔、中門に使用されたヒノキやスギの部材を、年輪から年代特定すると、650年代末から690年代末に伐採されたということがわかった。

オ. 法隆寺には、天平19年(747年)の時点で、天智天皇9年(670年)以前に法隆寺に納められたものが3点であるのに対して、和銅初年(708年ころ)以後のものは、158点ある、という記録が残っている。

(3)　法隆寺の再建･非再建論争は、なぜ重要なのでしょうか、解答らんにあうように答えなさい。

(4)　次の図は、木材の西暦800年までの伐採圏、1550年までの伐採圏、1700年までの伐採圏を示したものです。下の表は、8世紀、17世紀それぞれの伐採圏の特徴と伐採主体、伐採の目的を「まちづくり」の観点からまとめたものです。表中の（A）、（B）にあてはまる内容をそれぞれ漢字1字で答えなさい。

	8世紀	17世紀
伐採圏の特徴	奈良・京都周辺	全国
伐採主体	朝廷	幕府・(A)
伐採の目的	（B）をつくる	城下町をつくる

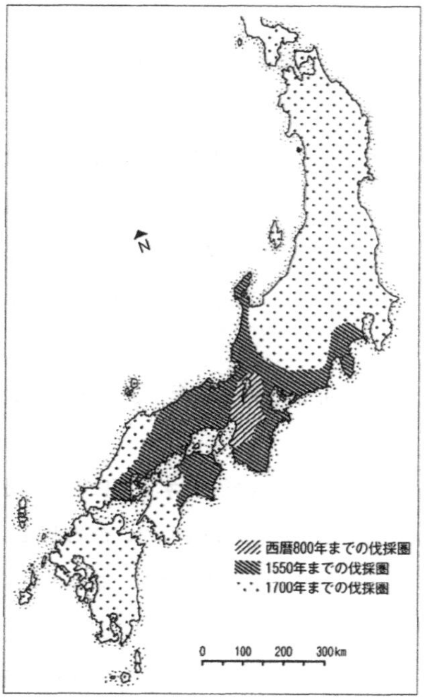

『日本人はどのように森をつくってきたのか』
（築地書館．コンラッド・タットマン．熊崎実訳）

問2　「ちはやぶる　神代も聞かず　竜田川　からくれないに　水くくるとは」（在原業平朝臣）

(1)　「からくれない」とは真っ赤な色のことで、竜田川が紅葉により真紅に染まった美しさを自分の恋と結びつけて表現しています。「くれない」の色を出すためには紅花が使われました。紅花は、江戸時代には四木三草のうちの1つといわれ、植えることが推奨されました。

さて、四木三草の中で、今まで国土地理院発行の地形図で土地利用を表す地図記号に**なったことのないもの**を、次のア～オの中から**すべて**選び、記号で答えなさい。

ア．藍　　イ．漆　　ウ．桑　　エ．茶　　オ．紅花

(2)　この歌を題材にして、「相撲取りであった竜田川が、千早と神代の女性2人に振られ、豆腐屋になったところ、落ちぶれた千早が以前のよしみでおからを欲しいというのを、竜田川が無視したので、千早が落ちこんだ」いう話ができています。この「千早振る」という演目は、江戸時代の話芸の名作となっています。この日本独特の話芸を答えなさい。

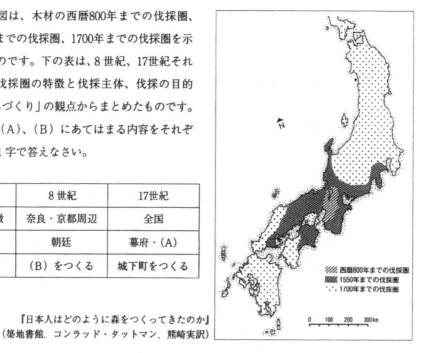

問3　**「このたびは　幣(ぬさ)も取りあへず　手向山(たむけやま)　紅葉の錦　神のまにまに」(菅家)**

この歌をよんだ人に関連する文章として**誤っているもの**を、次のア～エの中から１つ選び、記号で答えなさい。

ア．死後、怨霊となったとされ、北野天満宮にまつられた。
イ．唐の混乱を受けて、遣唐使停止を提案した。
ウ．漢学にも優れ、「学問の神様」と呼ばれるようになった。
エ．藤原氏との政争に敗れ、家族とともに滅ぼされた。

問4　**「来ぬ人を　まつほの浦の　夕なぎに　焼くや藻塩の　身も焦がれつつ」(藤原定家)**

人が生活する際に塩を作ることは必須でした。古来より海藻を燃やすことにより、塩を得ようとしていました。この歌は、かなわぬ恋に苦しむ自分を焼かれる海藻にたとえています。

江戸時代には、瀬戸内の製塩業がさかんになりました。なかでも赤穂で生産される塩は、生産量も多く、全国に広がりました。赤穂では、次の図のような仕組みを考案して、塩づくりを行いました。図のような仕組みを利用しやすい沿岸の地形を漢字２字で答えなさい。

また、図から読み取れるこの地形の特徴を説明しなさい。

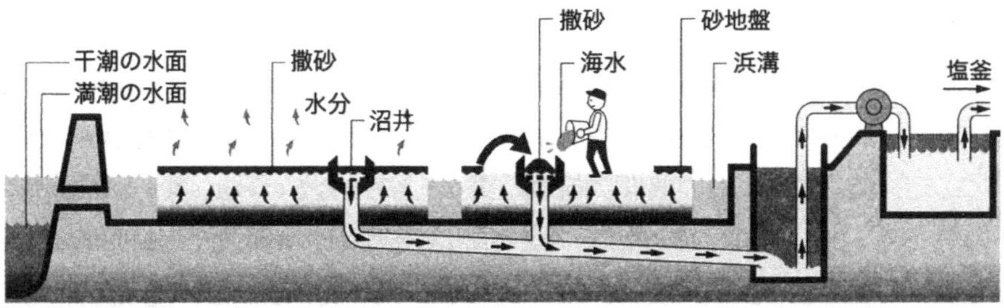

『ビジュアル・ワイド 江戸時代館』(小学館)より作成

問5　**「み吉野の　山の秋風　さよ更けて　ふるさと寒く　衣打つなり」(参議雅経)**
「朝ぼらけ　有明の月と　みるまでに　吉野の里に　ふれる白雪」(坂上是則)

吉野の木材は、酒樽用に使われました。酒づくりは冬に行われ、杜氏と呼ばれる専門家が様々な地域から灘などにやってきて、酒をつくりました。中でも丹波や越後、南部などの杜氏が有名です。これらの地域に杜氏が多い理由を、気候に着目して、20字以内で説明しなさい。

問6　「人も惜し　人も恨めし　あぢきなく　世を思ふゆゑに　物思ふ身は」(後鳥羽院)

(1)　後鳥羽院（後鳥羽上皇）は承久の乱に敗れ、島根県の隠岐に流されました。次の雨温図は、帯広、隠岐（観測地点名は西郷）、長野、南鳥島のいずれかの雨温図です。隠岐にあてはまるものを、次のア～エの中から１つ選び、記号で答えなさい。

ア　　　　イ　　　　ウ　　　　エ

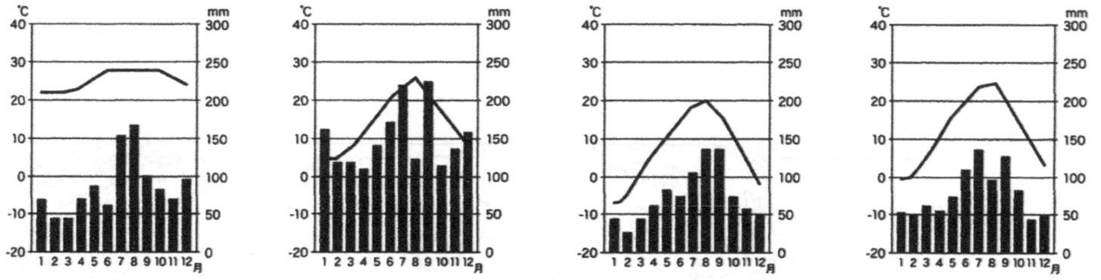

気象庁ホームページより作成

(2)　後鳥羽院のように、百人一首に選ばれた人の中には、政治の行く末に左右された人も多くいます。次の歌をよみ、問いに答えなさい。

「瀬をはやみ　岩にせかるる　滝川の　われても末に　逢はむとぞ思ふ」(崇徳院)

上の歌に関連するものを、次の文章ア～エの中から１つ選び、記号で答えなさい。また選んだ選択肢の下線部について、その争いの名称を答えなさい。

ア．中国の制度を取り入れて、新たな改革を進めるが、死後、弟と息子の間に争乱が起きた。

イ．争いを起こして追われた兄の後に政権についたが、兄の息子により殺された。

ウ．父に政権をにぎられ、父の死後、弟との間で争いを起こした。

エ．藤原氏と争いつつ出世していったが、死後、遷都事業に関わる暗殺事件の首謀者として、断罪された。

(3)　江戸時代の鉄の生産は、現在の島根県の出雲地方でさかんでしたが、明治以降には鉄鉱石を輸入して鉄を生産するようになりました。地図中のA～Cの国および写真ア～ウは、グラフ中の①～③のいずれかです。①に当てはまる地図中の国と写真をそれぞれ1つずつ選び、記号で答えなさい。

日本の鉄鉱石の輸入先（輸入金額に占める割合）
2019年

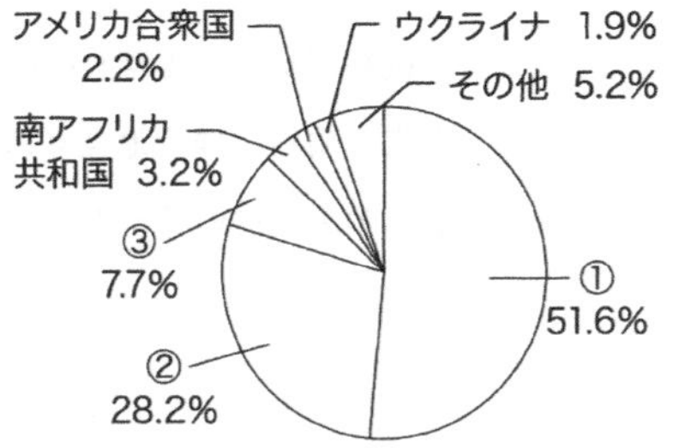

『日本国勢図会2020／21年版』
（公益財団法人矢野恒太記念会編）より作成

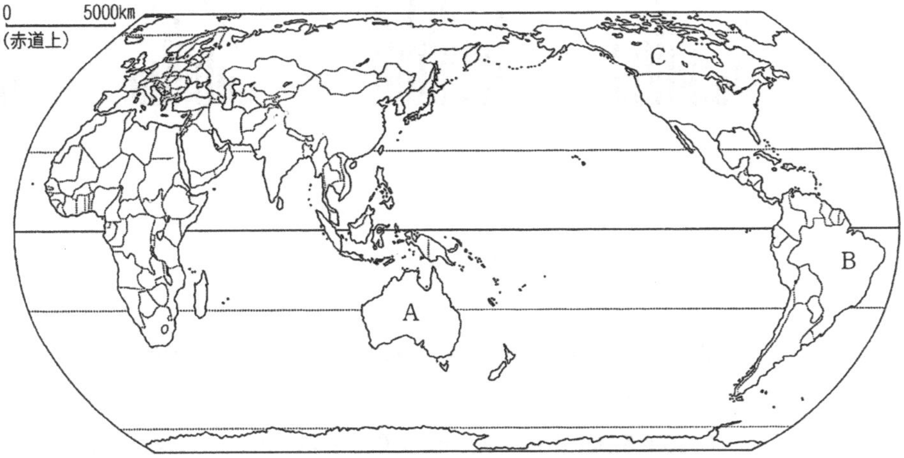

ア.

イ.

ウ.

令和三年度

国語解答用紙

渋谷教育学園渋谷中学校

※らんには記入しないこと

受験番号

番

氏　名

合計得点

※

※100点満点
（配点非公表）

一

問一

①

く

②

③

④

※

問二

※

問三

50

51

60

※

問四

問五

問六

問七

※

問八

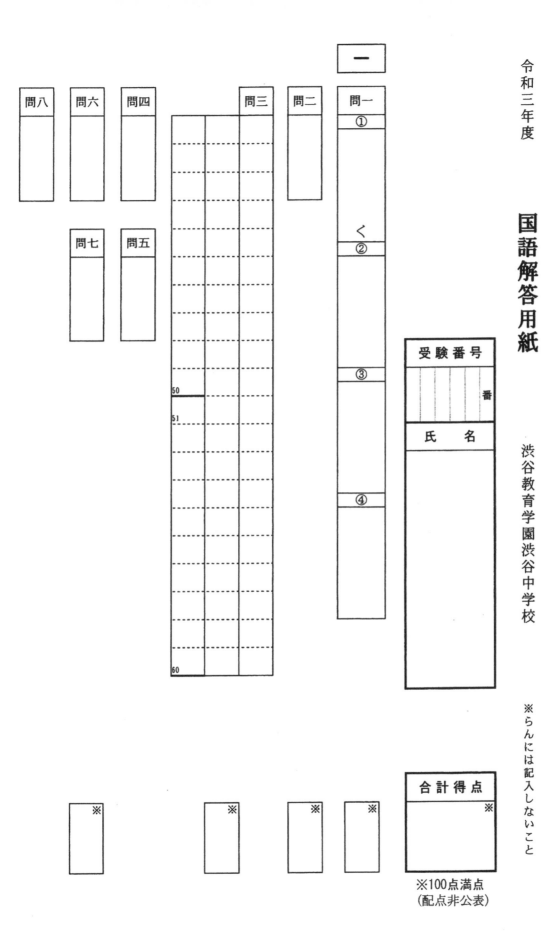

答え :		※

2	(1)	cm	(2)	cm^3	(3)	⇒ ⇒ ⇒ ⇒	※

3	(1)	通り	(2)	通り	(3)	通り	※

受験番号						番	氏名	

答え

時　　分　　秒

※

受験番号						番	氏名	

得点合計	※　　点

※100点満点
（配点非公表）

2021(R3) 渋谷教育学園渋谷中　第２回
教英出版

2

問1		問2		問3		問4	

問5		ボルト
問6	(い)	
	(う)	
	(え)	

問7	最も明るい電球		最も暗い電球	

※

受験番号						番	氏名	

得点合計	※ 点

※50点満点
(配点非公表)

問9				
				※
問10	(1)		(2)	※
問11	(1)			※
	(2)			※
	(3)			※

2

問1	①		②		※
	③		④		※
問2	年　月　日	問3			※

受験番号						番	氏名	

得点合計	※ 点

※50点満点
（配点非公表）

令和３年度　**社会解答用紙**　渋谷教育学園渋谷中学校

※欄には記入しないこと。

1

問１	(1)			※
	(2)	①　　⑤　　⑥		※
	(3)	法隆寺が（　　　）最古の（　　　）とされるので、いつ建てられたかを特定することが重要であるから。		※
	(4)	A　　B		※
問２	(1)		(2)	※
問３				※
問４	地形			※
	特徴			※
問５				※
問６	(1)			※
	(2)	文章	争い	※

令和３年度　**理科解答用紙**　渋谷教育学園渋谷中学校

※には記入しないこと。

1

問１	①		②		③	
	④		⑤		⑥	
問２						
問３	ガラスが水を引っ張る力					
問４		問５	赤色　・　黄色	問６		

問７	(1)	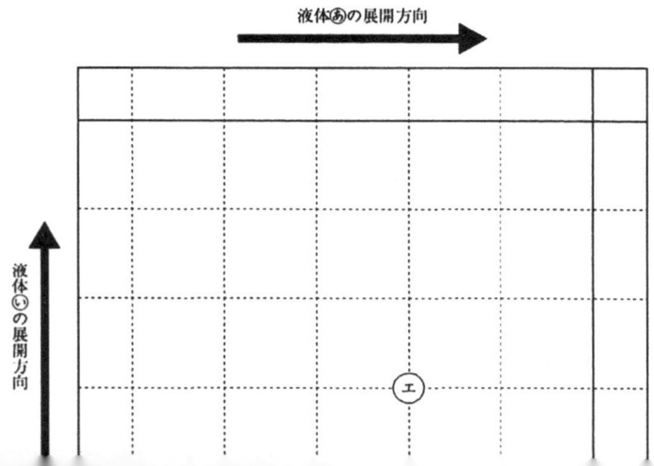	(2)	①
				②

【解答

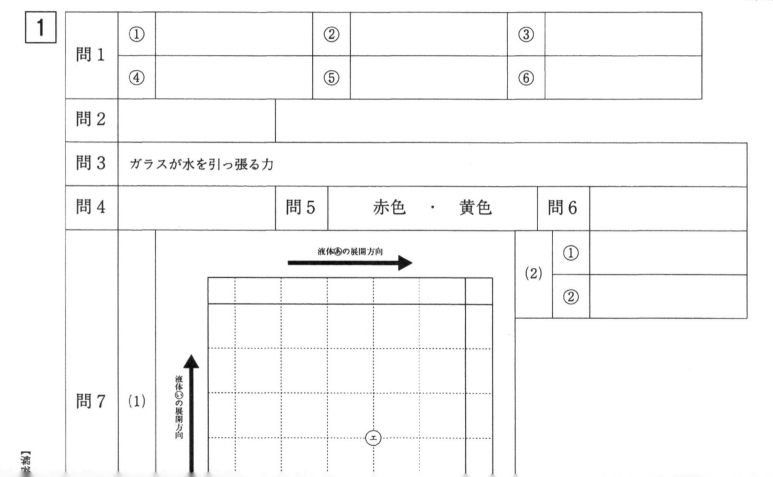

令和3年度 **算数解答用紙** 渋谷教育学園渋谷中学校

※欄には記入しないこと。

4

(1) 式・考え方

答え

時 分 秒

(2) 式・考え方

答え

令和３年度　**算数解答用紙**　渋谷教育学園渋谷中学校

※欄には記入しないこと。

1

(1)		(2)		(3)	cm^2
(4)	日	(5)	秒		
(6)	式・考え方				

問二

問三

問四

41

50

40

問五

問六

50

51

60

問七

問八

※

※

※

※

※

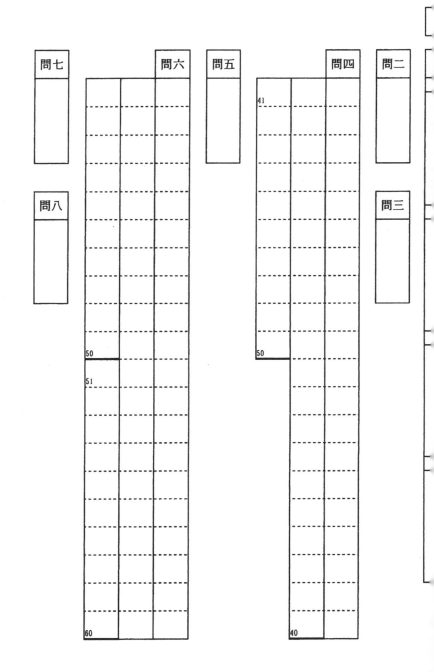

問７　「これやこの　行くも帰るも　別れては　知るも知らぬも　あふ坂の関」（蟬丸）

室町時代に成立した演芸に、「蟬丸」という演目があります。醍醐天皇の皇子である「蟬丸」は盲目であったため、逢坂山に捨てられていましたが、姉妹で狂人である「逆髪」と出会い、自分たちの悲運を嘆くというお話です。

右の写真は、その一場面ですが、この作品の作者とされ、この演芸を大成させた人物を、次のア～エの中から１つ選び、記号で答えなさい。

『百人一首の歴史学』（NHKブックス．関幸彦）

ア．世阿弥　　イ．出雲阿国

ウ．雪舟　　エ．一遍

問８　**「人はいさ　心も知らず　ふるさとは　花ぞ昔の　香ににほひける」（紀貫之）**

「よのなかは　つねにもがもな　なぎさこぐ　あまのをぶねの　つなでかなしも」

（鎌倉右大臣）

明治時代の歌人・正岡子規は紀貫之を「下手なうたよみ」と批判し、その一方、鎌倉右大臣を絶賛しています。それは鎌倉右大臣の歌の特徴が、『万葉集』のような率直なうたいぶりだったからです。子規は『万葉集』をほめるかわりに、『百人一首』には否定的でした。

そこで『万葉集』と『百人一首』の比較・分類をして、その特徴を【資料A】と【資料B】にまとめてみました。これを使って、子規とは違う視点で論文をつくろうと思います。その論文で<u>指摘できないこと</u>を次のア～エの中から１つ選び、記号で答えなさい。ただし歴史的事実は問いません。

【資料A】

	万葉集	百人一首
成立	８世紀後半 大伴家持が選んだといわれる。	13 世紀前半 藤原定家が選んだ。
歌人 （単位： 人・柱）	・男性 538 天皇 12　皇族 46　官人 219 僧侶 13　無位無官・不明 199 儒教・仏教などの伝説上の人物 49 ・女性 170 天皇 6　皇族 31　官人の妻・娘 31 尼僧 2　無位無官・不明 97 儒教・仏教などの伝説上の人物 3 ・神 17 ※作者不明 1769首	・男性 79 天皇 7　皇族 1　官人 58 僧侶 13 ・女性 21 天皇 1　皇族 1　女房 17 官人の母 2
形式 （単位：首）	長歌 265　短歌 4207　旋頭歌 62 漢詩 4 書簡 11　その他 3	短歌 100
内容 （単位：首）	挽歌：死者をいたむ歌。267 相聞：相手の様子を聞く歌。1750 うち恋愛 1670 雑歌：挽歌・相聞以外の歌。宮廷の儀礼・旅・自然などが題材とされた。1560 巻８・10から　春 172　夏 105 秋 441　冬 67 東歌：東国地方の民謡。238 防人歌：98 うち家族を歌った歌60 諸国から進上されたがつたないものは選出されなかった。	四季 32 春 6　夏 4　秋 16　冬 6 旅 4 離別 1 雑部 20 恋愛 43

※『万葉集歌人集成』（講談社．中西進・辰巳正明・日吉盛幸）などから作成。
※表中の柱は、神をさす。

【資料B】歌によまれた地名

	万葉集	百人一首		万葉集	百人一首		万葉集	百人一首
北海道	0	0	石川	12	0	岡山	7	0
青森	0	0	福井	24	0	広島	25	0
岩手	0	0	山梨	＊	0	山口	15	0
秋田	0	0	長野	12	0	香川	4	0
宮城	2	2	静岡	51	1	徳島	＊	0
山形	0	0	岐阜	8	0	愛媛	5	0
福島	7	1	愛知	15	0	高知	1	0
茨城	49	1	三重	36	0	福岡	90	0
栃木	14	0	滋賀	67	5	佐賀	26	0
群馬	32	0	奈良	566	10	長崎	13	0
埼玉	10	0	京都	78	10	大分	10	0
千葉	32	0	大阪	140	6	熊本	4	0
東京	13	0	和歌山	91	1	宮崎	2	0
神奈川	26	0	兵庫	85	5	鹿児島	2	0
新潟	2	0	鳥取	2	1	沖縄	0	0
富山	97	0	島根	17	1			

※『万葉集地名歌総覧』（近代文芸社．樋口和也）を参考に、旧国名を現都道府県に改めた。
表中の＊は、本書には０とあるが、万葉集の中にはその県のことを歌ったものは存在している。

ア．様々な地域をよんでいたが、次第に都周辺に限定されていったこと。

イ．歌の文化が身分の高い人から、次第に民衆にまで広まっていったこと。

ウ．選ばれた歌は、男性のものが多かったこと。

エ．恋愛を楽しみ、四季をめでる気持ちを歌にしていたこと。

問９　百人一首の中で一般的に知られているのは、『小倉百人一首』ですが、時代によって百人一首は様々な形でつくられています。以下の歌は、1942年にある目的をもってつくられた百人一首の一部です。この百人一首がつくられた時代背景と、その目的を説明しなさい。

柿本人麻呂	大君は　神にしませば　天雲の　雷の上に　廬せるかも
今奉部與曾布	今日よりは　顧みなくて　大君の　しこの御楯と　出で立つ吾は
源実朝	山は裂け　海はあせなむ　世なりとも　君にふた心　わがあらめやも
藤原為氏	勅として　祈るしるしの　神風に　寄せくる浪は　かつ砕けつつ
楠木正行	かへらじと　かねて思へば　梓弓　なき数に入る　名をぞとどむる
本居宣長	しきしまの　大和ごころを　人問はば　朝日に匂ふ　山ざくら花
藤田東湖	かきくらす　あめりか人に　天つ日の　かがやく邦の　てぶり見せばや
吉田松陰	身はたとひ　武蔵の野辺に　朽ちぬとも　留め置かまし　やまとたましひ

問10　「カルタ」について、以下の問いに答えなさい。

(1)　「カルタ」という言葉はもとはポルトガル語で、ヨーロッパから日本に伝わったとされます。この時代の様子を説明したものを、次のア～エの中から１つ選び、記号で答えなさい。

ア．海外に学んだ人が帰ってきて、宗教や制度を伝え王朝文化が花開いた。
イ．海外との貿易によって利益を得た武士が、初めて政権をつくった。
ウ．海外から伝わった技術を利用して、分裂していた国内が統一されていった。
エ．海外に進出した商人が、正式な使節として札を用いて貿易をはじめた。

(2)　「カルタ」は江戸時代に多くの人の手に入るようになりました。その理由の一つとなる技術的な要因を答えなさい。

問11　映画について、以下の問いに答えなさい。

(1)　映画『ちはやふる』の主題歌は、Perfumeというグループの「FLASH」「無限未来」という曲です。perfumeは英語で香水、香りを意味します。日本では香道といって香りを古くから楽しむ文化がありました。有名な蘭奢待（らんじゃたい）は、東大寺正倉院に収蔵されている香木で、大切にされています。しかしながら権力者の中には、蘭奢待を切り取って香りを楽しんだ人物がいます。

1574年（天正２年）に、自らの力を示すためにときの天皇にこれを要求して、実現させた人物の名前を答えなさい。

(2)　次の映画館の年間入場者数の推移のグラフを見ると、1950年代をピークにして減少していってます。これは何が原因と考えられますか。15字以内で説明しなさい。

「数字で見る世界」https://numerical-world.com/japanese-movie　2018年9月4日

(3)　映画『ちはやふる』の中で、主人公の千早は競技かるた部を設立するために部員募集のポスターを作りますが、呉服屋の娘であり、平安時代の雅さにあこがれを持っていた奏（かなで）は、右の絵を見て違和感を覚えます。

服装に注目して、何がおかしいと感じたのかを答えなさい。

劇中のポスターをもとに作図

2　夏休み明けの９月の授業で、時事問題を話題とする生徒と先生の会話を読み、次の問いに答えなさい。

先生：１学期は、司法の世界で様々な出来事がありましたね。

生徒：司法と言えば、昨年度の話になりますが、2019年の年末にカルロス・ゴーン被告が ① に出国したことには驚きました。 ① は首都の港湾施設で大きな爆発が起きたことでも大きく報じられました。

先生：ゴーン被告は、役員を務める企業に対する特別背任の罪などの容疑で逮捕・起訴されて保釈中の身でした。

生徒：ゴーン被告は、日本の司法制度の問題点を外国メディアに訴えていたようですが。

先生：刑事裁判で起訴された場合、有罪率が99.9%という批判ですね。罪を認めないと保釈が認められない傾向があることもあわせて「人質司法」と批判されることがありますね。確かに、有罪率は高いですが、 ② が証拠を調べたうえで、起訴するかしないかを厳格に決めます。有罪の可能性が低いものは起訴しないとも言われています。「人質司法」と批判していた当事者が、保釈中に海外に出国したことは残念ですね。

生徒： ② をめぐっては、そのトップ人事をめぐる定年延長の問題もありましたね。

先生：国家公務員の定年延長は ② 官には適用されないという従来の解釈を変えるもので、経験者からも批判の声があがりました。結局は、新型コロナ感染症をめぐる ③ が出されていた５月の外出自粛期間中に、親しい人たちと賭けマージャンをしていたことが報じられて、辞任してしまいました。ところで、７月から８月にかけて注目する裁判がありました。

生徒：その裁判はどのようなものだったのでしょうか。

先生：１つは、「ドーナツ裁判」と呼ばれたものです。もう１つは「黒い雨裁判」と呼ばれたものです。

生徒：それぞれどのような裁判だったのでしょうか。

先生：「ドーナツ裁判」は、介護施設（特別養護老人ホーム）で働く准看護師が、おやつとしてドーナツを入居者に提供しましたが、それを食べた高齢の入居者の方が喉（のど）につまらせてしまい、亡くなられました。これについて、ドーナツを提供した准看護師が、業務上過失致死罪で起訴され、１審の長野地方裁判所松本支部の判決では有罪となりました。

これを不服として被告人が ④ 高等裁判所に控訴し、７月に判決がありました。２審の判決では１審判決が破棄されて無罪判決がでました。 ② 側が上告しなかったことから無罪が確定しました。

生徒：裁判ではどのような点が注目されたのでしょうか。

先生：おやつを提供することで死者が出て、その結果として１審のような判決がでると、介護施設の現場ではどのようなことが起きると思いますか。

生徒：［　　　　X　　　　］

先生：そうですね。サービスの低下につながりかねませんね。

生徒：もう１つの「黒い雨裁判」について説明して下さい。

先生：「黒い雨裁判」は、国が定めた黒い雨の降雨エリア外で黒い雨を浴びたと主張している人々が、被爆者健康手帳を交付しないと決定した広島県や広島市を相手に決定の取り消しを求めた裁判です。

生徒：でも、たしかその裁判では、広島県や広島市は、国と協議のうえ、１審判決を不服として広島高等裁判所に控訴しましたよね。なぜ、国が出てくるのですか。

先生：被爆者健康手帳を交付するのは、広島県や広島市なのですが、これは法定受託事務といって国の業務を県や市が行っているのです。したがって、本来は国が行うべき事務といえます。その関係で、裁判での当事者として国が関係してきます。国や都道府県の決定に対して、その取り消しを求める裁判を行政訴訟と呼びます。これは、行政事件訴訟法に基づくもので、行政裁判とも呼ばれることがあります。

問１　空らん ① ～ ④ に入る適語を答えなさい。

問２　文中の下線について、この裁判で対象となった「黒い雨」が降った日付を、元号を用いて解答らんにあうように答えなさい。

問３　空らん Ｘ に入る最も適切な文章を、次のア～エの中から１つ選び、記号で答えなさい。

ア．死亡事故が起きるかもしれませんが、食べることは自己責任なのでおやつを提供するでしょう。

イ．死亡事故が起きないように、喉（のど）につまりにくい食べやすいおやつを提供するでしょう。

ウ．職員の人件費を確保するために、おやつを提供しなくなってしまうでしょう。

エ．職員が責任を問われることをおそれて、おやつを提供しなくなってしまうでしょう。

〔問題は以上です。〕